브루넬레스키의 돔

피렌체의 <산타마리아 대성당> 이야기

브루넬레스키의 돔

도전정신으로 15세기 르네상스
황금기를 연 위대한 건축가,
브루넬레스키의 삶!

스 킹 지음 · 김지윤 옮김

BRUNELLESCHI'S DOME

"나는 당신의 작품을 정말 사랑해요."

나의 어린 시절에 이탈리아는 항상 함께 했다. 이탈리아 오페라의 광팬이었던 아버지 덕분에 아침마다 아리아를 들으며 깨야했다. 거기에 언니까지 성악을 전공했으니 일상에서 이탈리아를 느끼고 살았던 셈이다. 심지어 공무원이었던 작은 아버지까지 이탈리아에서 근무를 오래 하셔서, 우리의 대단한 인연을 절감하며 이탈리아에 대한 애정을 키워갔다.

그런 것 치고는 이탈리아에 처음 방문한 것은 조금 늦은 나이였다. 애초에 학생이 되면 배낭을 메고 로마부터 가리라 호기롭게 이야기했던 것과는 좀 틀어진 계획이었다. 당시 보스턴에서 유학

중이었던 나는 러셀 크로우가 나왔던 〈글라디에이터〉라는 영화를 보았고, 뭣에 홀린 듯 그날 밤 인터넷으로 가장 싼 로마행 비행기 티켓을 끊었다. 이탈리아에 상주하고 계셨던 작은 아버지한테 거의 일방적으로 건너(?) 간다고 알리고 그렇게 무작정 떠났다.

처음 이탈리아를 방문했을 때엔 고대 로마제국의 콜로세움과 포룸에서 차오르는 경외감을 느꼈었다. 마치 필리포처럼. 그리고는 곧 피렌체에 매혹당해 버렸다. 영화에서 보았던 창문 너머의 산타 마리아 델 피오레 성당을 따라 나는 시간 여행을 했고, 갈색이라고도 벽돌색이라고도 말하기 어려운 돔 지붕은 마치 어머니처럼 따스하게 감싸주는 듯했다. 이보다 작은 베드로 성당의 돔에서는 오히려 위풍당당한 남성미를 느꼈었는데 말이다.

돔 건설에 대한 스토리는 우연히 TV에서 한 다큐멘터리를 보고 그 때 처음 필리포 브루넬레스키라는 인물에 대해 알게 되었다. 그리고 로스 킹의 작품, 『브루넬레스키의 돔』을 읽었고, 이 어려운 일에까지 손을 대게 되었다.

고통스러운 작업이었다.

예술 작품이든 건축물이든 볼 줄만 알았지 그 원리에 대해 전혀 알지 못하는 뼛속 깊이 문과생인 나로서는 머리를 쥐어뜯는 과정이었다. 그저 피렌체를, 두오모를, 역사를 사랑한다는 이유 하나로 덜컥 받아들인 제안을 두고두고 후회하기도 했다. 그런데 그 과정에서 나는 필리포에 대한 인간애를 키워 간 것 같다. 그 누구보다도 천재였지만, 그 누구보다도 외로웠던 인물. 아마도 내가 주제넘게 번역 일을 덜컥 맡았던 건, 후세에조차 르네상스 3대 예술가들보다 덜 알려진 그에게 꼭 이 말을 하고 싶어서였는지도 모른다.

'다른 그 누구의 작품보다, 나는 당신의 작품을 정말 사랑해요.'

내가 이해할 수 있어야 독자도 이해할 수 있을 것이라는 생각으로 최대한 쉽게 풀어내려 노력했다. 혹시라도 오역이 있거나 이해

되지 않는 부분이 있다면 이는 온전히 역자인 내 잘못일 것이고, 미리 송구하다는 말씀부터 올린다.

초인적인 인내심으로 기다려주신 도토리하우스의 정 욱 대표님께 감사드린다. 유치원생일 때 이미 보티첼리의 작품을 좋아했던 타고난 르네상스맨 재우와 화가가 메타버스와 로블록스 코딩에 꽂혀있는 둘째 재성이에게 사랑한다는 말을 건넨다. 그리고, 풍요로운 예술과 문학의 세계를 경험할 수 있는 자양분을 길러주신 나의 어머니와 아버지, 언니에게 존경하고 사랑한다는 말을 전하고 싶다. 마지막으로 그에게 한 마디 남긴다.

Grazie mille, Filippo.

| 차례 |

더 아름답고 영광스러운 성전

A More Beautiful and Honourable Temple

1

1418년 8월 19일, 피렌체에 한 공고가 나붙었다. 한 세기가 지나도록 미완성인 채 남겨진 '꽃의 성모 마리아(Santa Maria del Fiore)' 대성당의 건축 설계도 공모였다.

현재 성당 건축 사업단(Opera del Duomo)이 추진하고 있는 대성당 건설 사업의 둥근 돔 천장 모형이나 설계안을 제출하고자 하는 사람은 오는 9월 말까지 응모하기 바람. (돔 건설을 위한 보강재, 비계(고층 건물 공사에 필요한 디딤판) 같은 구조물이나 기중기의 모형 또는 설계안 포함.) 채택될 경우 금화 200플로린을 지급할 예정임.

토스카나에서 경력 좀 된다 싶은 목수, 석공, 가구 제작자라면 한 번쯤 솔깃할 만한 제안이었다. 200 플로린이면 실력 있는 기술자가 2년 동안 벌 수 있는 금액보다 많은 꽤 큰 액수였기 때문이다. 응모자들은 여섯 주 내에 모형을 제작하든지 설계도를 그려내면 되었다. 그게 어렵다면 수많은 난제를 어떻게 해결할 것인지 납득이 가게끔 말로 설명만 할 수 있어도 상관없었다. 공사 중인 성당의 돔을 지탱할 임시 목조 버팀대를 어떻게 제작할 것인지, 몇 톤이나 되는 사암이나 대리석 덩어리를 꼭대기까지 어떻게 운반할 것인지 등등. 성당 건축 사업단인 '오페라 델 두오모(Opera del Duomo)'[1]는 모든 경쟁자들을 열린 마음으로 공정하게 심사할 것이라는 친절한 말도 덧붙였다.

성당 건설은 이미 피렌체 한복판에서 한창 진행되고 있었다. 여느 건설 현장처럼 짐 마차꾼, 벽돌공, 납 기술자와 같은 건축 인부들, 그리고 인부들의 식사를 준비하는 요리사와 와인을 파는 행상이 분주히 움직이고 있었다. 대성당을 감싸고 있는 광장에 서 있으면 생생한 공사 현장이 한눈에 들어왔다. 모래와 석회 부대를

1. 성당 건축 사업단(Opera del Duomo)는 1296년부터 피렌체 공국에 설립되는 성당과 종탑 건설을 관장하는 역할을 해오던 기관이다.

들고 나르는 인부들의 모습, 새 둥지처럼 볼품없이 솟아 오른 미완성의 성당, 주변 건물의 지붕보다 훨씬 높은 나무 발판 위를 휘청거리며 오르내리는, 보기만 해도 오금이 저리는 일꾼의 모습도 보였다. 건축에 필요한 연장을 수선하는 근처 대장간에서는 검은 연기가 하루 종일 뿜어 나오고 있었다. 새벽부터 해가 질 때까지 대장장이의 망치 소리, 우마차가 덜컹대며 가는 소리, 인부들을 향한 호통 소리가 광장 주변의 공기를 끊임없이 때리고 있었다.

1400년대 초반의 피렌체는 여전히 목가적인 풍경을 간직하는 곳이었다. 성벽 안에는 밀이 자라는 밭도 있었고, 과일이 자라는 과수원도 있었다. 토스카나 지방답게 포도밭도 있었다. 산 조반니(San Giovanni) 예배당 주변에 있는 시장에서는 애처로운 울음소리를 내며 지나가는 양떼도 심심찮게 볼 수 있었다. 동시에 피렌체는 50,000명이나 되는 인구를 가진 큰 도시이기도 했다. 이는 당시 런던의 인구와 맞먹는 규모였다. 사실 대성당 신축 계획은 상업 도시로 무섭게 성장하는 피렌체의 위용을 과시하기 위함이었다. 피렌체는 당시 유럽에서 가장 부유한 도시였기 때문이다. 피렌체에 정착한 우밀리아티 수도사들이 1239년에 들여온 모직 산업이 흥하면서 이 아름다운 꽃의 도시는 부를 쌓기 시작했다. 영국의 코츠월즈 지방 수도원에서 세계에서 가장 뛰어난 양모를 직

수입한 피렌체인들은 이를 아르노 강에서 씻었다. 깨끗해진 양모를 잘 빗은 다음 실로 만들어 목재 직조기로 천을 짠 후 형형색색의 아름다운 색을 입혔다. 특히 홍해로부터 들여온 진사(辰沙)로 물들인 진홍색 모직과 언덕 너머 동네인 산지미냐노의 초원에서 자라는 붓꽃으로 물들인 진노랑색 모직은 아름답기로 유명했다. 누구나 피렌체산 모직이라면 사족을 못 썼고, 당연히 유럽에서 가장 비싼 값에 팔렸다.

도시가 부유해지면서 14세기의 피렌체에는 건축 붐이 불었다. 고대 로마제국 이후 이탈리아 반도에서 볼 수 없었던 규모의 열풍이었다. 황갈색 사암을 캐는 채석장이 피렌체 안에 들어섰다. 한바탕 홍수가 휩쓸고 지나간 후의 아르노 강에서는 모르타르를 만들 수 있는 모래를 퍼 올렸고, 강바닥에서 채취한 자갈로 도시 곳곳에서 세워지는 수십 채에 달하는 건물 벽을 채웠다. 성당이나 수도원, 개인의 대저택은 물론, 외적으로부터 피렌체를 방어하기 위한 방벽도 새롭게 쌓았다. 6미터 높이에, 둘레는 8킬로미터나 되는 이 방벽은 50여 년의 대공사를 거쳐 1340년에 완성되었다. 자그마치 90미터나 되는 종탑을 품은 피렌체의 새로운 시청 베키오 궁(Palazzo Vecchio)은 위풍당당한 자태를 뽐냈다. 대성당에 딸린 84미터 높이의 종루 역시 많은 이들의 탄성을 자아냈는데, 화가

이자 건축가인 조토(Giotto di Bondone. 1267-1337. 르네상스의 시조로 꼽히기도 하며, 다 빈치, 미켈란젤로, 라파엘로와 같은 예술가들에게 큰 영향을 준 인물로 알려져 있다 - 옮긴이)가 설계한 작품이었다. 무려 이십 여 년의 공사 끝에 1359년 완성된 종루는, 다채로운 색으로 꾸며진 저부조 (주화나 메달에서 보듯이 약간의 입체감을 표현하기 위해 요철처럼 도드라지게 표현한 조각 기법 - 옮긴이)의 대리석 장식이 백미였다.

하지만, 피렌체가 가장 심혈을 기울여온 대성당은 1418년이 되었는데도 완공이 요원했다. 피렌체는 고대 로마 시대에 지어졌던 낡은 산타 레파라타(Santa Reparata) 성당을 허물고, 그 자리에 산타 마리아 델 피오레(Santa Maria del Fiore) 대성당을 신축하려 했다. 완성만 된다면 산타 마리아 대성당은 기독교권에서 가장 큰 규모의 성당이 될 터였다. 성당 공사에 들어갈 목재를 공급하기 위해 몇 개나 되는 숲을 벌채했고, 아르노 강을 오가는 배들은 거대한 대리석판을 부지런히 실어 날랐다. 신축되는 대성당은 위대한 피렌체 시민들의 경건한 신앙심을 고취시키고 피렌체인으로서의 자부심을 불어넣을 것이었다. 피렌체 자치 위원회는 웅장하고 호화로운 대성당을 짓겠다고 천명하면서, 산타 마리아 대성당이 '토스카나 지방에서 가장 아름답고 거룩한 성당'이 될 것을 요구했다.

그러나 공사가 진행될수록 계속되는 난관에 봉착했고, 이는 완공에 다가갈수록 더욱 심각해졌다.

대성당을 완공하기 위해서는 반드시 해결해야 하는 문제가 한 가지 있었다. 미완성 상태인 대성당의 남쪽 측랑에는 완성된 대성당 모습을 재현한 건물 모형이 놓여 있었다. 9미터나 되는 높이의 모형은 벌써 오십 년째 그 자리를 지키고 있었다. 모형 속의 대성당에서 가장 돋보이는 것은 단연 어마어마한 크기의 돔이었다. 세워지기만 한다면, 지금까지의 그 어떤 돔보다도 크고 높을 것이었다. 하지만, 오십 년이라는 세월 동안 모형만 놓여져 있었던 이유가 바로 그 돔이었다. 그렇게 높고 큰 돔을 건설할 묘안을 가진 건축가는 피렌체는 물론이고 이탈리아 전역 그 어디에도 없었기 때문이었다. 산타마리아 대성당의 미완성 돔은 당시 수많은 건축가들의 호기심을 불러일으키는 수수께끼와 같은 존재였다. 하지만 이미 많은 전문가들이 그 큰 돔을 지붕으로 올리는 것은 당시 기술로는 불가능하다고 결론 내린 상태였다. 애초에 돔을 설계한 사람들조차도 공사를 어떻게 마무리 지어야 할 지 뾰족한 수를 내놓지 못한 채, 언젠가는 하느님께서 해결해 주시겠거니 하는 대책 없는 신앙심에 의지했었다. 아니면, 지금보다 실력 있는 건축가들이 후대에 나타나서 세울 것이라 믿는 것이 고작이었다.

대성당 공사의 시작을 알리는 주춧돌이 깔렸던 것은 1296년이었다. 성당을 처음 설계한 건축가는 아르놀포 디 캄비오(Arnolfo di Cambio)라는 일급 석공이었다. 그 유명한 베키오 다리와 피렌체에 새로 축조된 거대한 방벽이 모두 그의 손을 거쳤다. 아쉽게도 캄비오는 대성당 공사가 시작되고 얼마 되지 않아 세상을 떠났고, 대성당 건설은 다른 석공들에 의해 계속 진행되었다. 그 과정에서 수많은 건물들이 신축 대성당에게 자리를 양보하며 사라져 갔다. 유구한 역사를 자랑하던 산타 레파라타 성당과 산 미켈레 비스도미니 성당이 모두 헐리고, 주변에 살던 주민들은 정든 집을 떠나 다른 곳으로 터전을 옮겨야 했다. 쫓겨난 것은 산 자만이 아니었다. 공사 현장에서 서쪽으로 불과 몇 미터 떨어진 산 조반니 세례당 주변에는 묘지가 있었다. 언제 묻혔는지도 모를 그 옛날 피렌체의 유골들 역시 교회 앞에 조성될 널찍한 광장을 위해 사후의 안식처를 내줘야 했다. 1339년에는 대성당 남쪽 거리 중에서 아다마리 거리 - 현재의 칼차이우올리 거리 - 의 지반을 일부러 낮추기도 했다. 그쪽 방향에서 오는 사람들 눈에 대성당이 더 우뚝 서 있는 모습으로 보이게 함으로써 그 장엄한 위용에 경건한 마음을 갖게 해야 한다는 이유에서였다.

아이러니하게도 산타 마리아 대성당이 서서히 위용을 갖추어갈수록 피렌체는 점점 쇠락해 갔다. 1347년 가을, 이탈리아로 돌아온 제노바의 한 범선은 인도에서 사들인 향신료와 함께 흑사병을 옮기는 쥐까지 싣고 왔다. 채 일 년도 지나지 않아 피렌체 인구의 무려 5분의 4가 흑사병에 희생되었다. 급격하게 인구가 감소하면서 노동력이 부족해졌고, 부족한 노동력을 메우기 위해 멀리 코카서스 지방의 타르타르와 체르케스에서 노예를 수입해 와야 할 정도로 상황은 안 좋았다. 사정이 이렇다 보니 1355년까지도 건물 전면과 회중석 벽 말고는 제대로 세워진 것이 없었다. 대성당 내부는 비바람에 노출되어 폐허를 연상케 했고, 건물 동쪽 끝의 주춧돌은 오랫동안 방치되었다. 덕분에 대성당 동쪽으로 난 거리는 '주춧돌 길'이라는 뜻을 가진 룽고 디 폰다멘티로 불리기도 했다.

이후 십 년 동안 피렌체는 흑사병의 충격으로부터 조금씩 회복하기 시작했고, 대성당 공사에도 조금씩 속도가 붙기 시작했다. 1366년에는 신랑(성당 한가운데 공간 - 옮긴이)의 천장 공사가 마무리되었고, 돔이 올라갈 교회 동쪽 건물도 꽤 진행되어 사실상 돔의 설계만을 남겨놓고 있었다. 설계 도면의 원본은 없지만, 처음 산타 마리아 대성당의 돔을 구상한 것은 아르놀포 디 캄비오였다. 14세기에 활동했던 캄비오는 원래 대성당의 모형을 만들었었다. 그런데, 불길하게도 돔의 무게를 견디지 못한 모형이 무너져 버리고 말았고, 덕분에 캄비오의 오리지널 설계안을 짐작해 볼 수 있는 실마리는 하나도 남아 있지 않았다. 600여 년 후, 1970년대 후대인들은 돔 기초부의 발굴 작업을 시도했는데, 이 작업을 통해 원래 세우려던 돔의 지름이 62 브라키아(피렌체에서 통용되던 길이 단위. 1 브라키오는 약 58.4센티 정도 된다), 즉 36미터 정도였다는 사실이 밝혀졌다.[2] 산타 마리아 대성당의 돔은, 900년 전 유스티니아누스 황제가 세운 당시 세계에서 가장 웅장한 콘스탄티노플의 소피아 성당 돔보다 지름이 3.6미터나 더 컸다.

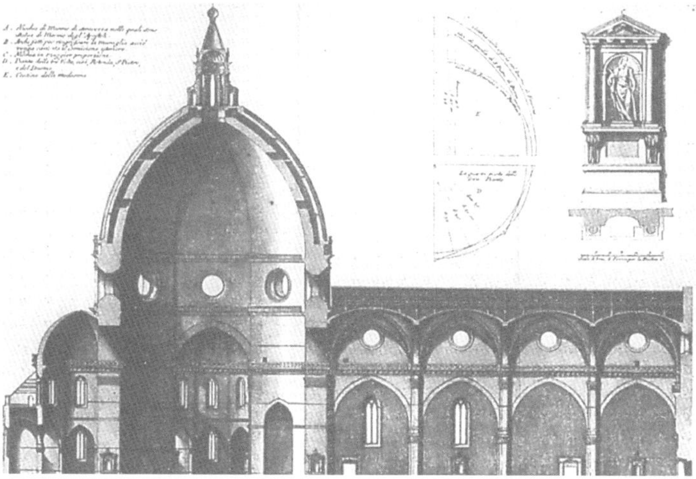

조반니 바티스타 넬 리가 그린 산타 마리아 대성당 단면도.

2. 프랭클린 토커(Franklin K. B. Toker) 〈피렌체 대성당: 설계 단계〉, 미술 공보(Art Bulletin), vol. 60 (1978), 226-227쪽.

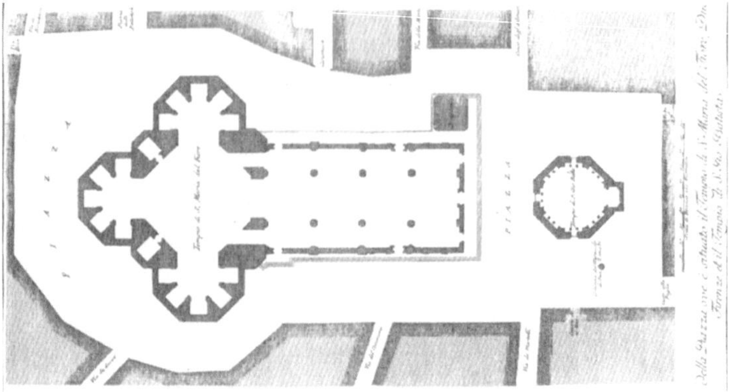

산타 마리아 대성당의 평면도. 평면도에는 세 개의 주교좌가 팔각형 돔을 둘러싸고 있고 오른쪽 산 조반니 광장에는 세례당이 자리하고 있다.

이 거대한 성당의 건설을 위해서는 막대한 자금이 필요했고, 돈줄은 1330년대부터 모직 상인 조합이 쥐고 있었다. 자금력으로 보나 규모로 보나 피렌체에서 가장 큰 조직은 모직 조합이었고, 이들이야말로 성당 건축 사업단의 실세였다. 하지만, 모직업을 통해 부를 축적한 상인들은 성당 건축에 대해서는 아는 바가 거의 없었다. 따라서 대성당의 설계와 모형을 만들고 공사 현장에서 기술자와 인부를 감독하는 총책임자의 역할을 맡을 카포마에스트로(capomaestro: 건축장建集長)로 건축 전문가를 선임했다. 그들이 선택한 카포마에스트로는 조반니 디 라포 기니였다. 1366년, 성당 건축이 돔 설계라는 결정적인 국면을 맞이한 때였다. 조반니 디 라포 기니는 사업단의 요청에 따라 대성당 돔의 모형 제작에 착수했다. 그런데, 사업단 임원들은 네리 디 피오라반티라는 석공장이 이끄는 화가 석공 단체에도 모형 제작을 의뢰했고, 두 사람은 본의 아니게 경쟁을 치러야 했다. 이때부터 산타 마리아 델 피오레 대성당의 운명이 요동치기 시작했다.[3]

사실 이전부터 기념비적인 건물을 세울 때엔 건축가들 간에 경쟁을 붙이는 것이 관행이었다. 기원전 448년, 아테네 의회는 아크로폴리스에 세울 전쟁 기념관의 설계안을 공모한 바 있었고, 당시 건축가들은 이 매력적인 프로젝트를 수주하기 위해 치열한 승부를 벌이기도 했다. 건축가는 자신이 건물 설계안을 건축주나 심사위원들에게 생생하게 보여주기 위해 거대한 모형을 제작하곤 했다. 그러면 건축주와 심사위원들은 양피지에 그린 설계도보다 훨씬 쉽게 완성될 건물을 상상해볼 수 있었다. 말만 모형이었지, 목재, 석재, 벽돌, 심지어 점토나 밀랍으로 거대하고 정교하게 만들

3. 돔 설계에서 네리가 맡은 역할에 대한 구체적인 기록은 없지만 그는 여러 문서에서 실무 위원회의 중요한 인물로 언급되고 있다. 1367년도 사업은 "네리 디 피오라반티를 비롯한 장인들과 화가들에 의해 수행되었다"고 명기되어 있다. 실무 위원회에는 조토의 조수였던 타데오 가디, 안드레아 피사노의 제자이며 조토 이후 피렌체에서 가장 실력 있는 화가로 인정받았던 안드레아 오르카냐, 그리고 안드레아의 형제인 벤치 디 치오네가 포진하고 있었다.

어졌다. 그 규모가 어느 정도로 컸냐면, 건축주가 안으로 걸어 들어가서 내부까지 꼼꼼히 살펴볼 수 있을 정도였다. 실제로 1390년 볼로냐의 산 페트로니오 대성당 모형은 벽돌과 석회로 제작되었는데, 무려 17.7미터나 되는 웬만한 집보다도 큰 규모였다.

조반니 디 라포 기니의 모형은 얇은 벽과 높은 창을 가진 전통적인 고딕 건축 양식을 충실히 따랐다. 건물 외벽에는 날개 모양의 버팀벽을 댔는데, 이는 얇은 벽 하나만으로는 높고 뾰족한 건물이 내리누르는 엄청난 하중을 견디기 위해 취했던 고딕 건축 방식이었다. 이전 세기의 많은 프랑스 성당들이 이러한 방식으로 지어졌다. 외벽을 받쳐주는 이 '공중 부벽(flying buttress)'이야 말로 고딕 건축 양식의 가장 중요한 특징이자 백미였다. 둥근 천장을 가진 로마네스크 양식과 달리, 고딕 스타일은 천장의 뾰족한 꼭짓점으로부터 엄청난 하중이 전이되었기 때문에, 높고 얇은 벽 외에도 버티는 벽이 하나 더 필요했다. 고딕 건축가들은 옆에 공중부벽을 하나 더 설치했고, 그 덕분에 얇은 벽을 높이 올릴 수 있었다. 높이 솟아오른 벽에 뚫린 수많은 창은 스테인드글라스로 장식했고, 스테인드글라스를 통해 들어오는 햇빛은 마치 천상의 빛처럼 교회 내부를 가득 채웠다. 고딕 건축가라면 누구든지 그런 거룩한 광경을 연출하고 싶어 했다.

반면, 네리 디 피오라반티 진영은 고딕 양식을 벗어나 공중 부벽 없이 새로운 방식으로 돔을 올리겠다고 선언했다. 사실 이탈리아에서는 이 공중 부벽이 그다지 인기 있는 양식은 아니었다. 이탈리아 건축가들은 공중 부벽이 건물의 하중을 견디기 위한 미봉책에 불과할 뿐, 흉물스럽고 부자연스럽다고 여겼기 때문이다. 그래서 이탈리아에서는 공중 부벽을 댄 건물을 좀처럼 찾아보기 힘들었다.[4] 사실 네리 디 피오라반티가 공중 부벽을 거부한 데에는 미학적인 이유나 구조적인 이유만 있었던 것은 아니었다. 오랜 시간 적대적 관계에 있었던 독일, 프랑스, 그리고 밀라노의 건축 양식을 수용하지 않겠다는 피렌체인의 자존심과 정치적인 이유도 강하게 작용했던 것으로 보인다. 독일의 고트족 같은 야만족이 창안해 낸, 균형미와는 거리가 먼 투박한 고딕 양식이 어쩌다가 유럽 전역에서 유행하게 된 것인지를 개탄하는 글은 훗날 르네상스 시대의 이탈리아 문필가들의 단골 주제이기도 했다.

---

4. 스페인의 유명한 건축가 안토니오 가우디는 고딕 대성당의 공중 부벽을 종종 안쓰러운 "목발"이라고 불렀다. 가우디는 하중을 지면으로 직접 전달할 수 있는 구조를 설계하려 했다. 잭 춘츠(Jack Zunz), '극한의 작업: 공학자의 딜레마(Working on the Edge: The Engineer's Dilemma)'. 밀네(R. J . W. Milne) 엮음. 구조 공학: 역사와 발전(Structural Engineering: History and Development) (London: E. & F. N. Spon. 1997). 62쪽.

다 좋은데, 공중 부벽이 없다면 더 높고 거대한 돔은 대체 어떻게 받칠 것인가? 돔을 받치는 역할을 하게 될 궁륭을 만드는 일은 건물 공사 중에서 가장 어렵고 위험한 작업이었다. 물론, 네리 디 피오라반티는 피렌체에서 궁륭 작업을 그 누구보다도 많이 해본 베테랑 석공장이었다. 바르젤로 국립 박물관 대강당 천장을 덮고 있는 지름이 18미터나 되는 거대한 궁륭을 세운 인물이 바로 피오라반티였다. 1333년의 홍수로 인해 파손된 다리 자리에 새로 들어선 것이 베키오 다리인데, 이 유명하고 아름다운 다리의 아치 역시 그의 작품이었다. 그런 화려한 경력을 가진 피오라반티였지만, 그가 내놓은 산타마리아 대성당의 돔 설계안은 이전까지 작품들의 수준을 훌쩍 뛰어넘는 야심찬 계획이었을 뿐 아니라 검증되지 않은 것이었다. 그는 쇠로 된 테두리 안에 나무 널빤지를 둘러서 마치 와인나무통을 짜는 것처럼 돔을 만드는 계획을 내놓았다. 균열이 일어날 확률이 높은 부위를 중심으로 해서 돔 둘레를 돌이나 나무 사슬로 에워싸는 방식이었다. 그렇게 하면, 돔의 하중을 외부 부벽의 도움 없이 자체적으로 흡수할 수 있을 것이고, 돔이 제 무게를 이기지 못해 무너지는 것을 막을 수 있다고 주장했다. 그렇게만 할 수 있다면, 미적인 측면에서도 거추장스럽고 눈에 거슬리는 부벽을 없애고 돔 지지대를 안으로 감출 수 있었다. 산타마리아 델 피오레 성당 공사에 참여한 모든 사람을 반세기 가까이 흥분시키고 또 좌절시킨 것이 바로 이 지지대 없이 천상을 향해 치솟을 것이라 믿었던 돔이었다. 상상만 해도 아름답고 환상적인 광경이었다.

두오모 성당 사업단은 두 설계안 중 하나를 선택하지 못하고 별다른 소득 없는 토론만 이어갔다. 처음에는 외부의 공중부벽 없이 설계하겠다던 네리 진영이 우세했다. 하지만, 조반니 진영에서 네리 측의 설계 계획의 안정성에 대한 의혹을 끊임없이 제기했고, 이것이 사업단 임원들에게 먹히기 시작했다. 중세의 건축가들을 가장 괴롭힌 것이 바로 건축물의 안정성 문제였다. 지금이야 완공된 건물이 웬만한 지진이나 태풍에도 끄떡하지 않고 늠름하게 서 있는 것을 당연하게 여기지만, 중세와 르네상스 시대의 건축주는 세워진 건물이 무너져 내리지 않을까 늘 가슴 졸이며 살아야 했다. 정지된 상태의 구조물에서 작용하는 평형과 힘의 원리를 체계적으로 설명하는 '정역학(statics)'이 아직 등장하기 전이었기 때문이다. 실제로 완성되자마자 폭삭 주저앉아 버린 건물도 심심찮게 있었고, 심지어 공사 도중에 무너져 내리는 경우도 있었다. 피사와 볼로냐의 두 종탑은 지반 침하로 인해 한창 짓고 있는 도중에 기울어져 버렸고, 보베와 트루아 대성당의 궁륭은 올린 지 얼마 되지 않아 무너져 내렸다. 미신을 믿는 사람들은 이런 붕괴를 초

자연적 현상으로 보았지만, 건축에 지식이 있는 사람들은 건축가와 시공자가 설계 과정에서 중대한 실수를 범한 것이라고 보았다. 물론, 그 중대한 실수가 무엇이었는지는 정확히 밝혀지지 않았다.

결국 대성당 사업단은 네리의 설계안을 채택했다. 그러면서도 조반니 측의 우려 또한 감안했다. 아무래도 불안하니 돔을 지탱하는 기둥을 더 굵게 만들어야 한다는 단서를 단 것이다. 그러나 사업단이 요구한 '더 굵은 기둥'은 또 다른 문제를 만들어 냈다. 기둥의 굵기는 기둥들이 모여 만들어지는 팔각형 모양의 천장 둘레와도 연관이 있었는데, 굵어진 기둥만큼 천장 둘레도 늘어나야 했기 때문이었다. 그런데, 성당은 이미 팔각천장의 지름을 43미터로 잡고 기초 공사를 시작한 상태였다. 이 기초공사를 무시하고 모두 다시 원점으로 되돌려야 한다는 것인가? 더 심각한 문제는 팔각형 모양의 천장의 둘레와 지름을 늘리면, 당연히 그 위에 올라가는 돔의 지름도 늘어날 수밖에 없다는 사실이었다. 따로 부벽을 쓰지 않으면서 지름이 43미터가 넘는 돔을 지탱할만한 건물을 지을 수 있을까?

1367년 8월에 열린 사업단 회의에서는 이 문제를 집중적으로 논의했고, 결국 설계 원안보다 7미터 정도 더 큰 돔을 만들기로 결정했다. 석 달 뒤, 피렌체 전체 시민 투표를 거쳐 이 안은 최종 승인되었다. 시민 투표를 거친 것은 민주적인 피렌체 공화 민주주의 절차를 따른 것이기도 했지만, 만일의 경우 사업단이 오롯이 책임을 떠맡지 않기 위함이었다.

네리 디 피오라반티의 설계안을 채택한 것은 대단한 결단이었다. 고대 이후 이 정도 크기의 돔이 올라간 적은 일찍이 없었다. 평균 지름 43미터의 돔이라면 천 년이 넘도록 세계 최대의 돔으로 군림해 온 로마의 판테온을 뛰어넘는 크기였다. 세계에서 가장 클 뿐 아니라 가장 높은 돔이기도 했다. 산타 마리아 대성당 벽의 높이만 하더라도 벌써 42미터가 넘었는데, 그 위에 9미터 높이의 환상벽을 추가로 올리고, 돔은 그 환상벽 위에 얹기로 했다. 환상벽은 일종의 받침대 역할을 했는데, 돔을 조금이라도 더 높이 올려주면서 그 위용을 한층 부각시키는 역할을 했다.[5] 결국 돔 공사

---

5. 환상벽 설계자와 시기에 대해서는 정확한 정보가 없다. 필리포를 존경해 마지않는 조르조 바사리는 이를 필리포의 작품이라고 추정하고 있지만 근거는 없다. 조지 불(George Bull): 편역, 미술가 열전(Lives of rhe Artists), (Harmondsworth, England: Penguin, 1987), vol. 1, 141 쪽. 다음은 바사리의 주장에 동의하는 인물들이다. 카를로 과스티(Carlo Guasti), 산타마리아 대성당의 돔 (La cupola di Santa Maria del Fiore) (Florence, 1857), 189-190쪽; 프랭크 프라거(Frank D. Prager) & 구스티나 스칼리아(Gustina Scaglia), 브루넬레스키: 브루넬레스키의 공학적 창조 연구(Brunelleschi: Studies of His

는 51미터라는 어질어질하게 높이에서 시작되는 셈이었는데, 이는 13세기에 프랑스에서 지어진 그 어떤 고딕 돔보다도 높은 위치였다. 그때까지 들어선 고딕 돔 중에서 가장 높았던 것은 보베의 생피에르 대성당 돔이었다. 37.8미터 높이에서 궁륭이 시작되는 생피에르 대성당 돔은, 가장 꼭대기 지점의 높이가 47.1미터에 달했다. 산타 마리아 대성당의 돔은 그보다 9미터 높은 지점에서 '시작'했다. 돔 아래쪽에 자리할 성가대석 역시 생피에르 대성당보다 훨씬 거대하게 고안되었다. 생피에르 대성당의 성가대석 공간은 그 지름이 15.3미터였던 것에 반해, 피렌체에 들어설 산타 마리아 대성당은 무려 43미터나 되었다. 중요한 것은, 완공된 지 십 년이 지나자 마자인 1284년에 생피에르 대성당의 돔 천장이 무너져 내렸다는 것이다. 생피에르 성당은 실무 기술자들과 예술가

Technology and Inventions) (Cambridge, Mass.: MIT Press, 1971), 18-22쪽. 훨씬 전에 설계되었다고 보는 학자들도 있는데, 이들은 설계자로 아르놀포 디 캄비오, 조반니 디 리포 기니, 안드레아 오르카냐를 주로 언급한다. 나르디니 데스포티 모스피뇨티(A. Nardini-Despotti-Mospignotti), 필리포 브루넬레스키와 돔(Filippo Brunelleschi e la cupola) (Florence, 1885) , 97쪽. E. 폰 스테그만(E. von Stegmann) & H. 폰 가이뮐러(H. von Geymüller), 르네상스 시대의 토스카나 건축가(Die Architektur der Renaissance in der Toskana) (Munich, 1885-1893), 38쪽; 하워드 잘먼(Howard Saalman), 필리포 브루넬레스키: 산타 마리아 대성당 돔(Filippo Brunelleschi: The Cupola of Santa Maria del Fiore) (London: A. Zwemmer, 1980), 48쪽.

들이 그토록 싫어했던 공중 부벽을 설치하고 내벽에 철봉을 심어 연결까지 했었다. 그런데도 하중을 견디지 못해 무너진 것이었다. 많은 이들이 네리의 산타마리아 대성당 건축계획에 회의적인 것은 당연했다.

수많은 도전 과제에도 불구하고 네리 디 피오라반티는 산타마리아 대성당 돔을 위한 기본 골격모형을 완성했다. 한 가지 흥미로운 점은 산타마리아 돔은 한 겹이 아니라는 점이었다. 메인 돔은 두 개의 돔으로 구성되어 있었는데, 하나의 돔이 또 다른 돔을 감싸는 이중 구조였다. 이는 서유럽에서는 드문 형식이었다.[6] 중세 페르시아에서 즐겨 사용했던 이 이중 돔은 이슬람 사원이나 영묘의 전형적인 방식이었다. 바깥쪽의 돔은 한껏 높게 세워서 건물의 위풍당당함을 살리고, 안쪽의 돔은 바깥 돔을 지탱하는 동시에 내부 공간과 조화를 이루도록 만들어졌다. 완성된 바깥쪽 돔은 비

6. 6세기에 지어진 라벤나의 산 비탈레 교회의 돔은 이중 구조로 되어 있고, 피렌체에 있는 산 조반니 세례당도 팔각형의 돔 위에 피라미드 모양의 목재 지붕이 얹혀 있다는 점에서 이중 돔으로 볼 수 있다. 산타마리아 대성당의 돔은 이 세례당의 돔을 모델로 삼았다는 것이 통설이다. 산타 마리아 대성당의 돔은 이후 유럽 돔의 정형이 되었다. 로마 산 피에트로 성당도 산타 마리아 대성당의 돔을 모델로 삼았다. 영국의 건축가 크리스토퍼 렌 경이 설계한 런던의 세인트폴 성당의 돔은 무려 세 겹으로 둘러 싸여있다.

바람으로부터 안쪽 돔을 보호하는 일종의 방패막이 역할도 했다.

이중 돔뿐만 아니라 돔 모양도 특이했다. 판테온을 비롯한 이전의 돔들은 둥근 반구형 모양이었던데 반해, 산타마리아 대성당의 돔은 마치 고딕 건축물의 아치처럼 위로 뾰족하게 솟아오른 첨두형이었다. 이를 두고 '5등분 첨두'라고 부르기도 했다. 엄밀한 의미에서 산타마리아의 돔은 네 개의 원통형 궁륭이 맞물려서 전체적으로 팔각형을 이루는 디자인이었다. 이 복잡한 설계는 오십 년 후 돔 공사를 맡을 사람들에게 예상치 못한 수많은 난제를 던져주었고, 그 난제는 정말 기발한 방법 없이는 풀기 어려웠다.

그럼에도 불구하고, 네리가 제작한 돔 모형에 피렌체 사람들은 감탄해 마지않았다. 4.5미터 높이에 9미터 길이인 대형 모형은, 조금씩 골격을 드러내고 있던 대성당의 한쪽 측랑에 성스러운 성골함 혹은 신전처럼 전시되어 있었다. 해마다 대성당 시공자와 사업단 임원들은 성서에 손을 얹고 모형과 똑같은 모습으로 성당을 완성하겠노라고 맹세했다. 대성당 공사 현장을 드나들던 수많은 야심만만한 목수와 석공들은, 쉽사리 풀리지 않는 돔 공사를 언젠가는 자기들이 해결하고 말리라 꿈꾸곤 했다. 그래서 1418년 여름, 산타마리아 대성당 돔 설계에 대한 공모가 발표되었을 때, 십

여 개나 되는 모형들이 접수되었다. 지원자 중에는 멀리 피사와 시에나에서 온 기술자도 있었다.

하지만 수많은 공모작 중에서 기존의 틀에 얽매이지 않고, 독창적이고 과감한 방식으로 거대한 궁륭 건설의 난관을 풀어낸 작품은 단 하나뿐이었다. 벽돌을 쌓아 만든 이 화제의 모형을 제작한 이는 목수도 아니었고 석공도 아니었다. 수수께끼 같은 돔 건설을 풀어내는 것에 평생을 바치기로 결심한 주인공은 금세공사이자 시계공이었던 필리포 브루넬레스키였다.

산 조반니의 금세공사

The Goldsmith of San Giovanni

2

1418년, '피포'라는 애칭으로 알려진 마흔한 살의 필리포 브루넬레스키는 대성당 서쪽에 위치한 산 조반니 구역의 한 저택에 살고 있었다. 풍부한 견문과 학식을 갖춘 공증인이었던 아버지 덕분에 풍요롭게 자란 '피포'는, 아버지 세르 브루넬레스코 디 리포 라피로부터 상당한 재산과 함께 저택도 물려받았다. 세르 브루넬레스코는 원래 아들에게 공증인이라는 가업을 물려주고 싶어 했지만, 필리포는 공직에 별 관심을 보이지 않았다. 대신 어릴 때부터 기계를 다루고 고치는 데 비상한 관심과 재주를 보이곤 했다. 필리포가 기계에 각별한 관심을 가지게 된 계기는 아마도 가까이서 지켜보며 함께 자랐던 대성당이었을 것이다. 짓다 만 채 우두커니 서 있는 산타 마리아 대성당은 그의 집에서 엎어지면 코 닿을 거리에 있었다. 필리포는 산타 마리아 대성당의 공사 현장에서 대리석과 사암 덩어리를 건물 꼭대기에 올려놓는 바퀴식 권양기와 기중기가 돌아가는 모습을 매일같이 지켜보았을 것이다. 어떻게 돔을 올릴 수 있을 것인가를 두고 집안 식구들끼리도 열띤 토론이 벌어졌을 수도 있다. 아버지인 세르 브루넬레스코도 그 분야에 대해 어느 정도 지식이 있었는데, 그는 1367년의 시민 투표에서 네리 디 피오라반티의 과감한 설계안에 찬성표를 던진 피렌체 시민 중 한 사람이기도 했다.

자신처럼 공증인이 되는 데 흥미를 보이지 않아 실망스럽기는 했지만, 세르 브루넬레스코는 아들의 의사를 존중했다. 필리포가 열다섯 살이 되던 해, 세르는 집안끼리 잘 아는 금세공사 베닌까사 로티의 공방에 아들을 견습생으로 들여보냈다. 필리포는 그 곳에서 금세공 일을 본격적으로 배우기 시작했다. 워낙에 기계를 다루는 데에는 타고났던 그였기에 금세공사 공방에 들어간 것은 현명하고 당연한 결정이었다. 사실 중세 장인 중에서 가장 각광받았던 것은 금세공사였다. 금세공은 다방면으로 많은 재주를 가진 사람만이 할 수 있는 일이었다. 필사본에 금박을 입히는 일, 보석을 박는 일, 쇠붙이를 주조하는 일, 에나멜을 입히는 일, 은에 무늬를 새기는 일 모두 금세공사가 도맡아 했다. 그뿐만 아니라, 금단추부터 성골 보관소, 성물 보관소, 묘소에 이르기까지 다루지 않는 분야가 없었다. 안드레아 오르카냐, 루카델라 로비아, 도나텔로 같은 조각가는 물론, 파올로 우첼로, 안드레아 델 베로키오, 레오나르도 다 빈치, 베네초 고촐리 등 피렌체를 빛냈던 스타화가군단도 처음에는 금세공사의 공방에서 훈련받으면서 그들의 예술세계를 시작했다.

그 권위와 영예로움에 비해 금세공사의 작업환경은 열악하기 그지없었다. 금, 구리, 청동 등을 녹이기 위해서는 며칠씩이고 거대한 용광로에 불을 때야만 했다. 무더위가 기승을 부리는 여름철도 예외는 아니었다. 항상 매캐한 연기가 뿜어져 나오는 용광로에는 폭발과 화재의 위험이 도사리고 있었다. 은에 무늬를 새기는 작업을 할 때는 유황과 납 같은 유독 물질을 사용해야 했고, 녹물을 부어 넣을 진흙 거푸집을 만들 때는 고약한 냄새의 쇠똥과 불에 그을린 쇠뿔을 다뤄야 했다. 설상가상으로 대부분의 금세공 공방은 피렌체에서 가장 악명 높은 빈민가인 산타 크로체에 있었다. 산타 크로체는 아르노 강 북쪽 제방 근처에 있는 구역으로 비만 내리면 상습적으로 침수되는 지역이었다. 금방이라도 쓰러질 것 같은 즐비한 판잣집, 날품팔이, 염색공, 모직공, 그리고 창녀들이 북적거리면서 살아가는, 그야말로 전형적인 빈민촌이었다.

이런 고약한 작업 환경 속에서 필리포는 놀라운 속도로 성장했다. 보석을 박는 기술뿐 아니라 은에 다채로운 무늬를 새기는 '니엘로'라는 상감 기술을 익혔고, 양각으로 무늬를 도드라지게 새기는 엠보싱 기술도 습득했다. 이즈음 그는 운동, 역학, 특히 무게와 바퀴, 기어의 원리 공부에 푹 빠져 있었다. 기계에 대한 학구열 덕분에 많은 시계를 만들기도 했는데, 그중에는 자명종이 달린 시계도 있었다고 한다. 알람 기능을 가진 시계를 처음 발명한 사람이 필리포였던 셈이다 (아쉽게도 증거라 할 만한 시계는 남아 있지 않다). 그 기발한 발명품은 어쩌면 훗날 그가 이루어낼 수많은 기술 혁신의 전조라고도 볼 수 있다.[1]

1398년, 스물한 살의 필리포는 어엿한 금세공 장인이 되었다. 그리고 그로부터 정확히 삼 년 뒤, 한 이벤트로 인해 일약 피렌체의 유명인사로 부상했다. 25년 전 조반니 디 라포 기니와 네리 디 피오라반티의 치열한 경쟁만큼 세인의 엄청난 관심을 모았던, 산 조반니 세례당의 청동문 공모전 덕분이었다.

1. 시계 제작자로서 브루넬레스키의 연모에 대해서는 다음을 참조할 것. 프랭크 프라거(Frank D. Prager), '브루넬레스키의 시계?(Brunelleschi's Clock?)' 물리학(Physics) 10(1963), 203-216쪽.

필리포의 경력에서 매우 중요한 분수령이 되는 이 공모전은 흑사병으로 인해 찾아왔다. 지긋지긋한 단골손님처럼, 흑사병은 평균 십 년에 한 번꼴로 항상 여름철에 피렌체를 덮치곤 했다. 악몽 같았던 1348년 이후, 1363년, 1374, 1383년, 1390년에도 정도는 덜했지만 흑사병이 돌았다. 이 진저리나는 전염병을 퇴치하기 위해서 피렌체인들은 온갖 비방책들을 동원했다. 교회의 종을 부서져라 쳐보기도 했고, 허공에 화약을 터뜨리기도 했다. 인근 지역인 임푸르네타의 성당에는 성 루카가 그려서 기적을 일으킨다는 성모 마리아의 그림이 있었는데, 이 성화를 들고 와서 피렌체 거리를 행진하기도 했다. 기적을 바라면서 말이다. 여유 있는 부자들은 시골로 도망갔고, 도시에 남겨진 이들은 쑥과 향나무, 라벤더, 쇠뿔과 유황 덩어리를 태우기도 했다. 이들을 태울 때 나오는 고약한 냄새가 공기 속을 떠돌아다니는 흑사병 균을 죽이는 데 효과가 있다고 믿었기 때문이다. 그 냄새가 얼마나 지독했는지, 지붕에 앉아 있던 참새가 견디지 못해 질식사할 정도였다고 한다.

1400년 여름 창궐했던 흑사병은 유독 참혹했다. 그해 여름, 만이천 명에 달하는 피렌체 시민이 목숨을 잃었는데, 당시 피렌체 인구 다섯 명 중 한 명 이상이 흑사병으로 죽은 셈이다. 악몽 같았던 1400년이 지나가면서, 피렌체 직물상 조합은 산 조반니 세례당의 청동문을 새로 달아서 신의 노여움을 가라앉히자는 의견을 냈다. 산 조반니 세례당은 피렌체에서 태어난 모든 아기들이 세례를 받기 위해 반드시 거쳐야만 하는 곳이었기에, 피렌체에서도 가장 성스러운 장소로 여겨지고 있었다. 여전히 공사가 진행중이던 산타 마리아 대성당에서 서쪽으로 불과 몇 미터밖에 떨어져 있지 않은 이 세례당은, 형형색색의 대리석이 박힌 벽에 팔각형의 돔이 씌워져 있는 아름다운 건물이었다. 당시 사람들은 이 건물이 율리우스 카이사르가 인근 피에솔레 전투에서의 승리를 기념하기 위해 지은 마르스(고대 그리스 신화에 나오는 전쟁의 신 - 옮긴이) 신전이라고 믿었다. 물론 아름다운 세례당이 실제로 지어진 것은 서기 7세기 무렵으로 카이사르의 시대보다 훨씬 나중이었다. 1330년부터 6년에 걸쳐, 조각가인 안드레아 피사노는 세례당을 장식할 청동문의 골격을 만들었고(그는 추후 산타 마리아 대성당의 건축장으로도 일하게 된다), 피렌체의 수호성인인 세례자 요한의 일생을 그린 스무 개의 화판을 제작했다. 그러나 세례당 장식 사업이 더 진행되지 못하면서 그가 만든 문의 골격은 흉물스럽게 변해 버렸다.

산 조반니 세례당

1401년 당시 필리포는 흑사병이 창궐하던 피렌체를 떠나 피스토이아에 머물며 다른 예술가들과 함께 그곳 대성당의 제단을 장식하는 명예로운 작업을 수행하고 있었다. 그러던 중 세례당 문 공모 소식을 듣게 되었고, 그 길로 피렌체로 돌아왔다. 공모전 심사위원은 총 서른네 명이었다. 피렌체의 수많은 화가와 조각가들 중 엄격하게 선발된 이들, 그리고 피렌체 제일의 재력을 가진 은행가 조반니 디 비치 데 메디치를 비롯해 신망 있는 지도층 인사들로 심사위원단이 구성되었다. 심사 위원들은 일곱 명의 토스카나 출신 금세공사나 조각가 중 한 명의 당선자를 골라야 했다.

이 무렵 피렌체를 괴롭힌 것은 흑사병만이 아니었다. 무서운 전염병의 기세가 수그러들자마자, 새로운 골칫거리들이 기다렸다는 듯 등장했다. 그리고 이들은 산타 마리아 대성당의 건설에도 심각한 영향을 끼쳤다. 당시 대성당 신축 공사는 빠른 속도로 진행되고 있었고, 돔을 지탱할 기둥들 위에 대형 아치를 세우는 작업이 1397년 시작되었다. 성당의 예배실은 팔각형 모양 돔의 세 변에 이르는 공간을 차지했는데, 예배실의 둥근 지붕을 만들기 위한 궁륭 공사도 한창 진행 중이었다. 대성당 동쪽에는 삼각형으로 공간을 만들어 광장을 조성하려 했는데, 이미 포장 작업까지 끝난 상태였다. 성당 사업단이 입주할 새로운 건물도 완공되었다. 그런데 1401년 초에 갑자기 공사가 중단되었다. 대성당을 포함한 모든 건축 사업의 인력이 시에나로 가는 길에 위치한 도시 끼안티의 카스텔리나 성벽을 개축하는 작업에 투입된 것이다. 피렌체 공화국의 최고 행정 기구인 시뇨리아(중세와 르네상스 시대에 있었던 이탈리아 도시국가의 통치기구 - 옮긴이)는 피렌체에서 피사로 가는 길목에 위치한 두 도시, 말만틸레와 라스트라 아 시냐의 성벽을 보수하는 데에도 석공들을 대거 투입했다.

피렌체가 이렇게 갑작스럽게 성벽 개보수에 전력투구했던 데에는 그럴만한 이유가 있었다. 북쪽에 위치한 밀라노의 지안갈레아초 비스콘티 공작의 위협이 현실이 되어가고 있기 때문이었다. 피렌체와 밀라노는 이미 십 년 전 전쟁을 벌인 적이 있는 앙숙이었다. 적갈색 턱수염을 기른 지안갈레아초는 잔혹하고 야심만만한 독재자였다. 그가 갑옷 위에 늘어뜨린 외투의 문양만큼 그를 잘 표현하는 것도 없었다. 문양은 똬리를 튼 독사가 발버둥 치는 왜소한 사내를 턱으로 으스러뜨리는 장면이었다. 그의 철권통치는 피렌체가 당시 추구하고 있던 '민주주의'와는 대조를 이루었다. 비록 제한적이긴 했지만, 피렌체에는 선거가 있었고 시민들은 선거권을 가졌다. 선거를 통해 선출된 사람은 일정한 기간 동안 짧게 집권할 기회를 가졌으니, 어찌 보면 아리스토텔레스가 말한 이상적인 공화국 상을 꽤 완벽하게 재현하고 있던 셈이었다. 하지만 지안갈레아초의 밀라노는 달랐다. 1395년, 삼촌이며 장인이었던 베르나보 비스콘티를 감옥에 가두고 독살한 뒤 지안갈레아초는 밀라노의 권력을 손에 넣었다. 지위에 걸맞은 칭호를 얻기 위해 그는 신성 로마 제국의 황제 바츨라프 4세를 뇌물로 구슬렸고, 그 대가로 밀라노 공작으로 인정받았다. 동시에 그는 밀라노에 웅장한 대성당 건설 사업을 시작했다. 네리 디 피오라반티가 그렇게도 혐오하던 수많은 공중부벽과 뾰족탑으로 처바른 아주 전형적인 고딕식 건물이었다.

바로 이 불구대천의 원수가 피렌체에 어두운 그림자를 드리우고 있었다. 북부 이탈리아를 장악한 것만으로는 성에 차지 않았는지, 지안갈레아초는 이탈리아 전역을 통일한 후 지배하려는 야욕을 불태우고 있었다. 피사, 시에나, 페루지아는 이미 그에게 무릎을 꿇었다. 1401년 당시 이탈리아 북부와 중부를 통틀어서 밀라노에 저항하는 세력은 피렌체만이 유일했다. 피사, 피옴비노 같은 항구로 통하는 길도 지안갈레아초로 인해 끊겼고, 그 바람에 피렌체는 정치적 뿐 아니라 지리적으로도 고립되고 말았다. 이제 피렌체는 무역은 고사하고 식량마저 고갈될 위기에 놓였다. 밀라노의 이 폭군은 피렌체가 양털을 고르는 기구에 쓰이는 철망을 수입하는 것조차 허락하지 않았다. 지안갈레아초의 군대가 포위망을 좁혀오면서 피렌체 공화국은 바람 앞의 등불처럼 존망마저 위태로웠다.

산 조반니 세례당의 두 번째 청동문 공모는 이런 위기 상황에서 비롯된 것이었다. 공모전의 경쟁 원칙은 간단했다. 지원자 한 명당 총 34킬로그램 무게가 나가는 청동판이 네 개 지급되었고, 지원자들은 아브라함이 이삭을 희생양으로 바치는 창세기의 한 장면을 그림으로 묘사해야 했다. 원래 이 장면은 전통적으로 예수 그리스도의 십자가형을 예고한 일화로 간주되어 왔었다. 그런데도 피렌체 직물상 조합이 굳이 이 장면을 선택한 것은, 이삭이 절체절명의 순간에 하느님의 구원을 받는 것에서 착안한 것으로 보인다. 흑사병이라는 재앙에서 '기적적으로' 벗어나자마자 무섭게 진격해오는 지안갈레아초의 군대를 맞닥뜨려야 하는 피렌체의 상황은 말 그대로 절체절명의 순간이었고, 이삭에게 그랬던 것처럼 피렌체에도 하느님의 기적이 재현되기를 바랐던 것이다.[2] 직물상 조합은 높이 43센티미터에 폭 33센티미터 규격의 청동판에 작품을 완성하라며 일 년이라는 시간을 주었다.

별로 크지도 않은 청동판 작품을 만드는 데 일 년이라는 긴 시간이 왜 필요한 걸까? 사실 청동 주물 공정은 생각보다 까다롭고 복잡하며 고난도의 기술이 필요한 작업이다. 먼저, 잘 조합된 점토로 반죽을 해서 원하는 모양을 대략적으로 만들어낸다. 점토가 다 마르면 그 위에 밀랍을 바르고 상이나 부조로 깎아내야 하는데, 이 과정에서 아주 정교한 조각 기술을 발휘해야 한다. 잘 깎아낸 밀랍 위에 불에 태운 쇠뿔, 쇳가루, 쇠똥을 물에 이겨서 만든 반죽을 바르는데, 이때 돼지 털로 만든 붓을 사용해야 한다. 이 위

2. 이 점을 지적한 것은 프레더릭 하트(Frederick Hartt), '15세기 피렌체의 예술과 자유 (Art and Freedom in Quattrocento Florence)', 루시 프리먼 샌들러(Lucy Freeman Sandler) 엮음, 카를 레만 추모 논문집(Essays in Memory of Karl Lehmannl) (New York: Institute of Fine Arts, 1964), 124쪽.

에다 다시 고운 점토를 여러 겹 바르는데, 한 겹이 완전히 마르고 난 뒤에야 또 다른 겹을 발라야 하기 때문에, 상당한 인내심과 긴 시간을 필요로 한다. 여러 겹으로 점토를 칠해 볼품없어 보이는 이 덩어리를 쇠로 만든 테로 에워싸는데, 이렇게 하면 마치 번데기처럼 불룩한 모양의 덩어리가 탄생한다. 이 불룩한 덩어리가 청동상을 찍어낼 틀이 된다.

이 번데기 같은 덩어리를 가마에 넣고 점토가 바짝 마를 때까지 굽는다. 뜨거운 열로 인해 밀랍은 덩어리 밑에 뚫어놓은 구멍을 통해 녹아 흘러나오게 되는데, 밀랍이 빠져나간 이 틈새에 용광로에서 녹인 청동을 부어 넣는다. 마지막으로 바짝 구워진 점토 덩어리를 깨부수면 드디어 청동 형상이 드러난다. 하지만 이것이 끝이 아니다. 청동 형상을 끌로 다듬고, 파고, 갈고, 필요하면 금도 입힌다. 이 복잡한 과정에서 찰나의 실수로 인해 모든 땀과 노력이 허사가 될 수도 있다. 그래서 미켈란젤로는 청동을 부어 넣을 때 반드시 미사를 올렸다고 한다.

1402년, 살벌한 지안갈레아초의 휘장을 휘날리는 밀라노 군대가 피렌체로 들어가는 길목에 진을 치고 있던 바로 그때, 심사위원들은 제출된 공모작 중에서 당선작을 가려냈다. 이 거룩한 공사를 낙점 받게 되는 사람은 단숨에 명성을 얻을 수 있었다. 심사위원들은 총 일곱 명의 공모작 중 당선작으로서 손색이 없는 두 점을 선발했다. 한 명은 필리포 브루넬레스키였고, 또 다른 한 명은 무명의 젊은 금세공사 로렌초 기베르티였다. 일생동안 반복된 두 사람의 숙명의 라이벌전은 그렇게 시작되었다.

로렌초 기베르티는 세례당 문 같은 중요한 공사를 맡기에는 아직 애송이였다. 이제 겨우 스물네 살에 이렇다 할 경력도 없었을 뿐 아니라, 금세공사 조합과 조각가 조합 모두 정식 회원으로 가입하지도 않은 상태였다. 출생의 비밀에 대한 루머도 있었다. 공식적으로는 난봉꾼으로 유명한 치오네 부오나코르소의 아들로 알려져 있었지만, 실은 양아버지였던 금세공사 바르톨루치오 기베르티의 사생아라는 소문이 파다했다.[3] 그는 바르톨루치오의 공방에서 도제 수업을 받으면서 귀걸이와 단추 등, 금세공사가 만드는 다양한 품목의 제작을 거들어 왔다. 당연히 세례당 문 같은 대작을 맡아본 적은 없었다. 1400년에 흑사병이 발생했을 때, 로렌초는 쾌적한 기후를 가진 아드리아 해 연안의 리미니로 이주했고,

3. 리처드 크라우타이머 (Richard Krautheimer), 로렌초 기베르티(Lorenzo Ghiberti) (Princeton: Princeton University Press, 1956), 3쪽.

그곳에서는 금세공도 아닌 벽화 그리는 일을 했다. 나름 편안하게 지내던 로렌초는 세례당 문 설계 공모에 당선되면 귀걸이 나부랭이는 더 이상 만들지 않아도 된다는 바르톨루치오의 설득에 넘어가 리미니에서 일 년을 보낸 뒤 피렌체로 돌아왔다.

최종 후보로 선정된 두 사람의 작업 방식은 판이하게 달랐다. 로렌초는 꽤 영리하게 문제에 접근했는데, 되도록 많은 이들의 조언을 수렴하는 방식이었다. 그는 많은 화가와 조각가에게 다가가 조언을 구했고, 그중 상당수는 공교롭게도 심사 위원단에 소속된 이들이었다. 로렌초는 이들을 산타크로체에 위치한 바르톨루치오의 공방으로 초대했고, 자신이 만든 밀랍 모형에 대해 평을 해 달라고 부탁했다. 일단 지적을 받으면 아무리 심혈을 기울여 만든 밀랍 모형이라 할지라도 주저 없이 녹여버렸다. 염색공이나 직조공처럼 이 방면에는 전혀 문외한인 사람도 일터로 가다가 로렌초에게 붙잡히면 뭐라고 한마디라도 평을 해 주어야 했다. 당연한 이야기이지만, 스승인 바르톨루치오 역시 로렌초의 마무리 작업을 도와주었다.

반면 필리포는 홀로 일했다. 세례당 문 공모전 이후 사십 년 동안, 일할 때의 필리포는 비밀주의와 개인주의 원칙을 지켰다. 권양기나 선박 같은 특별한 발명품이나 건축 모형을 만들 때에도 혼자였다. 자기의 창작물이나 아이디어를 글로 남기지도 않았고, 꼭 글로 써야 할 경우에는 암호문을 사용했다. 오로지 혼자 일하든지, 정 필요하다면 정말 믿을 수 있는 한두 명의 제자하고만 함께 작업했다. 누가 자기 설계도를 엉망으로 만들거나 훔쳐 갈지 모른다는 강박에 사로잡혀 있었기 때문이다. 그리고 그런 악몽은 결국 훗날 현실이 되고 말았다.

심사 위원은 물론 피렌체 시민도 너무나 다른 두 사람의 청동 부조를 두고 의견이 갈렸다. 그것은 현재의 미술사학자들도 마찬가지이다. 필리포의 장식판은 훨씬 생동감이 넘쳤다. 뒤틀린 이삭의 몸 위에서 아브라함과 천사는 마치 연극배우처럼 과장되고 격렬한 동작을 취하고 있었다. 반면 로렌초의 장식판은 우아하고 고상한 품격을 보여주고 있었다. 또한 하나의 주물만을 사용해 적은 양의 청동으로 작품을 완성했기 때문에 기술적으로도 매우 뛰어났다. 두 장식판은 현재 바르젤로 국립 박물관에 소장되어 있다. 피렌체를 방문하는 독자들은 두 작품 중 어느 쪽이 더 마음에 드는지 스스로 판단해 볼 수 있다.

경쟁에서 떨어진 나머지 다섯 작품의 운명에 대해서는 알려진 바가 없지만, 아마도 피렌체가 치러야 했던 숱한 전쟁의 와중에 용광로로 던져져 무기를 위한 녹물이 되었을 것이다. 청동 작품은 언제나 그런 위험에 노출되어 있었다. 그래서 16세기 피렌체의 골동품 수집가였던 프란치스코 알베르티니는 금세공사들에게 불후의 작품을 남기고 싶으면 청동상의 두께를 절대로 칼날보다 두껍게 만들지 말 것을 충고했다. 그래야 대포를 만들기 위해 용광로에 던져지는 운명을 피할 수 있기 때문이었다. 청동을 총포로 만드는 것은 식은 죽 먹기였다. 일반 청동 제품을 만들 때 넣는 주석의 양보다 두 배 정도만 더 넣으면 되었다. 아마도 로렌초의 훗날 작품 가운데 상당수는 이런 운명을 맞았을 것이다.

서른네 명의 심사 위원이 최종 판결을 어떻게 내렸는지에 대해서는 두 가지 상반된 설이 있다. 먼저, 로렌초는 자신의 자서전 『코벤타리』에서 자신의 작품이 선택되는 것에 이의를 제시한 심사위원은 단 한 명도 없었다고 밝히고 있다. 로렌초가 겸손함과는 담을 쌓고 지내는 성품이었다는 것을 감안한다면, 그다지 신빙성은 없다. 또 다른 설은 안토니오 디 투치오 마네티가 쓴 필리포 브루넬레스키 전기에 나온 내용이다. 1423년에 태어난 마네티는 브루넬레스키보다 꽤 후대의 인물임에도, 필리포와의 개인적인 친분이 두텁다고 주장하곤 한다. 1480년대에 마네티가 쓴 『브루넬레스키의 생애』 전기에 따르면, 로렌초가 말하는 것보다는 훨씬 복잡한 스토리가 있어 보인다. 심사위원들은 두 작품 사이에서 결론을 내리지 못한 채, 결국 두 사람 모두 수상자로 선정해 공동 작업을 해 주기를 요청했다고 한다. 워낙 규모가 큰 작업이었던 데다가, 두 사람 모두 이런 큰 공사는 해 본 일이 없는 금세공사였다는 점을 감안한다면 심사위원들의 판단은 합리적인 셈이다. 그러나 필리포는 혼자서 하지 않으면 공사를 맡지 않겠다며 로렌초와의 공동 작업을 거부했다고 한다. 사실 필리포 역시 로렌초 못지않게 자아가 강한 인물이었다. 그가 평생 보여주었던 오만에 가까운 자신감, 불같은 성격, 그리고 결정적으로 남과 함께 일하기를 싫어하는 기질을 고려하면 상당히 설득력이 있다.

마네티의 전기에 따르면, 필리포는 혼자 청동문을 제작하겠다는 주장이 받아들여지지 않자 끝내 그 사업을 경쟁자의 손에 넘겨주고 만다. 그 후로는 조각에서 손을 뗐고, 청동이라면 거들떠보지도 않았다. 이후 필리포는 피렌체를 떠나 십오 년 동안 로마에 머물면서 고대 로마의 허물어져가는 유적을 연구했다. 생계는 시계 제작과 보석 가공으로 꾸렸다. 그러는 동안 로렌초는 이십 년 동안 청동문 제작에 매달렸다. 무려 10톤이나 되는 로렌초의 청동문은 피렌체 미술이 낳은 최대 걸작 중 하나로 손꼽혔다.

지안갈레아초 비스콘티는 어떻게 되었을까? 밀라노 군대가 피렌체를 포위했던 1402년 여름, 토스카나의 시골에 은둔해 있던 한 성자는 그해가 가기 전에 밀라노의 폭군이 죽을 것이라고 예언한 바 있었다. 놀랍게도 그의 예언은 들어맞았다. 폭염이 극성이던 8월 중순, 피렌체 입성을 코앞에 둔 지안갈레아초는 열병으로 쓰러졌다. 이후 몇 주를 내리 앓더니 9월 초 쉰둘의 나이로 사망했다. 지도자가 죽자 밀라노 군대는 퇴각했고 피렌체 봉쇄는 끝이 났다. 피렌체는 파멸의 위기에서 벗어났고, 볼테르가 인류사의 가장 위대한 시기 가운데 하나라고 찬미한 피렌체 공화국의 황금시대가 드디어 시작되었다.

보물 사냥꾼

The Treasure Hunters

3

카피톨리움의 포룸, 마르스 신전, 원형극장, 수로, 베키오 다리의 마르스 기마상, 로마식 목욕탕, 아기자기한 벽과 탑, 그리고 원래는 교도소였지만 비공식적인 매춘 장소가 된 지하 묘지에 이르기까지. 피렌체 시민들은 시내 곳곳에 남아있는 고대 로마 유적의 흔적을 만나볼 수 있었다.

혹은 그렇다고 믿었다. 엄밀히 말하면, 피렌체에는 로마 유산이 유독 많이 남아있다고 보기는 힘들었다. 당시 사람들이 고대 로마 시대의 것이라고 믿었던 건물 중 상당수는 로마 시대가 아니라 훨씬 나중인 그저 그런 시기에 지어진 것들이었다. 예배당도 그

중 하나였다. 전혀 사실과 거리가 먼 주장들이었음에도 피렌체의 역사가들이 고대 로마와의 연결고리를 그럴듯하게 만들어내려고 노력했고, 그 결과 피렌체의 유적들은 마치 고대 로마 시대로부터 내려온 유서 깊은 것처럼 대접받았다. 1200년경에 쓰인 고대 피렌체 모습을 그린 역사서 『국가 기원 연대기』는 율리우스 카이사르가 피렌체를 건설했다고 주장했다. 그로부터 한 세기 후, 그 이름도 유명한 단테는 『향연(Convivio)』에서 피렌체를 두고 '아름답고 영예로운 로마의 딸'이라 불렀다. 인문주의 철학자 레오나르도 브루니 역시 이 자랑스러운 족보에는 동의했지만, 피렌체를 건설한 인물은 저 기분 나쁜 지안갈레아초 비스콘티를 연상시키는 제정 로마 시대의 독재자 율리우스 카이사르가 아니라고 주장했다. 브루니가 주장하는 피렌체의 설립자는 루키우스 코르넬리우스 술라로, 카이사르가 집권하기 약 이십 년 전 로마 공화정의 최전성기 시대를 일궈낸 인물이었다. 1403년 산티시마 아포스톨리 성당에서 브루니의 주장을 입증해 주는 듯한 유물과 문서가 발견되면서 '술라설'은 더욱 설득력을 얻었다.

세례당 공모전이 끝나자마자 필리포는 로마로 떠났다. 당시 피렌체에서는 공화국의 뿌리가 로마라며 애국심을 자극하는 논의가 한창이었다. 특히 비스콘티에 의해 피렌체가 함락되고 무자비한 독재 치하에 들어갈까 두려움에 떨었던지라, 더욱더 로마 공화국으로부터 이어지는 유구한 피렌체 공화국의 역사를 부르짖었다.[1] 하지만, 한 때 '영원의 도시'라는 별명을 가졌던 로마는 온데간데없었다. 1400년대 초반의 로마는 그 별명이 전혀 어울리지 않게 쇠락해 있었다. 피렌체 사람들이 보았다면 이 몰락한 도시가 자랑스러운 자신들의 조상, 바로 그 로마일 리 없다며 외면했을 것이다. 전성기 시절 로마 제국의 인구는 무려 백만이 넘었지만, 15세기 초에는 피렌체 인구에도 못 미치는 수준이었다. 1348년 흑사병의 습격을 받았던 로마는 인구가 이만 명으로 줄 정도로 피해가 막심했고, 그 후 오십 년 동안 거의 늘지 않았다. 한때 일곱 개의 언덕을 아래에 두고 내려다보며 위풍당당했던 로마는 당장이라도 벽이 무너질 것 같은 산 피에트로 성당과, 그 맞은편에 있는 티베르 강기슭의 골목에 옹기종기 모인 초라한 주거촌이 전부일 정도로 쪼그라들어 있었다. 지저분한 골목길에는 여우와 도둑이 들끓었다. 공화정의 고향인 포룸에서는 가축이 풀을 뜯어 먹

1. 로마와 피렌체의 관계를 둘러싼 고전적 논의는 다음 문헌을 참고. 한스 바론(Hans Baron), 이탈리아 초기 르네상스의 위기: 고전주의와 전제 정치 시대의 시민적 인본주의와 공화주의적 자유(The Crisis of the Early Italian Renaissance Civic Humanism and Republican Liberty in an Age of Classism and Tyranny) (Princeton: Pnnceton University Press, 1955).

었다. 그 덕분에 포룸은 '방목장'이라는 뜻의 '일 캄포 바치노'로 불리고 있었다. 물론 더 비참한 운명을 겪어야 했던 유적도 있었다. 주피터 신전은 퇴비장으로 전락했고, 주피터 극장과 아우구스투스의 능묘는 채석장 노릇을 했다. 이곳에서 약탈당한 고대의 석조물은 저 멀리 영국까지 건너가 웨스트민스터사원을 짓는 재료로 쓰이기도 했다. 고대의 석고상은 부서져서 산산조각이 되거나 땅에 깊숙이 처박혀 있었고, 그것도 아니면 불가마 속에 던져져서 석회로 녹아내렸다. 때로는 지력이 약해진 땅에서 조금이라도 더 많은 수확을 거두기 위한 비료로도 쓰였고, 심지어 당나귀와 소의 여물통으로 쓰이는 수난을 겪기도 했다. 악명 높은 폭군 칼리굴라 황제의 생모인 아그리피나의 묘석은 곡식과 소금의 양을 재는 도구로 쓰였다.

로마는 삭막하고 위험한 곳이었다. 지진, 열병, 전쟁과 같은 재난이 끊이질 않았다. 교황령을 누가 지배하느냐를 놓고 벌어졌던 '여덟 명의 성인의 전쟁'에는 영국 용병들까지 가세하는 바람에 도시 전체가 말 그대로 유린당했다. 교역이라고 해봤자 유럽 전역에서 방문하는 순례자들이 전부였고, 내놓을만한 산업도 변변찮았다. 로마를 방문하는 순례자들은 로마에서 꼭 방문해야 하는 유적을 소개한 가이드북인 『로마의 경이』를 품에 끼고 다녔다. 이들은 안내서에 적힌 대로 예루살렘 산타 크로체 성당에 있는 성 토머스의 손가락 뼈, 산 파올로 푸오리 레 무라에 있는 성 안나의 팔, 예수에 의해 개종 된 사마리아 여인의 머리, 산타마리아 마조레 교회에 안치된 아기 예수의 구유와 같은 성물들을 보러 다녔다. 그렇게 로마는 닳고 닳은 장사꾼들의 도시나 다름없었다. 노점에서는 공공연하게 면죄부를 팔았고, 성당에서는 팔천 년 동안 괴롭힘을 당해야 하는 지옥의 불길에서 벗어나고 싶으면 고해성사를 받으라는 협박성 광고를 요란하게 떠들어 댔다.

『로마의 경이』는 로마 거리 곳곳에 쌓인 고대 로마 유적에 대해서는 일언반구 언급하지 않았다. 경건한 기독교인들에게 고대 로마의 유적들은 이교도들이 남긴 우상 숭배의 흔적일 뿐이었다. 더군다나 로마 시대 기독교인들이 순교하면서 흘린 피와 눈물이 이 유적에 묻어있다는 생각을 하면 경멸스럽기까지 했다. 실제로 디오클레티아누스 욕장을 지을 당시 기독교인들은 강제노역에 동원되었고 공사 도중 상당수가 죽었다. 천 년이라는 긴 세월 동안 사람들의 차가운 무관심 속에서 지진과 풍파를 버텨낸 찬란한 유적들이었지만, 사람들은 고대 유적들을 짓밟았고 끌어내렸고 박살 낸 후 침을 뱉었다.

이런 유린행위에도 불구하고 당당히 살아남은 고대 로마의 이교도 유산이 있었다. 바로 아피아 거리였다. 남쪽으로부터 높은 지대를 관통하며 올라오는 비아 아피아는 그 자체만으로도 경이로웠다. 벽돌 사이의 접착제 역할을 하는 모르타르 없이 현무암만으로 정교하게 맞춰 닦은 이 길은 놀라운 토목공학적 산물이었다. 비아 아피아는 산과 습지 그리고 계곡을 마치 화살처럼 일직선으로 뚫고 로마로 향했다. 여기에 길을 따라 세워진 30만 개가 넘는 무덤들은 숨이 막히는 장관을 이루어냈다. 고대 로마법에 따르면 베스타 신전의 신녀와 황제를 제외하고는 그 누구도 로마의 성벽 안에 묻힐 수 없었다. 이에 따라 대부분의 로마인은 죽으면 성 밖에 매장되었고, 로마를 바라보며 길을 따라 잠들어 있었다. 로마인들에게 깨끗한 물을 제공했던 클라우디아 수도교의 아치 성벽도 일부 남아있었다. 최고 높이가 30미터에 달하기도 했던 약 69킬로미터의 이 위대한 수도교는 고대 로마인들이 깨끗한 물을 마시며 질 높은 삶을 향유했다는 사실 뿐 아니라 경이로운 건축기술까지 자랑하는 유적이었다. 오염되어 악취로 구역질나는 티베레강물을 길어 먹어야 했던 필리포 시대의 로마인들로서는 상상도 할 수 없는 일이었다. 후세의 일부 로마인들은 이 수로가 나폴리에서 올리브유를 수입해 오는 데 쓰였던 유적이라는 얼토당토않은 주장을 믿기도 했다.

필리포는 피렌체의 산 조반니 세례당문 공모전이 끝나자마자 쇠락하고 있는 이 지저분한 도시에 도착했다. 간혹 피렌체에 돌아가 머문 적도 있었지만, 십 삼 년 동안 그는 로마에 정착해 살았다. 필리포는 도나텔로라는 또 한 명의 피렌체 조각가와 함께 지냈다. 도나텔로는 십 대의 어린 나이였지만, 엄청난 재능을 가진 신진 예술가였다. 에고가 강한 두 사람은 가끔 의견이 충돌하는 일도 있었지만, 꽤 오랫동안 친밀한 관계를 유지하며 지냈다. 둘 중 더 불같은 성격을 가진 쪽은 도나텔로였다. 1, 2년 전, 그러니까 도나텔로가 열다섯 살 정도 되었을 때, 피스토이아에서 큰 몽둥이로 한 독일인의 머리를 냅다 갈기는 바람에 고소를 당한 적도 있었다. 또 도망간 도제 한 명을 끝까지 찾아내서 죽여 버리겠다며 페라라까지 추격전을 벌이기도 했다. 도나텔로의 다혈질적인 성격은 후견인이라고 예외가 아니었다. 작품을 완성했는데 제대로 돈을 지불하지 않으면 맹렬히 화를 내며 조각을 부숴버리기도 했다.

필리포와 도나텔로, 두 젊은이는 그야말로 자유롭게 떠돌아다녔다. 뭘 먹고 입을지, 어디서 잘 것인 지에는 관심조차 없었다. 둘은 고대 로마의 유적지를 돌아다니면서 땅을 파고, 파낸 흙을 인부들을 시켜 나르게 했다. 그 지역 사람들이 보기엔 영락없이 고대 유적지에서 금화나 금붙이같이 값나가는 것들을 찾으러 다니는 '보물 사냥꾼'이었다. 두 사람이 고대의 메달이 가득 담긴 토기 같은 것이라도 발굴하면 주민들은 더욱 의심의 눈초리를 보냈다. 의심은 의혹으로 번졌고, 의혹은 두려움마저 불러일으켰다. 심지어 두 젊은이들이 흙으로 점을 본다는 꽤나 무시무시한 소문까지 퍼졌다. 당시 사람들은 이교도가 쓰던 물건들이 재앙을 가지고 온다는 미신을 강하게 믿고 있었기 때문이다. 14세기 초반 시에나 사람들이 고대 로마의 조각상을 파내어 광장의 분수대에 올린 일이 있었는데, 이후 시에나는 피렌체와의 전쟁에 패하고 말았다. 시에나 사람들은 전쟁에서의 패배가 로마의 조각상 때문이라고 믿었다. 문제의 조각상은 바로 광장 분수대에서 끌어내려 졌고, 시에나 인들은 적에게 저주를 내리기 위해 조각상을 피렌체 영토에 파묻었다.

사실 도나텔로조차도 필리포가 왜 발굴 작업을 하는 것인지 잘 몰랐다. 안토니오 마네티는 극도로 비밀스럽게 일하는 필리포가 발굴 작업을 하는 척하면서 고대 로마의 유적을 연구하고 있었다고 보았다. 필리포의 양피지 조각에는 마치 수수께끼처럼 기호와 아라비아 숫자가 어지럽게 적혀있었는데, 이는 일종의 암호문이었다. 레오나르도 다 빈치 역시 자신의 발명 내용을 기록할 때 글씨를 거꾸로 쓰곤 했다. 당시에는 지금처럼 저작권이 있지 않았기 때문에, 과학자들은 자신들의 발명품이나 발견한 내용을 경쟁자가 훔쳐 가지 못하도록 안전장치를 걸어놔야 했고, 그럴 때 흔히 사용했던 것이 이런 암호문이었다. 이백여 년 전, 망원경, 비행 물체, 로봇 등의 실험을 했었던 이른바 '경이로운 박사'인 로저 베이컨은 과학자라면 자신이 발명한 것을 보통의 언어로 적어서는 안 되고, '숨겨진 기록'으로 남겨야 한다고 말하기도 했다.[2]

필리포는 암호문 안에 무슨 내용을 숨기려 했던 것일까? 그것도 왜 굳이 1296년 피렌체 자치 위원회가 사용을 금지한 아라비

2. 과학사에는 그런 암호문이 많이 등장한다. 영국의 과학자이자 발명가인 로버트 훅은 자신이 알아낸 탄성의 법칙을 숨기기 위해 철자의 순서를 뒤죽박죽으로 해서 CEIIINOSSSTUU라고 적어놓았다. 이것을 정리하면 '길어지면 힘도 커진다(UT TENSIO SICVIS)'가 된다. 이렇게 암호로 기록하다보면 완전히 엉뚱한 의미로 해석되기도 했다. 갈릴레오는 토성의 고리를 발견했다는 사실을 요한네스 케플러에게 알리면서 철자를 뒤죽박죽으로 적은 편지를 보냈는데, 그 내용은 '나는 가장 멀리 떨어진 행성이 세 겹으로 되어 있음을 관찰했다(OBSERVO ALTISSIMUM PLANETUM TER GEMINIUM).'였다. 케플러는 이것을 '만세 열렬한 동반자, 화성의 후예여(SALVE UMBISTINEUM GEMINATUM MARTIA PROLES)'로 오해했다.

아 숫자를 사용해서 기록했던 것일까?[3] 마네티는 필리포가 고대 로마의 유적을 통해 크기와 비율을 공부했다고 주장한다. 정확히 어떤 방식으로 크기와 비율을 공부했는지는 밝히지 못했지만, 반듯한 막대기만으로도 기둥이나 건물의 높이를 측정하는 것 정도는 가능했을 것이라 보았다. 하지만, 피렌체의 학교에서 필수교재로 쓰였던 레오나르도 피보나치의 『실용 기하학』은 높은 건물이나 피사체를 측정하는 방법을 소개하고 있었기 때문에, 피렌체 출신인 필리포가 몰랐을 리가 없다. 혹은 간단하게 사분의(四分儀)나 거울을 통해 측정했을 수도 있다. 물론, 이 역시 피보나치 책에 나와 있다. 먼저 건물의 꼭대기가 거울 정중앙에 오는 위치에 거울을 놓는다. 그리고 건물과 거울 사이의 거리를 측정해 둔다. 여기에 높이를 재려는 측량자의 키를 곱한 뒤, 다시 이 수치를 측량자와 거울 사이의 거리로 나누면 건물의 높이를 얻을 수 있다.

고대 로마 유적을 연구한 사람은 필리포 이전에도 있었다. 유명

3. 법령에 따르면 피렌체 상인들은 아라비아 숫자가 아니라 번거로웠지만 로마 숫자를 사용해야 했다. 아라비아 숫자는 아직 모양이 통일되지 않았기 때문에 착오와 오류를 낳을 가능성이 크다는 것이 이유였다. 데이비드 버튼(David M. Burton), 버튼 수학사(Burton History of Mathematics) (Dubuque, Iowa: William C. Brown, 1995), 255쪽.

한 시계공이었던 조반니 데 돈디는 1375년『로마 여행기』라는 책을 썼는데, 여기에 산 피에트로 성당 오벨리스크를 측정하는 과정을 자세히 기술해 놓기도 했다. 그러나 필리포가 알아내고자 한 것은 훨씬 특별한 것이었다. 그는 고대 그리스인들이 고안했고 로마인들이 발전시켰던 도리스, 이오니아, 코린트 건축 양식에서 나타나는 기둥과 삼각형 모양의 박공벽 비율에 비상한 관심을 보였다. 그는 세 건축 양식은 엄격한 수학적 비례 원칙을 바탕으로 한 것이라 믿었다. 수학적 비례원칙은 조화로운 건축물을 낳았고, 사람들은 그 조화를 보면서 건축물의 아름다움을 느낄 수 있었다. 예를 들어 코린트식 엔타블러처(고대 그리스, 로마건축에서 기둥에 의해 떠받쳐지는 부분 - 옮긴이)는 받치고 있는 기둥 높이의 4분의 1, 그리고 기둥의 높이는 기둥 지름의 열 배가 되어야 했다. 1400년대 초반에만 해도 이 세 가지 건축양식에 쓰였던 비례 공식을 증명하는 수많은 유적들이 있었다. 디오클레티아누스 욕장의 기둥은 도리스식 공식을 이용했고, 포르투나 비릴리스 신전은 이오니아식 공식을 이용했다. 판테온의 현관은 코린트식이었다. 그리고 이 모든 양식을 복합적으로 사용해 탄생한 결정체가 콜로세움이었다. 아랫부분은 도리스식, 중간은 이오니아식, 윗부분은 코린

트식을 이용했다.[4]

4. 필리포가 로마 건축을 부활시킨 주인공으로 명성을 얻게 된 것은 마네티와 바사리덕분이지만, 최근 많은 학자들은 필리포가 사용한 건축 어휘(삼각 박공벽, 반구형 아치, 세로로 홈을 판 벽기둥, 코린토스식 기둥머리)들은 피렌체 고유의 건물에서 따온 것이라는 반론도 있다. 하워드 잘먼, '필리포 브루넬레스키: 주두 연구(Filippo Brunelleschi: Capital Studies)', 미술 공보(Art Bulletin) 40 (1959), 115쪽 이하; 하워드 번즈(Howard Burns), '이탈리아의 15세기 건축과 고대 유적: 문제점들에 관하여(Quattrocento Architecture and the Antique: Some Problems)', R. R. 볼거(R. R. Bolgar) 엮음. 유럽 문화에 미친 고전주의의 영향(Classical Influence on European Culture) (Cambridge: Cambridge University Press, 1971), 269-287쪽; 존 어나이언즈 (John Onians), 의미의 담지자: 고대 중세 , 르네상스의 고전주의 양식(Bearers of Meaning: The Classical Orders in Antiquity, the Middle Ages, and the Renaissance) (Cambridge: Cambridge University Press, 1988), 130-136쪽. 예를 들어 어나이언즈는 필리포가 부흥시킨 것은 로마 양식이 아니라 토스카나의 전통 양식이었다고 주장했다. 그에 따르면, 필리포는 예배당에 잘 구현된 오리지널 토스카나 건축을 정교하게 체계화하는 것을 자신의 사명으로 받아들였다 (136쪽). 어나이언즈는 필리포가 로마를 방문한 적이 없으며, 이는 마네티가 꾸며낸 이야기라고 주장한다. 물론 증거를 통해 필리포의 로마 체류를 사실로 인정하는 이들도 있다. 다이앤 피니엘로 저베스(Diane Finiello Zervas), '필리포 브루빌레스키의 정치 이력(Filippo Brunelleschi's Political Career)', 벌링턴 매거진(Burlington Magazine) 121(1979년 10월), 633쪽. 필리포가 로마 유적의 구조적 특징을 연구했다는 증거는 롤런드 메인스톤(Rowland Mainstone)의 연구에도 나와 있다. '브루넬레스키의 산타마리아 대성당 돔과 관련 건물들 (Brunelleschi's Dome of S. Maria del Fiore and some Related Structures)', 뉴커먼 협회보(Transactions of the Newcomen Society), 42 (1969-70), 123쪽; '브루넬레스키의 돔(Brunelleschi's Dome)', 건축 평론(Architectural Review) (1977년 9월), 164- 6쪽.

피렌체 대성당에 돔을 어떻게 올릴지 그 누구도 해답을 찾지 못해 답답해할 때, 필리포는 고대 로마인이 사용했던 궁륭 공법에 큰 관심을 가졌다. 15세기 초반의 로마에는 해답의 실마리가 될 만한 돔이 도처에 널려 있었다. AD 64년에 발생한 로마 대화재가 도시를 할퀴고 지나간 후, 네로 황제는 도로 확장, 상수도망 정비, 가연성 건축 자재 사용 규제와 같은 내용을 담은 법령을 발표했다. (1666년의 런던 대화재 이후에도 비슷한 법령이 발표되었다.) 가연성 건축 자재 사용을 규제한 것은 건축학적으로 의미 있는 나비효과를 가지고 왔다. 콘크리트를 쓰기 시작한 것이다. 로마 콘크리트의 비밀은 화산재가 함유된 모르타르에 있었다. 베수비오 화산 같은 활화산에서만 나오는 화산재에 모르타르, 그리고 자잘한 돌멩이를 섞으면 짧은 시간 내에 단단하게 굳은 콘크리트를 만들어낼 수 있었다. 생석회, 모래, 물을 섞어 만든 기존의 모르타르는 굳어지려면 물이 증발할 때까지 기다려야 했다. 하지만, '포졸라나 콘크리트 (화산재로 만든 콘크리트)'라는 이름의 이 특수한 콘크리트는 물과 화학반응을 일으키면서 현대의 시멘트처럼 빠른 시간 내에 수분을 함유한 채 굳었다. 콘크리트가 로마 건축에 쓰인 것은 기원전 1세기부터였다. 로마 욕장의 궁륭들은 대개 콘크리트로 만들어지곤 했는데, 그래도 더 광범위하고 창의적으로 쓰이기 시작한 것은 64년 로마 대화재 이후였다. 네로 황제, 아니면 로마에 저주를 내리는 신들의 소행임이 틀림없다고 믿었던 로마 대화재는 돔 역사의 시작을 알리는 신호탄이었다.

대화재 직후 세베루스와 켈레르라는 네로의 황금 저택을 짓기 시작했는데, 이때 콘크리트를 이용한 과감하고 새로운 건축 양식을 시도했다. 도심에 자리한 이 웅장한 궁전은 팔라티노 언덕에서부터 에스퀼리누스 언덕에까지 이어져 있었다. 화재로 인해 쑥대밭이 된 지역을 그대로 품에 안은 모양새였다. 천문학적인 건축 비용을 들여 만든 이 궁전을 라오콘(1506년 재발견)과 같은 화려한 장식물로 가득 채웠다. 그중 가장 흥미로운 것은 만찬장 천장에 비밀스럽게 설치된 관이었다. 이 관을 통해 황제의 연회에 초대된 이들의 머리 위로 향수가 뿌려지곤 했다. 하지만 필리포에게 건축학적으로 가장 흥미로운 곳은 궁전 동쪽에 위치한 팔각형 모양의 방이었다. 이 방의 지붕은 지름이 약 10.5미터인 돔으로 되어 있었다. 피렌체의 산타마리아 대성당에 얹힐 돔 역시 팔각형이었으니 필리포의 관심을 끌었을 것은 당연하다.

많은 로마 유적 중 필리포가 특히 주의 깊게 본 것은 누가 뭐래도 판테온이었을 것이다. 118년과 128년 사이 하드리아누스 황제의 각별한 관심 속에 만들어진 이 어마어마한 규모의 돔은 폭이

42.6미터였고 가장 높은 지점까지의 높이는 42.9미터였다. 완공된 지 천 삼백 년이 흘렀음에도 판테온은 여전히 가장 거대한 돔이었다. 판테온이 기독교도들의 약탈을 피할 수 있었던 것은 산타 마리아 로톤다 교회로 개조되었던 덕분이었다. 필리포를 비롯한 로마 시민과 순례자는 모두 이 거대한 돔의 위용에 압도당했다. 이렇다 할 버팀목조차 없는데도 하나의 흔들림 없이 서 있는 육중한 돔은 자연의 법칙을 넘어서는 것 같았다. 어떤 사람들은 판테온을 '악마의 집'이라고 부르기도 했다. 악마의 주술이 있지 않고서야 볼품없고 나약한 인간이 이런 거대한 건물을 지을 수는 없다고 생각했기 때문이다.

필리포가 이 '악마의 집'에서 눈여겨본 본 것은 무엇이었을까? 그 옛날 판테온을 지은 건축가들 역시 난관에 봉착했었다. 돔을 올려야 하는 사람이라면 누구나 직면할 수밖에 없는 이 난관은 궁륭에 작용하는 힘들을 어떻게 상쇄시키는가 하는 문제였다. 궁륭과 같은 건축 구조물에는 압축력과 인장력이라는 외부에서의 힘이 작용한다. 압력을 가할 때 생기는 '미는' 힘을 압축력이라고 하고, 반대 방향으로 당길 때 생기는 '당기는' 힘을 인장력이라고 하는데, 기둥을 비롯해 아치, 벽, 지붕 들보 등 건물을 이루는 모든 구조물은 어떤 방식으로든 이런 힘의 영향을 받는다. 석재와 목재는 위로부터 작용하는 압축력의 영향을 받아 축소되는 동시에, 측면으로부터 작용하는 인장력의 영향을 받아 늘어나기도 한다. 건축가는 건물을 설계할 때 이런 힘들의 작용과 반작용이 상쇄되어 조화롭게 공존할 수 있게끔 해야 한다. 그렇게 엄청난 파괴력을 안전하게 땅에 묻는 것이 건축가의 사명이다.

압축력은 건축가에게 심각한 고민거리는 아니었다. 돌이나 벽돌, 콘크리트 같은 석재는 압축에 견딜 수 있는 엄청난 힘이 있기 때문에, 아무리 건물을 높이 올린다 해도 기초부에 깔린 석재가 으스러지지는 않는다. 영국에서 가장 높은 첨탑을 가진 솔즈베리 대성당은 높이가 121.2미터이고, 쾰른 대성당의 두 탑은 높이가 각각 153.3미터로 현대의 50층 건물 높이에 맞먹는다. 이 정도면 기자에 있는 위대한 피라미드보다도 3-4미터가 높은 것이다. 기자의 피라미드 역시 여기에 쓰인 석재가 압축력을 버틸 수 있는 엄청난 힘을 가지고 있기 때문에 우뚝 서 있다. 사실 석재는 이보다 훨씬 높은 건물이 내리누르는 압력도 견뎌낼 수 있다. 석회암 기둥은 3,600미터 높이까지 올릴 수 있고, 이 높이를 넘어서야 비로소 으스러지기 시작한다.

로마의 판테온

그러나 돔을 이루는 돌에는 압축력만 작용하는 것이 아니다. 외부로부터 당기는 힘, 이른바 '테두리 장력'도 있다. 고무풍선을 위에서 누르면 풍선이 짜부러 들면서 옆으로 부푸는 것과 같은 이치이다. 석재와 벽돌의 약점은 압축력을 잘 견디는 반면 측면에서 작용하는 당기는 힘은 잘 견뎌내지 못한다는 것이었고, 이 지점에서 건축가의 고민이 시작된다.

로마인은 인장력과 압축력으로 인한 구조적인 문제를 어느 정도 이해하고 있었고, 이를 화산재 콘크리트를 광범위하게 사용하는 것으로 해결하려 했다. 먼저 수평으로 테두리 장력이 가장 크게 작용해서 불안할 수밖에 없는 돔의 기초부에는 콘크리트 벽을 6.9미터로 매우 두껍게 쌓아 안전성을 높였다. 이렇게 두꺼운 벽으로 출발했다가 '눈동자'라는 별명을 가진 뚫린 원형 창이 있는 정상 부근에 이르면 벽두께는 60센티미터로 얇아졌다. 수평부의 벽을 형성하는 목조 형틀에는 무려 5,000톤의 콘크리트를 쏟아부었다. 하지만, 돔의 정상부에는 속돌 같은 가벼운 골재를 썼다. 더 기발한 것은 하중을 조금이라도 줄이기 위해 석재가 아니라 속이 빈 항아리 모양의 암포라(목 부분이 몸체보다 좁고 양쪽에 손잡이가 달린 그리스의 도기 - 옮긴이)를 넣었다. 이는 빈 항아리 안으로 공기 방울을 형성하게 해서 무게를 줄이기 위함이었다. 돔 안쪽은

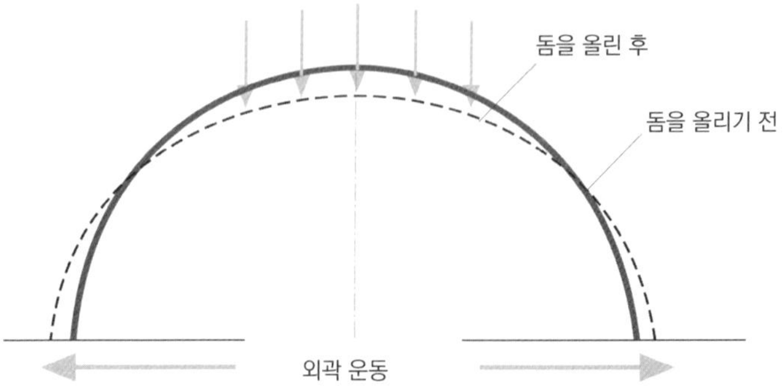

테두리 장력. 점선으로 표시된 부분은 위에서 누르는 힘으로 인해 돔이 옆으로 팽창되면서 변형되는 형태를 보여준다.

코퍼(coffer)라고 불리는 속을 파낸 정사각형 무늬를 배열함으로써 하중을 줄이면서도 장식미를 높이는 일석이조의 효과를 노렸다. 코퍼 장식법은 그 후 다른 건축물에도 애용되었다.

필리포는 판테온을 보면서 산타 마리아 대성당에 엄청난 규모의 돔을 올리는 것도 가능하다고 생각했던 듯하다. 하지만, 판테온이라고 완벽한 것은 아니었다. 로마의 건축가들이 하드리아누스 황제의 뜻을 받들어 충실히 이행한 것은 맞지만, 돔 내부 여기저기에 생기는 금까지 막을 수는 없었다. 천장부터 돔이 안으로 휘어지기 시작하는 지점까지 지그재그로 균열이 생겼다. 균열의 주범은 돔의 하부를 압박하여 바깥쪽으로 자꾸만 밀어내려고 하는 테두리 장력이었다. 필리포는 트라야누스 욕장의 반구형 돔 하부에 생긴 비슷한 형태의 방사형 균열 또한 목격했을 것이다. 사실 석조 돔에서 그런 균열은 흔히 볼 수 있는 것이었다. 따라서 안정감 있는 돔을 쌓기 위해서는 6.9미터 두께의 콘크리트도 감당하기 버거운 이 '수평 장력'을 줄이는 것이 가장 중요한 선결 과제였다. 뛰어난 건축술을 자랑하던 로마인도 네리 디 피오라반티와 대성당 건축 위원회가 던져놓은 문제를 풀 만한 묘책은 없었을 것이다.

필리포가 로마에 정확히 얼마나 오래 머물렀고 언제 떠났는지는 알려져 있지 않다. 아마도 피렌체와 로마를 오가며 십여 년 정도 체류했었던 것으로 추정된다. 필리포는 로마의 건축 양식을 연구한 이들에게는 선구자적 인물이었다. 당시 로마에는 새로운 종류의 순례자 집단이 방문하기 시작했는데, 이 새로운 순례자들은 성당에 안치된 성자의 유골이 아닌 로마 시대의 유적을 찾아다녔다. 르네상스시기를 거치며 로마는 이전과는 확연히 달라진 위상을 갖게 되었다. 한동안 이교도의 유산이라는 불명예스러운 오명을 뒤집어쓰고 기피의 대상이었던 이 '영원의 도시'는, 이제는 뛰어난 건축, 조각, 학문을 품고 있는 경외의 대상이 되었다. 레온 바티스타 알베르티, 안토니오 필라레테, 프란체스코 디 조르지오,

미켈란젤로 같은 쟁쟁한 건축가들이 찬란한 유적으로부터 영감을 얻기 위해 필리포의 뒤를 이어 로마로 향했다. 이제는 로마뿐 아니라 그 어디에서도 이교도의 유물을 발굴하는 것이 불길하고 재수 없는 일로 여겨지지 않았다. 로마에서 키케로의 저택이 발굴되고 1413년에는 파도바에서 로마 역사가 리비우스의 유골이 발견되었을 때 사람들은 마치 기독교 유적이 발견되었을 때처럼 흥분했다. 리비우스의 유골은 파도바 시청에 안치되었는데, 나폴리의 알폰소 왕은 파도바 신부들에게 긴급 서신을 보내 그의 대퇴골을 보내 달라고 요청하기도 했다. 가장 극적인 유물은 아피아 거리 주위의 무덤에서 발굴된 로마 소녀의 시신이었다. 거의 완벽한 상태로 보존되어 있던 그녀의 시신은 1485년 로마 시민에게도 공개되었다.

다른 보물들도 발견되었다. 천 년이 넘는 세월 동안 잊혔던 문서들이 햇빛을 보았다. 타키투스의 『연대기』, 키케로의 『웅변가』와 『웅변에 관하여』, 티불루스, 프로페르티우스, 카툴루스의 시(발견 당시, 카툴루스의 유일한 원고는 와인 통의 마개로 쓰이고 있었다), 페트로니우스의 『사티리콘』, 루크레티우스의 시, 퀸틸리아누스의 총 12권의 『웅변 교본』 전집 등, 오랜 시간 소실되었거나 잊혔던 작품들이 15세기 초반에 모두 발굴되었다. 필리포가 유심히 관찰한 로마 유적의 파편처럼, 이 작품들은 15세기 유럽의 미술가, 철학자, 건축가를 고대 로마인과 이어주는 연결고리였다. 그렇게 세상은 부서진 돌과 흐릿해진 양피지를 통해 다시 태어났다.

고집불통의 사나이

An Ass and a Babbler

4

1416년 혹은 1417년 즈음에 필리포는 피렌체로 돌아왔다. 그는 어린 시절을 보냈던 대성당 부근의 집으로 돌아갔다. 공사 추이를 지켜보며 거대한 돔을 올리는 방법을 찾는 데에는 그 곳보다 더 좋은 곳은 없었다. 성당 공사는 상당히 진척되어 있었다. 돔이 올라갈 환상벽은 1410년과 1413년 사이에 완성되었는데, 육중한 돔의 무게를 견디기 위해 42미터 두께의 벽으로 설계했다. 1413년에 등장한 거대한 신형 기중기는 자재를 끌어 올리는 데 동원되었고, 팔각형 모양의 주교좌 세 개 중 두 개의 궁륭 공사가 완료되었다. 성당은 새로운 이름도 얻었다. 산타마리아 델 피오레. '꽃의 성모'라는 뜻이었다. 산타 레파라타라고 불렸던 이전의 대성당은 완전히 철거되어 이름도 함께 사라졌다.

어느덧 필리포도 중년이 되었다. 작은 키에 벗겨진 머리, 매부리코에 얇은 입술. 하관까지 빠른 탓에 그의 얼굴은 공격적으로 보였다. 지저분하고 단정하지 못한 옷매무새 역시 날카로운 인상을 만드는데 한몫했다. 사실 피렌체의 천재들치고 옷이나 외모에 신경 쓰는 이들은 없었다. 필리포 정도의 외모 가지고는 '못생기고 추레한 천재 예술가 리스트'에서 명함도 내밀지 못할 정도로 내로라하는 추남 천재들이 많았다. 피렌체 화파의 시조로 추앙받던 화가 치마부에의 이름은 '황소 대가리'라는 뜻을 가지고 있었는데, 얼굴을 보면 그 이름이 그렇게 잘 어울릴 수가 없었다. 조토의 못생긴 외모는 보카치오가 '지독하게 추한 용모에 놀라운 천재성을 심어놓는 자연'의 깊은 뜻에 경이를 표한다며 『데카메론』에서 아예 따로 설파할 정도였다. 그러나 뭐니 뭐니 해도 당대 최고 추남이라면 단연코 미켈란젤로였다. 타고난 외모도 워낙에 별 볼 일 없었는데, 설상가상으로 피에트로 토리자니라는 조각가와 주먹다짐을 하다가 코까지 부러뜨리고 말았다. 물론 조토와 필리포, 미켈란젤로 모두 옷매무새에는 일절 관심이 없는 '천재다움'을 보여주었다. 미켈란젤로는 개가죽으로 만든 반바지를 몇 달씩 입고 다니기도 했다. 이렇게 못생긴 괴짜 예술가가 워낙 많다 보니, 수

려한 외모까지 겸비한 천재 예술가 라파엘로는 정말 미스테리한 존재였다. 필리포의 전기 작가였던 조르조 바사리는 라파엘로 같은 예술가가 있다는 게 이상하다고까지 했는데, 화가이자 건축가였던 바사리 역시 손톱 밑에 까만 때를 끼고 살면서 피부병까지 앓았던, 단정함과는 담을 쌓았던 인물이었다.

그런 의미에서 필리포가 결혼을 하지 않은 것도 전혀 놀랄 일이 아니었다. 당시 피렌체 남성들은 종종 늦은 나이에 자기보다 훨씬 나이가 어린 여성과 결혼을 했었기 때문에, 마흔 넘은 남자가 혼자 사는 것이 특별히 이상한 것은 아니었다. 하지만, 필리포는 끝까지 결혼을 하지 않았다. 물론 죽을 때까지 독신으로 살았던 예술가들은 필리포 외에도 많았고, 도나텔로, 마사치오, 레오나르도 다 빈치, 미켈란젤로 모두 결혼을 하지 않은 채 생을 마쳤다. 피렌체의 많은 지식인과 예술가는 결혼이나 여자를 시답잖은 것으로 여겼다. 마찬가지로 독신이었던 보카치오는 자고로 부인이라는 존재는 학문에 방해가 된다며, 결혼한 단테를 비판하곤 했다.

피렌체에 도착한 필리포는 바로 돔 공사에 참여할 준비에 들어갔다. 1417년 5월 성당 건축 사업단은 필리포에게 돔의 설계도를 그려준 대가로 10플로린을 지급했다. 설계도가 그려진 양피지에 담겼던 내용은 아쉽게도 소실되어 알 수 없고, 성당 사업단이 필리포의 조언을 무척이나 원했다고만 마네티의 기록 속에 남아 있다. 물론 필리포가 로마 유적의 궁륭 기술에서는 추종을 불허하는 권위자였지만, 성당 사업단이 이렇게 중요한 건축 공사에 그를 부랴부랴 합류시켰다는 것은 예사롭지 않은 일이었다. 마흔한 살의 필리포에게는 젊은 시절 촉망받는 금속 세공사였던 것 외에 내세울 만한 업적이 없었기 때문이다. 건축과 관련된 경력이라고는 1412년에 인근 도시인 프라토 시에 들어설 대성당에 대한 자문을 했던 것이 고작이었다. 그것 역시 성당 정면부에 진한 녹색을 띤 사문석이라는 보석을 박아 넣는 상감 작업에 대한 것이었기 때문에, 건축이 아닌 장식에 대한 조언을 했다는 것이 적절할 것이다. 그 외 친척 아폴로니오 라피의 요청으로 메르카토 베키오 부근에 집을 지어준 것을 제외하면, 사실상 그는 자기 손으로 이렇다 할 건축물을 세워본 적이 단 한 번도 없었다.

물론, 1418년은 필리포가 선원근법의 원리를 발견한 실험으로 꽤 유명인사가 되었을 시기이긴 했다. 그의 실험은 1413년부터 시작되었던 것으로 추정된다. 도메니코 다 프라토는 필리포를 '타의 추종을 불허하는 실력과 명성을 쌓은 당대의 천재이자 원근법 전문가, 필리포 디 세르 브루넬레스키'라고 소개하기도 했다.

원근법은 떨어져 있는 삼차원 상의 물체를 이차원적 평면 위에 실물처럼 표현하는 기법이다. 입체적으로 사물이 보이게 하려면 위치, 크기, 거리의 상대성을 파악해서 적절하게 표현할 수 있어야 하는데, 필리포는 원근법의 근간이 되는 수학 법칙을 발견(혹은 재발견)한 사람이었기 때문에 원근법의 창시자로 알려져 있다. 소실점의 원리 역시 그가 정립했다. 물론, 그리스인이나 로마인은 이미 원근법이나 소실점의 비밀을 알고 있었다. 하지만, 대부분의 고대 지식들처럼, 그리스와 로마의 원근법은 역사 속에서 잠들고 있었다. 그리스인들이 원근법에 해박했다는 사실은 그리스의 꽃병에 그려진 그림이나 대리석 부조만 봐도 알 수 있다. 꽃병이나 부조에는 아테네에서 절찬리에 상연되었던 아이스킬로스의 작품과 같은 그리스 비극들이 원근법을 이용해 실감 나게 구현되어 있었다. 로마의 유명한 과학자 플리니우스는 이런 재현 기법을 "비스듬히 바라본 모습(imagines obliquae)"이라고 불렀고, 이 기법의 창안자로 기원전 6세기 인물인 그리스 클레오나이 출신의 화가 키몬을 지목했다.

로마시대의 벽화들 역시 원근법을 활용했는데, 건축가 비트루비우스는 원근법의 기본 원리를 기록에 남겼다. 사실 원근법을 파악하고 있지 못했다면 판테온이나 콜로세움과 같은 웅장한 건물들을 세울 수 없었을 것이다. 하지만 로마 제국의 쇠락과 함께 찬란한 기술들도 묻혔고, 원근법도 그렇게 사라져 버린 기술들 중 하나였다. 플라톤은 원근법이 사기라고 비판했는데, 신플라톤주의를 창안한 철학자 플로티노스(AD 205-270)는 철저하게 평면성을 고수했던 고대 이집트 미술이야말로 형상의 '진정한' 비례를 보여준다고 칭송하기도 했다. 원근법이 사기라는 편견은 기독교 미술에도 영향을 미쳤고, 중세시대 내내 현실적인 공간감을 표현한 기법은 홀대를 받았다. 14세기 초, 조토가 키아로스쿠로(명암대조법)라는 기법으로 3차원적인 현실감을 재현하고 나서야 고대 원근법은 다시 조명받기 시작했다.

이탈리아 방방곡곡을 여행하면서 필리포는 원근법의 원리가 구현된 고대 그림을 수도 없이 접했을 것이다. 하지만 그의 원근법은 '그림'을 통해 배운 것은 아니었다. 그보다는 로마 유적을 조사할 때 이용했던 측량술을 화판에 적용하면서 기준선을 설정하는 방법을 터득했다고 보는 것이 더 타당하다.[1] 종이나 캔버스에 물

---

1. 마틴 캠프(Martin Kemp). '과학, 비과학, 넌센스: 브루넬레스키의 원근법 해석(Science, Non-science and Non-sense: The Interpretation of Brunelleschi's Perspective)', 미술사(Art History), 1978 년 6월, 143-145쪽; 장 쿤(Jehane R. Kuhn), '모습의 측정: 초기 원근법 소묘의 증거 자료와 설계(Measured Appearances: Documentation and Design in Early Perspective

체를 삼차원적으로 재현하기 위해서는 위치의 상대성을 고려해야 하는데, 그런 점에서 원근법 소묘는 결국 측량 기술과 관련이 있었다. 필리포가 활동하던 당시 계측 및 측량 기술은 이미 상당한 수준까지 발전해 있었다. 필리포는 당시의 첨단 측량 기술을 화판으로 끌어들여 회화를 한 차원 끌어 올린 것이다.

필리포의 원근법은 마술과 같은 착시 기법을 이용한 것이었다. 실물이라고 해도 속을 만큼 정교하게 그렸기 때문에 눈속임 그림이라고도 불렸다. 미래에 보게 될 카메라 옵스큐라(암상자), 파노라마, 디오라마(투시화), 반사광학 미술은 모두 이 눈속임 그림의 기법과 같은 원리를 가지고 있다. 안타깝게도 미술사의 한 획을 그은 작품으로 취급되어야 하는 이 그림들은 오래전에 유실되어 지금은 남아 있지 않다.

마지막 기록에 따르면 로렌초 메디치가 이들을 소유하고 있었던 것으로 보이고, 이후 1494년에 프랑스의 샤를 8세가 피렌체를 점령했을 때 수많은 예술품들과 함께 약탈해 간 것으로 짐작된다. 그래도 이런 작품이 있었다고 말할 수 있는 이유는, 안토니

Drawing)', 워버그 & 코톨드 연구소 저널(Journal of the Warburg and Courtauld Institutes), 53(1990), 114-132쪽.

오 마네티가 그것을 손에 들고 직접 실험을 해보았다고 주장하기 때문이다.

필리포는 원근법을 활용한 그림의 대상으로 자신에게 가장 익숙한 건물이었던 산 조반니 세례당을 선택했다. 먼저 세례당에서 약 34미터 정도 떨어진 산타 마리아 대성당의 중앙 현관 안쪽에 자리를 잡고 앉았다. 그곳에서 필리포는 기하학적으로 구성된 그림판을 이용해 작은 화판에다 그림을 그렸다. 그야말로 완벽한 원근법을 적용해서 대성당 입구의 관점에서 눈에 들어오는 것들을 모조리 그려 넣었다. 세례당과 주변 거리, 구빈원에서 빵을 굽는 사람들, 양을 사고파는 가축 시장의 주변 모습 등을 꼼꼼하게 묘사했다. 하늘은 색칠하지 않고 남겨두었다. 대신 반질반질한 은쟁반을 거울처럼 사용해서 하늘의 구름, 새, 시시각각 변하는 햇빛을 반사시켜 배경으로 사용했다. 마지막으로 그림의 소실점, 즉 뒤로 후퇴하면서 수렴하는 수평선들의 중앙에 오는 점에 콩알만 한 작은 구멍을 뚫었다.

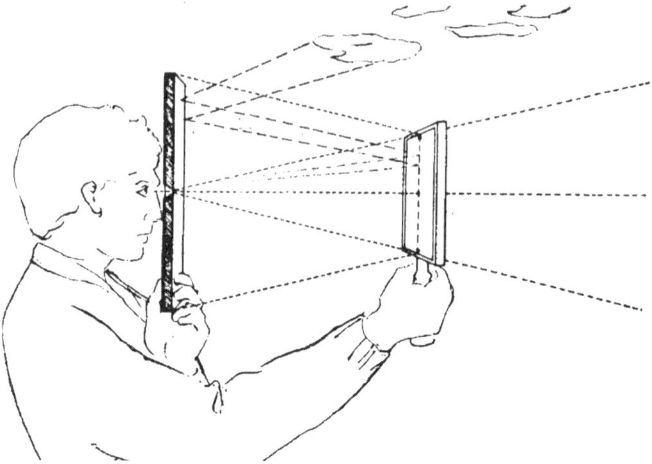

원근법을 이용해 세례당을 그리기 위한 필리포의 광학 도구를 그린 그림. 인물이 왼쪽에 들고 있는 것이 그림이고 오른쪽에 들고 있는 것이 거울이다.

여기까지 하면 원근법을 통해 그린 화판의 그림을 볼 준비가 되었다. 산타 마리아 대성당 입구에서 안으로 1.8미터 들어간 곳, 즉 필리포가 화판에 그림을 그렸던 지점에서, 관찰자는 그림이 그려진 면을 자기 반대쪽으로 향하게 한 후 소실점인 작은 구멍을 통해 들여다보았다. 동시에 다른 한 손으로는 거울을 들어 화판에 그려진 그림을 비추도록 했다. 이렇게 하면 팔 하나 정도 떨어져 있는 이 거울에 필리포가 그린 세례당과 산 조반니 광장의 모습이 비쳐 나타났다. 그런데, 거울에 반사된 그림이 너무나 생생해서 관찰자는 구멍을 통해서 보이는 것이 화판 너머에 있는 실제 세례당인지,

아니면 완벽한 마술을 부린 것인지 도저히 구분할 수가 없었다.

1418년 8월, 돔의 설계를 공모한다는 공고가 나붙을 때 필리포는 속으로 쾌재를 불렀다. 건축장 조반니 담브로조는 나이가 너무 많아 원래 1415년 이후로는 일손을 놓은 상태였다. 그런데, 후임자였던 안토니오 디 반코가 갑작스레 사망하는 바람에 다시 일선에 복귀해야만 했던 것이다. 사실 담브로조는 그해 6월에 이미 돔의 비계를 위한 모형을 완성했었다. 그럼에도 불구하고 바로 두 달 뒤인 8월에 설계 공모가 발표된 것은, 사업단 임원들이 그의 모형을 탐탁지 않아 했다는 것을 의미했다. 200플로린의 상금이 걸린 이 공모에는 필리포 말고도 열한 명이 더 모형을 제출했다. 단, 1367년의 설계 원안은 거의 신성불가침의 영역이었기에, 어떠한 수정도 용납되지 않았다. 성당 건축 사업단은 이 설계안 그대로 돔을 완성해야 한다는 입장을 매우 고집스럽게 고수했다.

설계안이 요구하는 대로 버팀대가 보이지 않게 돔 둘레를 사슬로 에워싸는 방식(1366년 무려 1년 동안 열띤 논쟁을 불러일으켰던)에 대해서는 그 누구도 뾰족한 결론을 내지 못한 상태였다. 또 다른 문제도 있었다. 네리 진영은 그 심각성을 제대로 인식하지 못했지만, 임시 목조 구조물 역시 큰 골칫거리였다. 이 임시 목조 구조물은 돔의 석재를 지탱하는 모르타르가 굳을 때까지 돔을 유지하기 위해 필요했다. 강한 목재를 구하기 어려웠던 근동지방을 제외하면, 돌로 만들어진 돔을 올릴 때에는 꼭 임시 목조 구조물을 만들곤 했다. 비계에 고정을 시키든, 바닥에서 올리든, 돔을 지탱하기 위해서 중심틀은 필요했다. 지금의 공사도 마찬가지이다. 만일 돔의 아치 지름이 작으면 간단하게 중심틀에 들어갈 목재를 원하는 모양으로 세운 뒤 아치를 구성하는 석재를 지탱시키면 되었다. 임시 목조 구조물은 석재의 무게를 감당할 수 있을 만큼 견고해야 했고, 돔을 쌓으면서 석재의 무게가 증가하더라도 휘어져서는 안 되었다. 그리고 모든 공사가 끝난 뒤, 쉽게 철거할 수 있어야 했다.

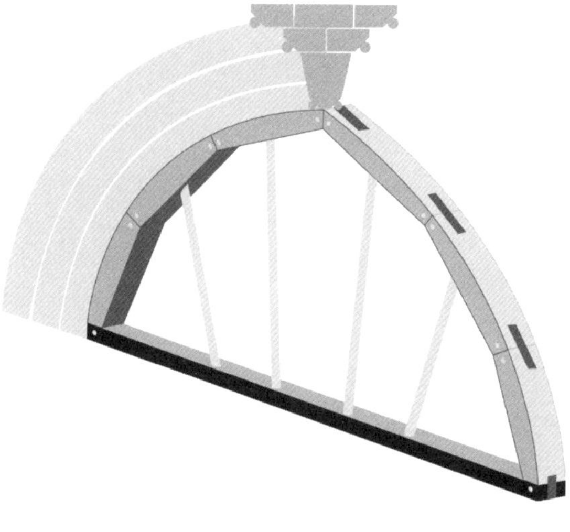

아치를 지탱하고 있는 목조 중심틀

만일 돔 모양이 완벽한 원구형이라면 목조로 된 중심틀을 만들지 않고도 돔을 만들 수 있었다. 둥그렇게 석재로 쌓은 각 층은 스스로 지탱할 수 있는 수평 아치를 이루기 때문이다. 필리포의 친구인 레옹 바티스타 알베르티는 건축론에서 그 원리를 다음과 같이 설명한다. "궁륭 중에서 원구형 궁륭은 중심틀이 없어도 된다. 완벽한 구형 궁륭의 구조는 아치와 함께 링처럼 겹겹이 포개지는 테로 이루어지기 때문이다. 다시 말하자면, 벽돌들은 수직뿐 아니라 수평으로도 이어지기 때문에 주변의 벽돌로부터 횡압력을 받게 되고, 이를 통해 견고하게 고정된다. 그러나 1367년에 만들어진 피렌체의 돔은 원형이 아니라 팔각형이었다. 이런 경우, 석재가 수평으로 연속해서 이어지는 원형 돔과는 달리 여덟 개의 모서리 지점에서 버티는 힘이 자꾸 끊기는 바람에 지속적인 압력을 행사할 수 없었다.

그런 까닭에 산타 마리아 대성당의 돔을 올리기 위해서는 반드시 목조 중심틀이 필요했고, 이 작업은 기술적으로나 재정적으로 임원들에게 큰 부담이었다. 돔이 사상 유례없이 큰 규모였기에, 돔을 지탱하는 목조 중심틀 역시 어마어마한 규모이어야 했다. 그 정도 규모의 목조 중심틀을 만들기 위해서는 수많은 나무를 베어야 했다. 공모가 발표되었을 즈음, 공사 현장에는 서른두 개나 되는 거대한 통나무가 도착했다. 곧 궁륭 공사에 들어갈 대성당 남쪽에 위치한 주교좌의 비계, 중심틀, 발판을 만들기 위한 것이었다. 대성당 돔은 주교좌보다 훨씬 큰 규모였으니, 돔을 올리는 작업에는 당연히 이보다 훨씬 많은 통나무들이 필요했다. 대충 계산해도 스무 배쯤 많은 무려 칠백 그루의 나무가 필요했다.[2] 사업단은 아펜니노 산자락에 대규모의 삼림을 소유하고 있었지만, 늘 목재 부족에 시달렸다. 목재는 대리석만큼이나 비싸고 운반하기가 힘들었기 때문이다. 목재를 자를 때에는 수압을 이용한 톱을 사용해야 했는데, 이 톱이 없으면 엄청난 노동력이 필요했다. 건축장인 안토니오 디 반코가 돔 중심틀의 재료가 될 목재를 구하러 갔다가 사망한 것도 어째 불길한 징조처럼 여겨지고 있었다.

설사 질 좋은 나무가 충분히 확보되고, 목재 가공과 거대한 중심틀 조립에 들어가는 막대한 비용까지 모두 마련되었다 해도, 여전히 고민거리가 있었다. 궁륭이 완성된 후 지탱하던 중심틀을 철거하는 작업이었다. 사실 이 작업이야말로 전체 과정 중에서 가장 위험한 것이었다. 중세에는 중심틀의 기둥을 모래통 속에 박아

2. 롤런드 메인스톤(Rowland Mainstone), 브루넬레스키의 돔 (Brunelleschi's Dome). 159쪽.

넣고, 철거할 시기가 되면 통 안의 모래를 빼내면서 목조 구조물의 높이를 천천히 낮추는 방식을 주로 사용했다. 복잡하거나 어려운 것은 아니었지만, 이런 방식은 시간이 오래 걸렸다. 중세의 모르타르는 적어도 일 년에서 일 년 반은 지나야 물기가 완전히 증발해서 차돌처럼 굳었다. 일례로 남측 주교좌의 궁륭 공사에 쓰였던 중심틀의 경우만 하더라도 그 자리에서 빠져나오는 데에 무려 1420년 6월부터 1421년 7월까지 꼬박 1년 넘게 걸렸다. 결국 중심틀에 사용한 막대한 분량의 목재를 꼼짝없이 1년여 동안 묶어두어야 했다. 이는 목재를 이용한 다른 공사를 할 수 없다는 것을 의미했고, 엄청난 손해가 뒤따랐다. 그렇다고 중심틀을 서둘러 철거할 수도 없었다. 모르타르가 충분히 굳지 않는다면 원하는 만큼의 강도를 얻을 수 없기 때문이다. 그 외에도 또 다른 문제가 있었다. 무거운 궁륭을 너무 오래 지탱하다 보면 목재는 휠 수밖에 없었고, 그렇게 되면 목재가 받치고 있던 돔 역시 내려앉을 수밖에 없었다. 고대 그리스인은 이런 현상을 이미 알고 있었던 것 같은게, 그들은 잘 때는 꼭 마차에서 마차 바퀴를 떼어놓거나, 마차를 벽에 기대어놓았다(『오디세이아』 4권에도 텔레마코스가 마차를 벽에 기대어 놓는 장면이 나온다). 서 있는 마차의 무게를 이기지 못해 바퀴가 휘는 것을 방지하기 위함이었다.

마지막 문제점은 돔이 들어갈 대성당 한복판의 팔각형 구역에 흉물스럽고 거대한 중심틀을 세워 놓아야 한다는 점이었다. 또한 바닥에서부터 돔 꼭대기에 뚫린 원형창까지 솟은 목조 중심틀이 만만치 않은 공간을 차지할 것이었기 때문에, 석공들이 작업하는 공간이 비좁아진다는 문제도 있었다.

돔의 중심틀을 위한 설계 모형은 사실 이미 준비돼 있었다. 돔 설계 공모전에서 네리 디 피오라반티에게 패한 건축장 조반니 디 라포 기니가 만든 것이었다. 1371년에 제작된 이 중심틀 모형은 이보다 4년여 전인 1367년에 만들어진 네리의 돔 모형 안에 슬쩍 놓여 있었다. 그러나 사업단 임원들은 조반니 담브로조의 모형도 기니의 모형도 모두 맘에 들어 하지 않았다.

돔 설계 공모 경쟁에 뛰어든 지 채 2주도 지나지 않은 8월 말, 필리포는 벽돌로 돔의 모형을 제작하고 있었다. 사업단에서는 필리포의 작업을 도와줄 네 명의 석공장을 고용해 주었다. 사업단 임원들은 빠른 속도로 진행되는 필리포의 모형 제작과정을 보면서 적잖이 당황했다. 그의 산 조반니 세례당 그림이 마치 실물을 보는 것처럼 착각하게 만들었던 것처럼, 돔 모형 역시 이성의 법칙을 어긴 채 인간의 감각을 완벽하게 속이는 술수를 쓴 것만 같았기 때문이었다. 실제로 필리포는 화판에 세례당을 그릴 때처럼 용의주도하게 작업에 임했고, 피렌체에서 최고로 알아주는 두 명의 조각가를 목공으로 임명했다. 한사람은 도나텔로였고, 또 한 사람은 타계한 건축장의 아들로 대성당 공사에 십 년이나 매달려 온 난니 디 반코였다. 사업단이 붙여준 네 명의 석공장들도 석 달 동안 필리포 곁에서 함께 일했다.

성당 사업단 정원 한구석에 자리한 필리포의 모형은 작은 건물에 맞먹는 크기였다. 모형 제작에만 마차 마흔아홉 대 분의 생석회와 오천여 장의 벽돌이 사용됐다. 모형이라지만 지름 1.8미터에 높이 3.6미터에 달하는 크기였기에, 임원들과 고문들은 직접 안으로 들어가 꼼꼼히 살펴볼 수 있었다. 모형 자체만으로도 수준 높은 예술품이었다. 도나텔로와 난니 디 반코는 대성당의 정면과 측면 현관에 실사에 가까운 조각을 새겨 넣었고, 여기에 화가 스테파노 델 네로는 금을 바르고 색을 입혔다.

원래는 9월 30일까지 모형을 제출해야 했지만, 사업단은 마감 시한을 두 달 연장했다. 두 가지 이유 때문으로 짐작되는데, 먼저 필리포가 정교한 모형을 완벽하게 마무리할 수 있게끔 말미를 더 주고자 했고, 피사와 시에나의 응모자들이 모형을 피렌체로 운반해 오는 데 걸리는 시간을 참작했던 것으로 보인다. 어쨌든 1418년 12월, 열세 명의 사업단 임원과 모직 조합 대표, 그리고 각 분야의 고문으로 구성된 심사 위원단이 출품된 모형을 심사하기 위해 대성당 신랑에 모였다. 빵과 포도주가 나온 후, 심사 위원들은 출품작에 대한 논의를 시작했다. 심사위원들은 12월 7일, 그리고 두 주일 뒤에 다시 모였고, 논의는 나흘 동안 계속되었다. 그 자리에서 가장 큰 주목을 받았던 것은 단연 벽돌로 만든 필리포의 모형이었다.

성당 건축사업단의 공식 기록은 사실만 짤막하게 적어놓았기 때문에 자세한 내용은 알 수가 없다. 그러나 필리포의 두 전기 작가인 마네티와 바사리에 따르면, 심사 과정은 생각보다 훨씬 흥미진진했던 것 같다. 1418년 8월 공모 시, 성당 건축 사업단은 모든 응모작에게 '호의적이고 공정한 심사 기회'를 제공하겠다고 장담했었다. 하지만 사업단 임원들과 그들이 선정한 전문가들은 필리포의 설계안에 대해 처음부터 의혹의 눈길을 보내는 것을 넘어, 노골적인 적대감을 표현하기도 했다. 이들의 냉담한 반응에는 이유가 있었다. 필리포의 설계안은 다른 경쟁자들 것보다 훨씬 혁신적이었을 뿐 아니라 전혀 다른 방법으로 중심틀 문제에 접근했기 때문이었다. 필리포의 설계안은 전제부터 달랐다. 다른 이들은 무거운 돔을 지탱하기 위해 버팀대가 필요하다는 것을 전제로 했기 때문에, 얼마나 적은 비용으로 중심틀이나 버팀대를 만들어서 안정적인 돔을 올리는 가에 집중했다. 한 응모자는 중심틀 대신 임시로 흙더미를 무려 90미터 높이로 쌓아올려서 그 위에 돔을 올리자는 계획을 세우기도 했다. 이 계획이 완전히 황당무계한 것도 아니었던 게, 실제로 로마네스크 건물의 궁륭 공사를 할 때에 흙을 가득 채운 방에서 진행한 적이 있기도 했다. 1496년 프랑스의 트루아 대성당 궁륭 공사 시, 중심틀 역할을 할 둔덕을 29.4미터 높이로 쌓아 올린 적이 있었다. 하지만 이 계획은 심사위원단으로부터 좋은 평가를 받지 못했다. 한 심사위원은 나중에 그 엄청난 흙더미를 어떻게 치울 거냐며, 흙 속에 동전이라도 숨겨 놔서 피렌체 시민들이 흙 치우기에 자발적으로 참여하도록 유도하는 방법밖에 없겠다고 빈정거렸다.

그런데 필리포는 중심틀을 아예 사용하지 않는다는, 훨씬 간단하지만 그야말로 대담무쌍한 설계안을 제시했다. 당연히 모두 경악할 만한 제안이었다. 당시의 상식으로는 아무리 작은 아치를 세운다 해도 목조 중심틀이 필요했다. 1367년부터 계획되어 온 그 거대한 지름을 가진 돔을 게다가 궁륭 꼭대기는 수평에서 60도나 기울여서 벽돌을 쌓아야 하는데, 아무런 중심틀도 없이 무슨 수로 한다는 것인가? 하도 터무니없다 보니 많은 사람들은 필리포를 미치광이라고 손가락질했다. 사실 후세의 건축학자들도 필리포가 중심틀 없이 건물을 지었다는 것을 믿지 못한 것은 마찬가지였다.[3]

상식을 뒤엎는 설계안 외에도 필리포에게는 또 다른 치명적인 단점이 있었다. 심사 위원들에게 극도로 불친절했다는 것이다. 이렇게 대담하고 혁신적인 설계안을 내놓고는 성의 있게 설명하지도 않았다. 심사 위원들이 설계안의 구체적인 기술적 문제에 대해 꼬치꼬치 캐물을라치면, 극도의 경계심을 보이며 제대로 대답해 주지 않았다. 기밀이니 밝힐 수 없다는 대답만 반복했다. 혹시나 자신의 독창적인 아이디어를 다른 사람이 도용할까 두려워서 나온 행동이었겠지만, 당연히 심사 위원들은 필리포의 이런 태도가 탐탁지 않았다. 심지어 기술 사항에 대해 구체적으로 밝히라는 압

3. J. 두름(J. Durm), '피렌체 대성당의 돔과 로마 산피에트로 교회의 돔 (Die Domkuppel in Florenz und die Kuppel der Peterskirche in Rom)', 건축평론 (Zeitshrift fur Bauwesen (Berlin, 1887), 353-374쪽; 스테그만 & 가이뮐러 (Stegmann and Geymüller), 르네상스 시대의 토스카나 건축 (Die Architektur der Renaissance in der Toskana) (Munich, 1885-93); 파올로 산파올레시 (Paolo Sanpaolesi), 산타 마리아 대성당 돔 (La cupola di Santa Maria del Flore) (Rome: Reale Istituto d'Archaolozia e Storia dell'Arte, 1941).

력을 넣기까지에 이르렀지만, 필리포는 요지부동이었다. 바사리에 따르면 심사 위원들과 필리포는 치열하게 설전을 벌이기 일쑤였고, 필리포는 고집불통에 마이동풍이라는 비난을 한 몸에 받았다. 심지어는 심사가 진행되던 방에서 쫓겨나는 일도 있었다. 오랜 세월이 흐른 뒤에 필리포는 안토니오 마네티에게 당시를 회상하면서, '헛소리나 지껄이는 미치광이'라고 손가락질하는 것 같아서 길을 걸어갈 때 고개를 숙이고 다녔다고 털어놓았다. 여러 가지 정황상, 그의 기발한 설계안이 채택될 가능성은 거의 없어 보였다.

당연히 필리포는 이런 푸대접에 분개했다. 그때 받았던 모욕을 십 년이 넘도록 잊지 못하고 걸핏하면 '그 무식한 패거리들'이라고 욕설을 내뱉곤 했다. 하지만 바사리의 말마따나 피렌체 사람들은 원래 변덕이 죽 끓듯 했고, 심사 위원들도 마찬가지였다. 그들은 필리포의 설계안에 다시 관심을 끌게 되었다. 왜 그랬는지에 대해서 확실히 알려진 바는 없다. 바사리가 나름 흥미로운 일화를 소개는 하지만, 그 일화라는 것이 아르키메데스가 목욕 중에 질량의 법칙을 발견했다든지, 뉴턴이 사과나무 밑을 걸어가다가 만유인력의 법칙을 발견했다는 이야기처럼 별로 믿을 만 한 건 아니다. 어쨌든 바사리의 주장은 다음과 같은데, 필리포가 위원들에게 평평한 대리석 위에 달걀을 똑바로 세우는 사람을 우승자로 하자고 제안했다는 것이다. 당연히 다른 경쟁자들은 보기 좋게 실패했고, 필리포는 달걀을 깬 후 반쪽을 뒤집어 똑 바로 세웠다. 그렇게 하면 누가 못 세우겠냐며 경쟁자들이 항의하자, 필리포는 자신의 설계안도 너무 간단한 것이라서 당신들이 척 보기만 해도 충분히 돔을 세울 수 있다고 되받아쳤다. 그래서 필리포의 설계안이 그 자리에서 선정되었다는 것이 (믿을 수 없는) 바사리의 주장이다.

신중함에 신중함을 기하던 교회 건축 사업단의 모직업자들이 그런 유치한 장난에 넘어가서 필리포를 우승자로 뽑지는 않았을 것이다. 당연히 신빙성이 떨어지는 이야기이지만, 예로부터 달걀은 희한하게 과학자와 공학자의 호기심을 자극하는 부분이 있기는 하다. 아프로디시아스의 알렉산드로스와 노장 플리니우스도 이 약하디약한 '달걀'이 수직으로 버티는 힘에 놀란 바 있다. 플리니우스는 "사람 힘으로는 그것을 깨뜨릴 수가 없다"고 말하기도 했다. 갈릴레오 역시 이 현상을 무척 신기하게 여겼다. 자신의 아들에게 보낸 편지에서 갈릴레오는 "한 손으로는 달걀의 위를, 다른 한 손으로는 아래를 잡고 아무리 눌러도 달걀이 으스러지지 않은 까닭은 무엇일까?" 하고 물은 적이 있다. 갈릴레오의 제자인 빈센초 비비아니는 이 문제를 다시 거론하면서 돔 모양의 궁륭은 달걀 - 혹은 반으로 쪼개서 뒤집어 엎어놓은 것 - 을 보고 아이디어를 얻은 것이 아닐까 하는 억측까지 내놓았다.

달걀 일화도 그렇듯이, 성당 건축 사업단의 공모 선정 과정은 바사리가 주장하는 것처럼 명확하지 않았다. 아무튼 1418년 12월 즈음에는 대부분의 응모작들이 낙선했고, 심사 위원단의 관심은 마지막 결선에 오른 두 모형에 집중되었다. 돔의 운명은 최종적으로 선택될 하나의 모형에 달려 있었다. 역사는 반복되었다. 한 모형은 물론 필리포의 것이었다. 사업단 마당 한구석에 서 있던 또 다른 벽돌 모형을 설계한 주인공은 필리포의 오랜 라이벌, 로렌초 기베르티였다.

두 라이벌

The Rivals

5

지난 16년은 그야말로 로렌초 기베르티의 전성기였다. 마흔이라는 젊은 나이에 로렌초는 이미 이탈리아에서 몇 손가락 안에 꼽히는 정상급 예술가가 되어 있었다. 머리가 벗겨지긴 했지만, 필리포와 달리 크고 두툼한 코가 돋보이는 동그란 얼굴에 항상 밝은 표정을 짓고 다녀서, 친근한 동네 아저씨 같았다. 당시 피렌체에서 으레 그랬듯, 그 역시도 늦은 나이에 결혼한 늦깎이 신랑이었다. 서른일곱이 되던 해, 열여섯 살밖에 되지 않은 모직공의 딸 마르실리아와 결혼한 로렌초는 곧바로 두 아들을 얻었다. 로렌초는 산타마리아 노벨라 수녀원 맞은편에 위치한 그의 작업장에서 대부분의 시간을 보냈다. 특별 제작한 대형 용광로가 있는 작업장에서 그는 무려 이십 년 가까이 세례당 문의 주물 작업을 하고 있었다. 이곳에서 주물 작업을 위해 녹인 청동만 3,000킬로그램에 육박했다.

로렌초는 경제적으로도 넉넉한 편이었다. 피렌체에 있는 집 말고도, 시골에 과수원을 소유하고 있었다. 1401년 의붓아버지인 바르톨루치오가 했던 말처럼 그는 이제 귀걸이 같은 건 만들지 않아도 먹고 살 수 있었다. 세례당 문 공모전에 당선되자마자 엄청나게 많은 제작 주문이 쏟아져 들어왔기 때문이다. 대리석이나 청동으로 만든 묘, 나뭇가지처럼 생긴 촛대, 성물 보관소, 시에나 대성당의 세례반(세례식 때 사용하는 성수를 담는 그릇 - 옮긴이) 부조, 직물상 조합이 의뢰한 세례 요한의 청동상까지 모조리 그가 제작했다. 1414년에 완성한 오르산미켈레 성당의 벽감(동상이나 장식을 놓아두기 위해 벽 안으로 움푹 들어가게 만든 곳 - 옮긴이)에 안치된 세례 요한 청동상은 높이가 약 2.7미터나 되었다. 지금껏 피렌체에서 만들어진 청동상 중 가장 규모가 큰 작품이었다. 이 청동상이야말로 야심과 기량을 쏟아 부은 로렌초의 대표작이었다.

하지만 그렇게 왕성한 작품 활동을 했음에도, 이렇다 할 건축 경험은 없었다. 돔 모형이 로렌초에게는 사실상 첫 도전이나 마찬가지였다. 필리포의 돔 모형과 달리 로렌초의 모형은 크기도 작고 복잡하지도 않았다. 필리포의 모형은 네 명의 석공이 무려 구십 일 가까이 매달려서 만들어냈던데 반해, 로렌초 팀은 겨우 나흘 만에 모형을 뚝딱 만들어 냈다. 그는 마토니 피콜리니라고 하는 작은 벽돌을 사용했다. 목수 한 명만이 작업에 참여했다고 하니, 아마도 목재로 만든 중심틀도 만들어 넣었을 것으로 짐작된다.[1] 바로 이 부분이 두 모형의 결정적인 차이였을 것이다. 어쨌든 임원들은 두 모형 중 하나를 선택을 해야 했다.

사업은 1418년의 마지막 몇 달 동안은 바삐 돌아가더니만, 이듬해에는 내내 지지부진했다. 다시 크리스마스가 돌아왔는데도, 사업단은 여전히 침체된 분위기 속에서 결정을 미룬 채 진행속도를 내지 못하고 있었다. 1420년으로 해가 바뀌면서 심사 위원들은 이 모든 설계의 원안자인 네리 디 피오라반티의 디자인대로 돔을 완공하겠다는 각오를 다시 한번 다졌다. 하지만 그러고는 또

---

1. 필리포처럼 로렌초 역시 중심틀을 쓰지 않고 돔을 올리는 안을 내놓았다는 설도 있다. 파올로 산파올레시(Paolo Sanpaolesi), '1418-1421년의 산티마리아 대성당 돔 공모전 (Il Concorso del 1418-20 per la cupole di S. Maria del Fiore', 미술 평론(Rivista d'arte (1936), 330쪽. 하지만 이런 설을 뒷받침할만한 증거는 없다. 리처드 크라우타이머(Krautheimer), Lorenzo Ghiberti 앞의 책, 254쪽.

다시 몇 달이 흘러 버렸다. 돔 공사는 답보 상태에 빠졌고, 필리포도 로렌초도 우승자에게 주어지는 200플로린의 상금을 받지 못하고 있었다.

이렇게 지연된 것에는 심사 위원단의 우유부단함 외에 다른 요인들이 더 있었다. 북쪽 주교좌의 궁륭에서 균열이 발견된 것이다. 올린 지 채 십 년도 안 되는 작은 궁륭에 금이 간 상황에서, 훨씬 거대한 돔 공사를 적극적으로 밀어붙일 만큼 강심장을 가진 위원은 없었다. 게다가 고령의 석공장 조반니 담브로조는 석공들의 작업 상황을 감독하기 위해 궁륭 꼭대기로 올라가는 것을 꺼리더니 결국 석공장을 그만두었다. 이 역시 공사를 지연시킨 요인이었다. 마지막으로, 심사 위원단이 모임을 가지고 한 달 뒤, 돔 공사를 완전히 뒷전으로 미룰 수밖에 없게 된 계기가 있었다. 1419년 1월, 교황 마르티누스 5세가 피렌체를 방문한 것이다.

가톨릭교회는 로마와 아비뇽에 두 명의 교황을 두고 39년 동안 분열되었었다. 그러다 몇 해 전에 콘스탄츠 공의회에서 가톨릭교회를 봉합했고, 여기서 새 교황으로 선출된 인물이 마르티누스 5세였다. 수백 명의 여성들과 놀아나고 한때 해적 전력까지 있었던 요하네스 23세가 폐위되고 마르티누스가 그 자리에 오른 것이다.

로마에서는 적의 공격을 막아낼 수 있는 요새공사와 함께 성당들의 보수공사가 한창이었기 때문에, 새 교황은 모든 것이 말끔히 마무리될 때까지 약 20개월 정도 체류할 계획으로 피렌체를 방문했다. 당연히 피렌체는 고귀하신 교황을 정성을 다해 모셔야 했고, 산타 마리아 노벨라 광장에 교황을 위한 호화로운 저택을 세웠다. 이 공사를 위해 대성당 공사에 동원되었던 석공과 목공들이 차출되었다. 이 새로운 저택의 계단 설계를 위한 특별 공모전도 있었는데, 이 공모의 우승자 역시 로렌초였다. 이때의 승리로 로렌초는 대성당 돔 공모전에서도 필리포보다 훨씬 유리한 위치에 있다는 확신을 가졌을 것이다.

필리포는 모형을 더 정교하게 다듬으면서 이 지루한 기다림의 시간을 나름 알차게 보냈다. 돔 바로 밑에 위치할 환상벽 둘레에 원형의 발코니를 덧붙이고, 돔 위에는 꼭대기 탑을 얹었다. 그렇다고 필리포가 로렌초보다 일이 없어서 시간이 남거나 한 것은 전혀 아니었다. 필리포 역시 제작 주문에 치여 살았다.

특히 1419년은 필리포에게 뜻깊은 해였던 것이, 돔 모형을 완성한 후 여섯 달 동안 네 건이나 되는 건축 공사 의뢰를 받았기 때문이다. 그전까지 건물을 지어본 경험이 전무했던 필리포에게 이런 의뢰가 들어왔다는 것은 놀라운 일이었다. 비웃음을 샀던 그의 돔 설계안이 사실은 사람들에게 깊은 인상을 남겼던 것이다.

필리포가 맡은 첫 공사 사업은 아르노 강 남쪽의 산 야코포 소프라르노에 들어설 리돌피 예배당과 인근 산타 펠리치타에 세워질 바르바도리 예배당이었다.

그 다음 사업은 산 로렌초 성당의 성물 보관소였다. 이 공사는 부유한 은행가인 조반니 데 메디치가 의뢰한 것이었는데, 그는 자신의 무덤도 필리포가 만들어주기를 원했다. 마지막 사업은 피렌체 시의 고아들을 위한 '천사원'을 짓는 일이었다. 피렌체의 비단 거래상 조합이 주도한 '천사원'은 가난한 고아들을 위한 안식처였다.

마침 같은 해, 필리포는 안드레아 카발칸티라는 일곱 살 먹은 고아를 양자로 삼기도 했다. 토스카나 부지아노 출신이라서 일 부지아노라고 불렸던 소년에게 필리포는 직접 기술을 가르치기도 했다. 그야말로 숨 가쁘게 달려온, 보람찬 한 해였다.

1419년 필리포가 맡은 네 건의 공사 사업 중에서 무려 세 건이 돔 건설이었다는 것은 결코 우연이 아니었다. 그중에서도 특히 바르바도리 예배당과 리돌피 예배당은 의미심장한 공사였다. 의뢰한 사람들이 모두 산타 마리아 대성당 돔 공사에 깊이 관여하고 있던 모직 조합 회원들이었기 때문이다.[2] 두 예배당 공사는 중심틀 없이 궁륭을 올리는 혁신적인 시도를 하려는 필리포에게 실전을 치러 볼 수 있는 절호의 기회이기도 했다. 아쉽게도 두 예배당의 돔은 지금 남아 있지 않다. 리돌피 예배당의 내부는 1709년에 개조되었고, 바르바도리 예배당의 돔은 1589년 피티 궁과 우피치 궁을 연결하는 긴 복도를 지으면서 바사리의 손에 허물어졌기 때문이다. 필리포의 열렬한 추종자였던 바사리가 바르바도리 예배당 돔을 무너뜨렸다는 것은 참 아이러니하기 짝이 없다. 어쨌든 지금은 두 돔 모두 사라져 버려서, 필리포가 이 둘을 건설할 때 사용한 기술을 산타 마리아 대성당 돔을 지을 때도 사용했었는지를 확인할 방법은 없다. 하지만, 두 돔을 건설할 때 목조 중심틀을 세우지 않고 건설했다는 사실만은 분명하다. 물론 리돌피 예배당의 돔은 필리포가 벽돌로 만든 산타마리아 대성당 모형 돔보다도 규모가 작았지만 말이다.

1419년이 저물어 갈 무렵 모직 조합 간부들은 돔 공사 진행에

2. 바르바도리 예배당은 1400년에 전염병으로 사망한 대부호이자 직물상이었던 바르톨로메오 바르바도리가 기증한 것이다. 그의 아들 토마소 바르바도리는 1418년 당시 교회 건축 사업단의 위원으로 활동하고 있었다. 리돌피 예배당은 모직 조합의 간부였던 스끼아타 리돌피가 1418년 기증한 것이다.

박차를 가하기 위해 임시로 특별위원회(Uffitiales Cupule)를 구성했다. 4명으로 구성된 특별위원회는 빠르게 움직였다. 1420년 4월 16일, 이들은 교회 건축 사업단 임원 열세 명과 모직 조합 간부 스물두 명을 팔라초 델라르테로 불러 모았다. 산타 마리아 대성당에서 남쪽으로 몇 구역 떨어진 이곳은 모직 조합이 있는 자리였다. 회의의 목적은 조반니 담브로조의 후임 건축장을 선임하는 것이었다. 이 자리에서 오랜 시간 조반니 담브로조 밑에서 부건축장으로 일했던 바티스타 단토니오라는 서른여덟 살의 석공장이 건축장으로 뽑혔다. 1398년부터 대성당에서 일해 왔던 바티스타는 도제에서 시작해 석공까지 된 인물이었다. 바티스타를 도울 여덟 명의 석공장도 새로 임명되었는데, 여덟 명이 각각 팔각형 돔의 한 변씩을 맡게 되었다.

이후 삼십 년 동안 바티스타는 산타마리아 대성당 공사 현장을 한시도 떠난 적이 없었다. 사람들은 대성당 꼭대기에서 항상 볼 수 있었던 그를 두고 '대성당의 꼽추'라고 빈정거렸다.[3] 사실 말이

3. 마빈 트라흐텐버그(Marvin Trachtenberg), '하워드 잴먼의 '필리포 브루넬레스키'의 서평(Review of Howard Saalman, Filippo Brunelleschi)', 건축사가 협회지 (Journal of the Society of Architectural Historians), 42(1983), 292쪽.

건축장이었지, 바티스타의 역할은 십장이나 감독에 더 가까웠다. 그래서 건축가에 예술가로 인정을 받았던 조토나 안드레아 피사노 같은 전임자에 비해 누가 봐도 명백하게 홀대를 받았다. 화가였던 조토나 금세공사였던 안드레아 피사노와 달리, 바티스타는 뼛속까지 석공이었다. 그래서인지 대부분의 석공들처럼 바티스타는 전통적 방식을 따르는 것을 선호했다. 창의력을 발휘해 새로운 설계를 고안해 내는 것보다는 기존의 것을 모방하고 이전의 사례를 통해 증명된 방식을 따르는 것에 만족해했다. 어쨌든 그는 여덟 명의 석공장과 그들이 부리는 석공들, 막일을 하는 비숙련 노동자들을 총지휘하는 현장 감독으로는 적격이었다. 바티스타는 성당 건축 사업단이 결정한 모형과 설계안을 보고 실제 건물로 완성시키는 임무를 맡았는데, 중세에 건축할 때에는 그런 역할을 맡는 사람이 반드시 있어야 했다. 일반적인 일꾼들은 복잡한 설계도를 이해하지 못했기 때문에, 그들에게 건축가의 의도를 제대로 설명해주는 것은 건축장의 몫이었다.[4]

하지만, 바티스타 단토니오는 현장 경험이 풍부했을 뿐, 체계

4. 몇 백 년 뒤, 유명한 비밀 결사 단체인 프리메이슨은 건축과는 전혀 관련이 없는 단체였음에도 의식과 절차를 건축 공사 현장에서 사용되던 것들을 따 온 것들이 많았다. 예를 들어 프리메이슨 단원들이 서로를 알아보기 위해 사용했던 많은 암호들은 예루살렘의 솔로몬 신전의 건축 석공장이었던 티레의 히람이 수많은 인부를 감독하고 소통할 때 썼던 말이나 수신호 등에서 가지고 왔다고 전해진다.

적인 건축 교육을 받지 못한 인물이었고, 이론적 지식이 풍부하지 못했다. 따라서, 단순한 관리자의 차원을 넘어 현장에서 건축가 역할을 할 수 있는 사람을 따로 임명할 필요가 있었다. 4인 특별위원회, 성당 건축 사업단, 모직 조합 간부장은 바티스타를 건축장으로 임명하면서 두 명의 건축장을 추가 선임했다. 건축장으로 임명된 필리포는 드디어 오랫동안 꿈꾸던 일을 할 수 있게 되었다. 하지만, 온전히 기쁨을 누릴 수도 없었다. 또 한 명의 건축장으로 임명된 것이 다름 아닌 로렌초 기베르티였기 때문이었다. 두 사람은 매달 6플로린이라는 변변치 않은 보수를 받으며 건물 준공을 위해 긴밀하게 협력해야만 하는 어색하고 불편한 상황에 처했다.

이십 년 전, 세례당 공모전 당시 로렌초와의 공동 작업을 거부했었던 필리포였다. 원수를 외나무다리에서 다시 만났다는 말이 딱 어울렸다. 하지만 또 한 번 공동 작업을 거절하기에는 이미 돔 공사에 쏟아부은 애정과 시간이 너무 컸다. 필리포는 결국 로렌초와의 공동 작업을 받아들였다. 아마도 로렌초가 건축가로서의 경험이 일천하니, 결국 돔 공사의 주도권을 자신이 가질 수 있을 거라는 자신감도 작용했을 것이다.

마지막 건축장 한 명이 더 임명되었다. 60세의 조반니 다 프라토라는 인문주의 철학자였다. 다방면에 재능을 가지고 있던 조반니 다 프라토는 피렌체 대학에서 단테 문학을 가르치던 교수였다. 그가 호감을 보인 쪽은 로렌초 기베르티였다. 프라토 교수는 공사에 가담하자마자 필리포에 대해서는 상당한 적개심을 보였는데, 자신이 생각한 돔의 설계안이 필리포의 것과 완전히 달랐기 때문이었다. 1420년에 프라토는 돔 하단에 24개의 창을 만들자고 강하게 어필한 적이 있었다. 기존의 돔 설계는 창이 없기 때문에 성당을 '우중충하고 음침하게' 만들 것이라고 주장했었다. 하지만 프라토의 설계안은 구체적이지 않고 모호했기 때문에, 성당 건축 사업단의 지지를 받지 못했다. 아니, 사실 사업단은 그의 조언을 거의 고려하지 않았다. 어쨌든 조언을 해준 대가로 사업단은 프라토에게 3 플로린을 주었고, 크게 자존심에 상처를 입은 프라토는 상당히 오랫동안 악감정을 쌓아두고 있었다. 특히 자신의 조언을 퇴짜 놓은 주인공이 필리포라고 생각했기에, 프라토는 이후 여러 차례 필리포에게 신랄한 공격을 퍼부었다.

건축장들이 모두 임명되고 석 달 후, 성당 건축 사업단 임원진과 4인 특별위원회는 매우 의미심장한 결정을 내렸다. 1418년 제출한 모형의 구조적인 세부 사항을 조목조목 기록한 필리포의 계획서에 최종적으로 찬성하면서, 그의 궁륭 축조 방식을 최선의 안으로 결정한 것이다. 열두 개 항목으로 된 필리포의 건설 계획서는 돔을 구성하는 두 반구의 크기, 가로보와 사슬의 구조, 사용될 건축 자재 등을 상세하게 적어 놓았다. 또 두 개의 반구는 '비계의 지탱을 받는 중심틀 없이' 쌓아 올릴 것임을 분명히 했다. 물론 구체적인 방법에 대해서는 언급하지 않았다.

확인하기는 어렵지만, 이 계획서는 필리포가 직접 작성한 것으로 보인다.[5] 하지만 여전히 필리포는 수상자로 공식 발표되지 않았다. 사실, 성당 건축 사업단은 필리포뿐 아니라 그 누구에게도 200플로린이라는 큰 상금을 지급할 생각이 없었던 것이다. 자신의 모형이 새로운 돔 공사의 기본 모형으로 채택되었는데도 상금을 받지 못하게 되었으니, 필리포로서는 꽤 속이 쓰릴 일이었다. 어쨌거나 필리포의 벽돌 모형은 종탑 부근의 두오모 광장에 전시되었고, 대성당 안에 자리하고 있었던 네리 디 피오라반티의 모형처럼 주위에 울타리를 쳐서 함부로 건드리지 못하게 했다. 이후 수 십년 동안 필리포의 모형은 일종의 성지가 될 것이었다. 애초에 약속했던 200플로린의 상금을 받지 못하는 어처구니없는 상황

5. 필리포가 직접 작성했다는 의견은 하워드 잴먼의 책을 참조할 것. 필리포 브루넬레스키 (Filippo Brunelleschi), 77-79 쪽.

을 필리포는 받아들이기로 했다. 어쨌든 자신의 획기적인 기술을 이용하여 돔을 올릴 수 있는 기회가 눈앞에 다가왔기 때문이다.

가족도 이름도 없는 사람들

Men Without Name or Family

6

1420년 8월 7일의 아침은 43미터 높이의 상공에서 열린 조촐한 축하 행사로 시작되었다. 대성당 공사 현상에서 일하던 석공들과 인부들은 환상벽 꼭대기로 올라갔다. 이들은 아름다운 피렌체의 전경을 내려다보면서 성당 건축 사업단이 제공한 빵과 과일을 곁들여 트레비아노 포도주를 마셨다. 소박하지만 역사적인 날을 기념하기 위한 자리였다. 십오 년 동안 지루하게 반복되었던 설계와 공사 지연 끝에 드디어 대성당 돔 공사가 시작된 것이다.

몇 달 전부터 공사 현장의 움직임은 부쩍 바빠졌다. 비계와 발판으로 쓸 6.3미터 길이의 전나무 백 그루가 들어왔고, 마차 천 대의 분량을 채우고도 남을 석재 분량이 들어 왔다. 환상벽 가장자리에서 아래를 내려다보면, 수십 개의 사암 기둥과 수십만 장의 벽돌을 쌓아놓은 두오모 광장이 한눈에 들어왔다.

공사 현장에서 일하는 인부들의 삶은 고달팠다. 장시간 동안 위험한 노동을 하고도 손에 쥐는 돈은 얼마 되지 않았고, 그나마도 날씨가 궂으면 공치는 날이었다. 공사판에서 일하는 인부들은 대체로 가난한 집안 출신의 '별 볼 일 없는 사람들(popolo minuto)'이었다. 기능공이 아닌 석회나 벽돌을 지어 나르는 인부들은 '가족도 이름도 없는 사람들'이었다. 돔 공사에는 채석장에서 일하는 사람까지 포함해 모두 삼백 명의 인부가 동원되었다.[1] 이들의 일주일은 길었다. 인부들은 월요일부터 토요일까지 꼬박 엿새 동안 새벽부터 해가 질 때까지 일해야 했다. 해가 긴 여름에는 심지어 하루에 열네 시간을 일하기도 했다. 임금은 토요일마다 지급되었는데, 십장 바티스타 단토니오가 준 전표를 사업단에 가지고 가면 경리가 현금으로 교환해 주었다. 운이 좋으면 한두 시간쯤 일찍 끝나기도 했는데, 그런 날에는 메르카토 다리의 노점에서 식료품을 서

1. 산파올레시(Sanpaolesi), La Cupola di Santa Maria del Fiore, 21쪽.

둘러 구입했다. 다른 상점들처럼 노점들도 일요일엔 문을 닫기 때문이었다. 안식일과 종교 축일에는 원칙적으로 공사 작업을 금하고 있었지만, 석재를 촉촉하게 유지하기 위해 물을 뿌리는 임무를 맡은 인부들은 예외적으로 일할 수 있었다. 중세에는 석재의 습기를 유지하고 보호하기 위해 벽에 거름을 바르는 관행이 있었다. 하지만, 위생상의 이유로 피렌체 시내에 거름을 반입할 수 없었기 때문에, 대성당 공사 때에는 이런 관행이 적용되지 않은 듯하다.

그래도 종교 축일은 석공들이 고된 노동으로부터 잠시나마 해방될 수 있는 날이었다. 창녀와 고리대금업자가 사라지는 종교 축일이면 인부들은 거리 행진을 하거나 산 갈로 거리에 늘어서 있는 노점으로 술을 마시기 위해 몰려갔다. 이들에게 가장 중요한 축일은 11월 8일이었다. 이날은 석공들의 수호성인들인 콰트로 코로나티를 기리는 날이었다. 예전에 디오클레티아누스 황제는 그리스 신화에 나오는 의술의 신인 아에스쿨라피우스의 상을 제작하라는 명을 내린 바 있는데, 네 명의 조각가들은 우상 숭배를 이단시하는 기독교의 교리에 어긋난다며 명을 거부했다. 끝내 순교한 네 명의 조각가들은 훗날 석공의 수호성인으로 추앙받게 되었다. 이날 석공들은 미사를 드리고 술과 음식을 즐겼는데, 가끔 지나친 음주로 인해 '술집에 온 것처럼' 행동하는 일부 회원들의 추태를 질타하는 내용이 석공 조합의 정관에 기록되어 있기도 하다.

안식일과 종교 축일을 빼면 인부가 일 년에 일할 수 있는 날은 약 270일 정도 되었다. 하지만, 날씨가 안 좋아서 일을 못 하는 날까지 제하고 나면, 실제로 일할 수 있는 날은 1년에 이백 일 정도까지 줄어들 수도 있었다. 너무 춥거나 비바람이 몰아쳐서 꼭대기에서 작업하기가 여의치 않은 날에는, 모든 석공들의 이름을 적은 쪽지를 가죽 자루에 넣고 바티스타 단토니오가 무작위로 다섯 명을 뽑았다. 뽑힌 다섯 명은 그날 석회를 바르거나 벽돌 쌓는 일을 할 수 있었고, 나머지 인부들은 빈손으로 집에 돌아가야만 했다. 물론, 긴 휴직 상태에 빠질 가능성도 있었다.

석공들은 그날 일을 할 수 있을지 없을지 모르는 상황에서 매일 대성당으로 향했다. 피렌체 구석구석 울려 퍼지는 교회 종소리는 석공들을 깨우고 일자리로 향하라며 재촉하는 듯했다. 성당 사업단에서 연장까지 제공해주지는 않았기 때문에, 인부들은 각자의 연장을 직접 들고 다녀야 했다. 공사 현장에 있는 대장간의 대장장이가 인부들의 닳은 끌, 직각자, 쇠망치, 흙손, 나무망치를 수선해주고 갈아주곤 했다. 대성당에 도착한 인부들은 먼저 석고판에 자기 이름을 써넣었다. 요즘 식으로 말하자면 출근부를 찍는 것이었다. 일한 시간은 모래시계로 쟀다. 필리포는 제법 깐깐한 감독이었고, 훗날 산토 스피리토 교회 공사장에서는 인부들에게 더욱 엄격한 근무 수칙을 적용하기도 했다. 인부들의 작업 시간도 모래시계가 아닌 삼십 분마다 종이 울리는 반시간 시계(oriuolo di mezz'oro)를 통해 더 체계적으로 관리했다. 15세기는 시간에 대한 개념이 바뀌던 시기였다. 중세의 시간은 예배 시간과 연관되어 있었는데, 라틴어로 시간(hour)은 호라(hora)라고 불렀고, 호라는 '기도'라는 뜻도 가지고 있었다. 당시의 한 시간은 십 분을 단위로 해서 넷으로 나뉘어 있었고, 일 분은 다시 40개의 '순간'들로 구성되어 있었다. 하지만 1400년이 되면서부터 한 시간을 육십 분으로 나누고, 일 분을 육십 초로 나누는 관습이 자리 잡았다. 생활 리듬이 점점 빨라지고 있다는 것을 의미했다.[2]

인부들은 가죽 자루에 연장 말고도 점심 도시락을 넣고 다녔다. 성당의 종이 두 번째 울리는 11시가 되면 점심을 먹었다. 점심은 돔 꼭대기에서 먹어야만 했는데, 1426년 성당 건축 사업단이 석공은 하루 종일 돔에서 내려와서는 안 된다는 규정을 발표했기 때

2. 빈센트 크로닌(Vincent Cronin). 피렌체 르네상스(The Florentine Renaissance) (London: Collins, 1967). 96쪽.

문이었다. 석공들이 게으름을 피우는 것을 막기 위한 나름의 아이디어였다. 피렌체 사람들은 태양이 작열하는 무더운 여름에는 살인적인 더위를 피해 잠시 낮잠을 자는 오후의 시에스타를 즐겼지만, 인부들에게는 이 '달콤한 게으름'이 허용되지 않았다. 1426년에 필리포는 돔의 두 반구 사이에 식당을 만들어 그곳에서 인부들의 점심을 해결하라고 지시했다. 식당에서 음식을 준비하다가 행여 불이 날까 우려스러울 수도 있겠지만, 돔 공사를 하고 있는 인부들을 위한 식당이었기에 그런 걱정을 할 필요가 없었다. 당시에는 벽을 허물어뜨려서 화재를 진압했기 때문에, 연장을 가지고 다니던 인부들은 졸지에 소방수 노릇까지 하게 되었다.

뜨거운 여름날, 인부들은 갈증을 달래기 위해 연장, 도시락과 함께 가죽 자루에 담아온 포도주를 마시곤 했다. 물을 탔든 타지 않았든 간에, 높은 돔 위에서 일하는 인부들이 포도주를 마신다는 것은 무척이나 위험하고 어리석어 보일 수 있다. 하지만, 병을 불러일으킬 수 있는 온갖 세균이 득시글거리는 물보다는 차라리 포도주가 안전했다. 그리고 피렌체 사람들은 포도주가 몸에 좋다는 강한 믿음을 가지고 있었다. 적당히 마시기만 한다면, 혈액순환도 좋아지고 소화도 원활해지면서 두뇌도 맑아진다고 믿었고, 기분이 좋아지면서 방귀도 잘 나오게 했다. 지상에서 100미터가 넘는 높은 곳에서 안으로 기울어진 궁륭에 달라붙어 작업해야 하는 인부들에게, 어쩌면 포도주는 담력을 키우는 데에도 약간은 도움이 되었을 것이다.

역사에 기록될 8월의 어느 오전, 환상벽 위에서 아침을 먹던 석공들은 꽤나 담이 센 사람들이었음이 틀림없다. 그들의 발밑으로는 얼마 전 완성된 남쪽 주교좌가 있었는데, 삼 주일 전 바로 그곳에서 도나토 디 발렌티노라는 석공이 실족사하는 일이 있었다. 또 다른 인부 한 명도 주교좌 공사 중 목숨을 잃었다. 돔 공사를 여름에 착공하기 위해 주교좌 공사부터 서둘러 끝내려다 발생한 일이었다. 이런 경우 인부들이 성당 건축 사업단에게 기대할 수 있는 것은 도의적 차원의 장례비가 전부였다. 공사를 하다 다친 사람과 그의 가족에게는 비참한 운명만이 기다리고 있었다. 성당 건축 사업단이나 석공 조합 그 어느 쪽도 불구가 된 인부나 사망한 인부의 유가족에게 단 한 푼의 위자료도 지급하지 않았기 때문이다. 석공 조합원들에게 주어진 유일한 책임은 다른 회원의 장례식에 참석하는 것뿐이었다.

필리포의 계획대로 대성당의 돔이 올라갈 수 있을지 아무도 장담할 수 없다는 사실에 석공들은 어이가 없었다. 물론 한 달 전에 채택된 건축 계획서에 돔 설계 시 중요한 세부 사항들이 적혀있기는 했다. 예를 들어, 내부 돔의 두께는 판테온처럼 위로 올라갈수록 얇아졌다. 아랫부분은 2.1미터 두께에서 시작하지만, 꼭대기에 도달해서는 1.5미터가 안되었다. 그리고 내부 돔을 비바람으로부터 보호하고 돔 전체를 '더 크고 웅장하게' 보이도록 외부 돔을 덧붙여 이중 돔으로 만들 예정이었다. 외부 돔의 두께 역시 위로 갈수록 얇아졌는데, 아랫부분의 두께는 0.6미터에서 출발해서 꼭대기의 원형 창에 이르러서는 0.3미터를 조금 넘는 것으로 계획되었다. 마찬가지로 돔의 팔각형 각 면을 채울 여덟 개의 수직 늑재 역시 위로 올라갈수록 가늘어졌다. 판테온의 경우, 가벼우면서도 단단한 속돌과 빈 암포라를 이용해 전체 돔의 무게를 줄였었다. 산타 마리아 대성당의 돔 역시 13.6미터까지는 돌로 쌓고 그다음부터는 벽돌이나 화산재에서 형성되는 가볍고 구멍이 송송 뚫린 석회암을 사용해 돔 무게를 줄일 생각이었다. 계획서에는 사암 기둥들에 쇠와 납을 섞어 만든 무거운 거멀못을 박아서 사슬들을 단단히 고정시키도록 했다. 네리 디 피오라반티가 구상했던, 돔의 둘레를 감싸는 쇠사슬이 구현되는 것이었고, 사슬들은 돌 속에 파묻혀 밖에서 보이지 않을 것이었다.

사실 계획서 중에서 제일 걱정스러운 부분은 마지막 12번째 조항이었다. 임원들은 환상벽으로부터 17.1미터 높이까지는 비계로 지탱하는 중심틀 없이 돔을 세운다는 것에 합의했다. 하지만 그다음부터는 '작업 상황을 지켜보고 가장 적절하다고 생각되는 방법을 이용해' 돔을 쌓아 올리기로 했다.

이 절충안은 사업단 임원들이 필리포의 설계안을 아직 전폭적으로 신뢰하지 못하고 있었음을 의미한다. 필리포 역시 한발 물러서서 임원단의 절충안을 수용해, 일단 돔의 첫 5분의 1 정도만 중심틀 없이 쌓기로 약속했다. 물론 여기까지 성공한 후 그다음 공정을 중심틀 없이 추진하기 위해서는 다시 한번 임원들을 설득해야만 했다. 임원단의 전적인 신뢰를 얻지 못했다는 점에서 자존심이 상할 만도 했지만, 필리포로서는 자신의 설계안을 한 번 더 검토할 수 있는 시간적 여유를 갖게 된 것이기도 했다. 그것이 오히려 필리포에게는 다행일 수도 있었던 게, 그 스스로도 자신의 대담한 건축 방법에 백 퍼센트 확신이 없었던 것 같기 때문이다. 필리포는 중심틀 없이 돔을 쌓아 올리는 구체적인 방법을 임원단에게 끝까지 말하지 않았다. 자신의 아이디어가 도용당할지 모른다는 우려 때문이었다지만, 어쩌면 머릿속의 대담한 설계를 어떻게 현실에 구현해야 할지 자신도 잘 몰랐기 때문일 수 있다. 실제로 1420년 여름까지도 그는 돔 둘레 사슬을 연결하는 방법을 구상하고 있었다. 돔 하단의 설계안이 최종 완성된 것은 착공을 한 달밖에 남겨두지 않은 1421년 6월이었다. 그리고 돔의 2차 공사 설계안이 완성된 것은 1425년이었다. 이때 모형 하나가 더 만들어졌다.

벽돌로 만든 돔 모형이나, 두 예배당의 작은 돔을 만들었던 경험은 눈앞에 놓인 대성당 공사의 난제를 해결하는 데 별 도움이 되지 못했다. 건축 모형을 아무리 정교하게 만든다 한들 실제 정역학 구조물의 안정성을 백 퍼센트 보장할 수는 없었다. 모형 상태에서는 안정되어 보이던 구조도 실제 크기가 되면 완전히 엉망진창이 되는 경우가 많았기 때문이다. 특히 중세와 르네상스의 건물들은 같은 모양이라도 크기에 따라 건물의 견고함도 확연하게 달라지는 경우가 많았기 때문에 설계 모형은 크게 신뢰할 수 없었다.[3]

---

3. 비트루비우스는 칼리아스의 회전 기중기 모형 제작 일화를 들어 모형을 과신해서는 안 된다고 강조한다. 로도스의 칼리아스는 성을 포위하고 공격하는 적의 무기를 탈취하는 회전 기중기 모형을 선보인 바 있다. 모형을 테스트 했을 때에는 전혀 성능에 문제가 없었지만, 모형을 바탕으로 만든 실제 기중기는 제대로 작동하지 않았다. 결국 로도스 사람들은 쓸모없는 기중기를 버리고 대변과 쓰레기를 적의 머리에 쏟아 붓는 낡은 전법을 사용할 수밖에 없었다. 모형을 실제로 적용했을 때 생겨나는 괴리는 현대에도 있었다. 1980년대 후반 미국 국방부는 트라이던트 대륙간 탄도미사일을 제작했가. 모형 단계에서는 완벽한 성능을 자랑했던 이 미사일은 실제로는 이륙하고 4초 만에 미사일의 자폭 장치가 작동해서 불붙어버리기도 했다.

처음 공사를 일단 17.1미터까지 제한한 것은 지나치게 실험적인 필리포 설계안을 감안했을 때 신중하고 현명한 선택이었다. 그런데 왜 17.1미터였을까? 17.1미터가 되는 지점부터 석재의 기초 연결부는 30도 각도로 기울어져 올라가기 때문에, 이 지점은 석재가 미끄러지지 않는 상한선이었다.[4] 30도 각도까지는 모르타르가 완전히 굳지 않은 상태에서도 마찰력만으로 석재가 고정될 수 있었고, 이 지점까지는 중심틀이 없어도 큰 무리 없이 공사를 진행할 수 있었다. 하지만 이 지점 후로는 석재의 기울기가 점점 급해지고 정상 부근에서는 무려 60도나 기울어진다. 임원들은 중심틀 없이 그런 급경사를 유지한다는 것을 도저히 상상조차 할 수 없었다.

핵심은 돔의 궁륭 공사를 어떻게 할 것인 가였고, 필리포와 임원진은 이 질문에 대한 답을 미룸으로써 시간을 벌었던 셈이다. 결국 1420년의 건축 계획서가 옳았다. 이런 전무후무한 돔을 지을 때는 공사 과정에서 부딪치는 많은 문제를 '실전'을 치르면서 '시행착오'를 통해 하나씩 해결해 나가는 수밖에 없었다. 이 역시

4. 윌리엄 바클레이 파슨스(William Barclay Parsons), 르네상스 공학과 공학자(Engineers and Engineering in the Renaissance), (Baltimore: Williams & Wilkins (1939). 589쪽.

지나치게 낙관적인 해석이었지만, 어쨌든 시행착오의 과정은 시작되었다.

한번도 듣도 보도 못한 기계

Some Unheard-of Machine

7

수많은 걱정으로 심란했던 매일 밤. 나는 고민과 불길한 생각에서 벗어나기 위해 상상에 빠져들곤 했다네. 무거운 짐을 이동하고 운반할 수 있는, 지금까지 듣도 보도 못한 기계를 만들어서 이 놀라운 작업을 멋지게 성공시키는 상상.

아뇰로 판돌피니라는 정치인이 한 말이다. 이 말은 건축가인 동시에 철학자였고, 필리포의 가장 똑똑한 제자 중 한 명이었던 레온 바티스타 알베르티가 자신의 철학 논고인 『평상심에 대하여』에서 인용하기도 했다. 『평상심에 대하여』는 필리포의 돔이 완성되고 몇 년 뒤인 1441년에 쓰였다. 이 논고는 잘 나가다 하루아침에 몰락한 두 남자의 대화로 구성되어 있다. 한 명은 공직에서 은퇴해 실의의 나날을 보내는 아뇰로, 다른 한 명은 은행이 망하는 바람에 알거지가 된 니콜라 데 메디치라는 젊은이다. 두 사람의 대화가 이루어지는 곳은 돔 공사가 막 마무리된 산타 마리아 대성당이었다. 두 사람은 어떻게 하면 우울증을 극복할 수 있는가에 관해 이야기를 한다. 아뇰로는 먼저 포도주, 음악, 여자, 운동처럼 에너지 회복에 도움이 되는 흔해빠진 방법들을 죽 나열한다. 하지만 가장 힘을 내는 데 도움이 되는 것은, 거대한 권양기와 기중기를 만들어서 '놀랍고 훌륭한' 건축 작업들을 성공 시키는 상상에 빠지는 것이라고 덧붙인다. 두 사람의 대화를 지긋이 내려다보고 있는 바로 그 거대한 돔을 올렸던 기계들.

산타 마리아 대성당 돔 건축 과정에서 피할 수 없었던 어려운 문제 중 하나는, 사암 기둥이나 두꺼운 대리석판처럼 육중한 건축 자재를 100미터가 훨씬 넘는 공중으로 들어 올린 후 이걸 필리포의 설계안에 표시된 위치에 정확하게 내려놓는 것이었다. 사암 기둥 하나의 무게는 800킬로그램이 넘었고, 돔을 완성하기 위해서는 그런 기둥 수백 개가 필요했다. 육중한 무게의 물체를 사뿐히 들어 올릴 수 있는 그야말로 '듣도 보도 못한' 기계만이 이 작업을 할 수 있었고, 필리포는 이 기계를 직접 구상해 내야만 했다. 필리포의 권양기는 르네상스 시대에 가장 주목받은 기계 중 하나였다. 레오나르도 다 빈치를 비롯한 수많은 건축가와 기술자가 이 기계를 연구하고 그려내곤 했다. 당연히 아뇰로의 행복한 상상에 영감을 주었던 기계도 필리포가 만든 것들이었다.

물론 공사 현장에는 이미 다양한 기계가 있었다. 이십 년 전, 대성당의 정면과 환상벽, 주교좌를 축조할 때에는 '로타 마냐'라는 기계를 사용했었다. '큰 바퀴'라는 뜻을 가진 '로타 마냐'는 무거운 돌을 들어올리기 위한 장치인데, 이십 년이 지난 후에도 여태 쓰이고 있었던 것이다. 소가 끄는 방아인 연자매와 비슷하게 생긴 이 기계는, 이름 그대로 커다란 바퀴 안에 여러 사람이 들어가서 걸음을 내딛으면 다람쥐 쳇바퀴 돌듯 바퀴가 돌고, 여기서 발생하는 힘으로 무거운 짐을 높이 끌어 올리는 장치였다. 사실 이와 비슷한 종류의 기계는 아주 옛날부터 건축 현장에서 쓰였었다. 로마의 건축가 비트루비우스는 『건축에 대하여』라는 책에서 실을 감는 실패와 비슷한 디딜 바퀴를 소개한 바 있다. 실패처럼 생긴 어마어마한 크기의 큰 바퀴를 (아마도) 노예들이 밟아서 돌렸고, 그 바퀴에 복잡한 도르래 장치를 설치해서 굵은 밧줄을 연결한 뒤 감았다 풀었다 하면서 끝에 매달린 짐을 올리거나 내리곤 했다. 큰 힘을 들이지 않고도 그다지 무겁지 않은 짐을 웬만한 높이까지 끌어 올릴 수 있었던 요긴한 기계였다.

하지만 지금 들어올려야 하는 것은 엄청난 무게의 석재였다. 그것도 돔이 위치한 매우 높은 지점까지 올려야 했다. 누가 봐도 로타 마냐가 감당할 수 있는 일이 아니었기에, 성당 건축 사업단은 1418년 돔 설계 공모를 낼 때 권양기 모형 공모전도 함께 열었다. 하지만 사업단에 제출된 수많은 공모 설계안들은 돔이나 중심틀에만 집중했을 뿐, 공사에 쓰일 기계에 대해서는 거의 언급하지 않았다. 세 명의 건축장을 임명하고 이 주일 가까이 지난 시점에도 사업단은 로타 마냐와 비슷한 구닥다리 디딜바퀴를 써서 무거운 건축 자재를 끌어 올릴 수 있네 마네하며 논쟁 중이었다. 필리포는 그런 옛날 방식으로는 돔 건축을 해낼 수 없다고 판단했다. 건축장으로 취임하자마자 필리포가 착수한 일은 중세 내내 궂은 일을 묵묵히 도맡아 해온 '동물'을 이용한 새로운 기계를 만드는 것이었다. 그 동물은 바로 '소'였다.

새 권양기 제작은 1420년 여름에 시작되었다. 필리포는 부품을 조달하기 위해 많은 기술자들과 계약을 맺었다. 그 가운데 상당수는 피렌체가 아닌 다른 지역 출신이었다. 환상벽 위에서의 조촐한 잔치가 있고 몇 주 후, 사업단은 새로 제작될 권양기의 원통으로 쓸 아름드리 느릅나무 한 그루를 들여왔다. 권양기를 만드는 데 필요한 세 개의 원통중에서 가장 큰 것은 지름만 1.5미터나 되었기 때문에 매우 굵은 나무를 써야만 했다. 느릅나무는 내구성이 강한 목재라 몇 년이 걸릴지 모르는 공사 기간 내내 쓰기에 적합했다. 권양기의 다른 부품들도 속속 도착했다. 지지대을 만드는 데 쓸 밤나무 기둥과 소를 묶는 데 쓸 멍에와 고삐도 준비되었다. 조선업의 발달로 우수한 품질의 밧줄을 만들어내기로 유명한 피사에서 특별히 밧줄도 주문했다. 피사의 밧줄 장인들은 필리포가 원하는 밧줄을 제작하느라 깨나 고생했을 것이다. 필리포는 길이 200미터에 무게 450킬로그램이 넘는, 지금까지 만들어진 그 어떤 것보다 길고 육중한 밧줄을 요구했기 때문이다. 큰 범선 제작에 도가 튼 피사의 장인들에게조차 만만치 않은 작업이었을 것이다.[1]

권양기를 제작하는 일은 1421년 초까지 계속되었다. 제작은 질서정연하고 효율적으로 이루어졌다. 대장장이는 권양기 도르래에 쓸 베어링을 만들었고, 선반공은 바퀴가 될 물푸레나무에 바퀴와 바퀴가 맞물리도록 이를 내는 작업을 했다. 통을 제작하는 기술자

1. 이 수치는 프랭크 프라거가 계산했다. 프랭크 프라거(Frank D. Prager) '브루넬레스키의 발명과 "로마 석축술의 재래"', 오시리스(Osiris) 9 (1950), 517쪽.

는 석재와 모르타르를 실어 올릴 통을 만들었다. 마지막으로 두 목공장은 틀을 짜서 부품들을 조립했다. 꼬박 67일이 걸린 고된 작업이었다. 하지만 권양기 제작 작업의 진척 속도는 무서울 정도로 빨라서, 1421년 봄에 이미 대성당 내 팔각형 바닥에 권양기가 놓여졌다. 정확히 말하자면, 대리석 바닥이 아니라 8.7미터 길이의 목조 받침대 위에 자리 잡았다. 소들에게는 몇십 년 동안이나 쉬지 않고 이 권양기 주변을 돌아야 하는 운명이 기다리고 있었다. 그리고 권양기에게는 회전하는 소들이 제공하는 동력을 이용해 무려 삼백만여 킬로그램 가까이 되는 대리석, 벽돌, 석재, 모르타르를 부지런히 실어 올리는 운명이 기다리고 있었다. 그 막대한 작업이 끝나야만 돔이 완성될 것이었다.

소를 이용한 필리포의 권양기는 크기, 힘, 정교한 설계 중 어느 것 하나 빠지지 않는, 그야말로 혁신적 사고의 산물이었다. 특히 주목할 만한 것은 그 전까지의 공학 역사에서 등장한 적 없는 후진 기어(reversible gear)를 이용한 것이었다. 혹자는 이를 '몇백 년은 앞선 기술'로 평하기도 했다.[2] 필리포의 권양기에는 높이가 4.5미터에 달하는 목재 틀에 수평과 수직 방향으로 여러 개의 굴대

2. 같은 책, 524쪽.

타콜라가 그린 브루넬레스키의 권양기. 이 그림에서는 소 대신 말이 권양기를 작동하고 있다. 맨 아래 부분을 보면 바퀴를 올리고 내리는 나선형 나사가 선명하게 묘사되어 있다.

가 연결되어 있었다. 굴대들은 다양한 크기의 톱니바퀴들과 함께 회전했는데, 소가 움직이면 작동했다. 수직축의 아래쪽 손잡이에 한 마리 혹은 두 마리의 소들이 연결되어 있었고, 소들이 움직이면 수직축이 움직였다. 회전통이라고도 불린 이 수직축에는 바퀴 모양의 치차가 위와 아래에 하나씩, 두 개가 달려 있었다. 두 개의 치차들 사이에는 수평축이 연결돼 있었고 이 수평축에는 수직축에 달린 것보다 훨씬 큰 치차가 달렸다. 이 거대한 치차는 수직축의 두 개의 치차와 맞물려 돌아갔다. 하지만 수직축의 두 개의 치차 중 한 번에 하나만 맞물려 움직였는데, 하나는 짐을 올리는 용도로, 다른 하나는 내리는 용도로 사용했기 때문이다. 회전형 나사가 기어의 방향을 전환시키는 노릇을 하면서 아래위로 회전자를 몇 센티미터씩 움직였고, 가장 큰 수평축인 수비오 그로소(sùbbio grosso)에 연결된 큰 치차가 아래 혹은 위의 치차와 맞물리며 움직였다.

회전통을 올리고 내리는 이 회전형 나사야 말로 필리포의 천재성이 드러나는 장치였다. 나사는 두 기어를 가장 큰 치차와 연결 혹은 차단시키는 클러치의 역할을 했고 손쉽게 권양기의 방향을 전환했다. 예전에는 소의 멍에를 갈아 끼워서 반대 방향으로 돌게 하는 번거로움을 거쳐야만 짐을 위아래로 운반할 수 있었는데, 이제는 그럴 필요가 없었다. 기어만 변환시키면 방향 전환이 가능해졌기 때문에 소는 일정하게 시계 방향으로만 움직이면 되었고, 이전처럼 짐을 올리고 내릴 때 낭비되었던 시간도 대폭 줄일 수 있었다. 모두 획기적인 기어 변환 덕분이었다. 소는 근력과 지구력이 뛰어나기 때문에 무거운 짐을 움직이기에 최적의 동물이었다. 하지만, 아무리 윽박질러도 뒷걸음질만큼은 겨우 몇 발자국 떼는 것이 고작이어서, 짐을 올리거나 내릴 때마다 매번 멍에를 갈아끼워야만 했다. 그리고 그건 매우 피곤한 작업이었다.

수직축에 달린 두 작은 치차 중 하나가 수평축의 치차의 톱니와 맞물리면서 기어가 작동되었다. 치차와 함께 밧줄이 감긴 가장 큰 수평축은 수비오 메짜노(sùbbio mezzano)라 부르는 중간 크기의 수평축에 다시 연결되었다. 그리고 이 수비오 메짜노는 끝에 달린 두 번째 기어를 통해서 가장 작은 수평축인 수비오 미노레(sùbbio minore)와 연결되었다. 미노레, 메짜노, 그로소. 평행하게 위치한 이 세 개의 수평축 중 하나를 이용해 짐을 올리고 내릴 수 있었다. 세 개의 수평축은 이름처럼 지름이 달랐기 때문에 밧줄을 감는 속도도 달랐고, 자연히 들어가는 소의 힘도 달랐다. 지름이 1.5미터나 되는 수비오 그로소를 이용하면 지름이 50센티미터밖에 안 되는 수비오 미노레보다 빠른 속도로 짐을 올릴 수 있었다. 수비오

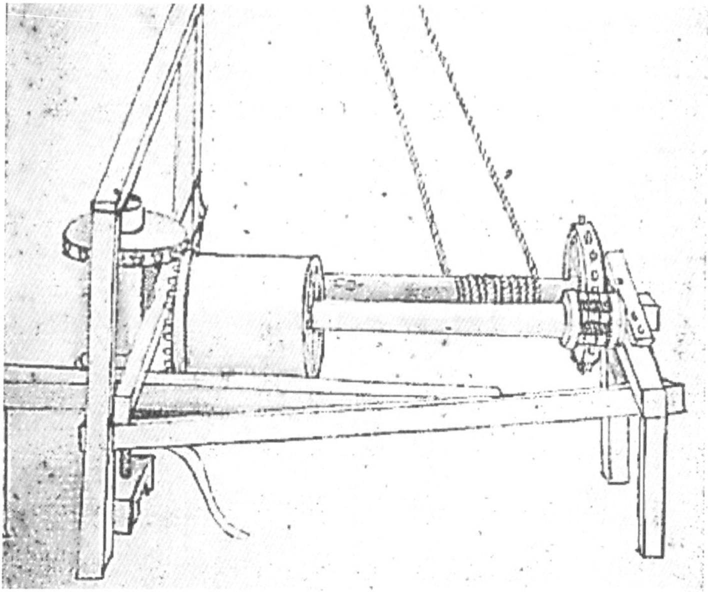

황소 권양기의 세부도. 오른쪽에 두 번째 기어들이 보인다.

미노레는 소가 여러 번 돌아야 했기 때문에 시간은 더 걸렸지만, 대신 무거운 짐을 올리는 데 제격이었다. 가파른 언덕길을 올라갈 때 자전거 기어를 가장 낮게 맞추는 것과 동일한 원리였다. 수비오 미노레를 사용하면 황소 한 마리가 450킬로그램의 짐을 60미터 높이로 끌어 올리는 데 약 13분 정도 걸렸다.[3]

이미 반세기 전부터 활발하게 건물들이 세워지고 있었기 때문

3. 프라거(Prager), '브루넬레스키의 발명품(Brunelleschi's Inventions)', 517쪽.

에 피렌체 시민들은 커다란 기계들이 벽돌과 석재를 하늘 높이 들어 올리는 모습에 꽤 익숙해져 있었다. 그럼에도, 1421년 여름에 위용을 드러낸 필리포의 거대한 권양기는 매우 충격적이었다. 채석장에서 마차에 실려 공사 현장으로 운반된 사암 기둥은 그 무게가 자그마치 2톤이나 되었다. 이것을 쇠기름이나 비누를 먹인 딱총나무 굴림대를 이용해 돔이 올라가게 될 팔각형 위치까지 굴려다 놓았다. 그 자리에서 요즘으로 치자면 쐐기 볼트와 같은 특수한 갈고리를 이용해 이 사암기둥을 권양기 밧줄에 연결했다. 이 특수 갈고리 역시 필리포의 발명품이었다. 아마도 로마 시대 건축을 연구하면서 생각해 냈던 것으로 보인다. 기둥을 갈고리에 연결하는 방법은 의외로 간단했다. 먼저 기둥 상단에 폭이 30 센티미터 정도 되는 직사각형의 구멍을 뚫었다. 구멍은 마치 비둘기 꼬리처럼 위는 좁고 아래로 내려갈수록 커졌다. 그 다음 갈고리를 이루는 세 개의 철봉을 구멍에 끼워 넣는다. 갈고리의 바깥쪽 두 철봉은 뚫어놓은 구멍에 맞춰서 좁게 시작해서 내려갈수록 커지는 모양이었고, 중간 철봉 하나는 동일한 두께였다. 바깥쪽 철봉들을 먼저 구멍으로 밀어 넣은 후 중간 철봉을 쇠망치로 내리쳐 기둥에 박아 단단히 고정시켰다. 마지막으로 세 철봉 끝에 미리 뚫어놓은 작은 구멍들을 가로지르는 빗장을 꽂은 후, 이 빗장에 밧줄을 연결했다. 이제 권양기를 사용해서 이 돌기둥을 돔 위로 끌어올리기만 하면 되었다.

소를 이용한 권양기를 작동할 때에는 늘 사고의 위험이 도사리고 있었다. 사고를 피하기 위해서는 무엇보다도 마찰을 최소화해야 했다. 마찰로 인해 에너지가 상실되고 열이 발생할 수 있기 때문이었는데, 기둥을 매단 밧줄에 허공에서 불이 붙으면 끔찍한 사고를 동반할 수밖에 없었다. 필리포의 권양기에 감긴 밧줄은 굵기가 7센티미터 가까이 되었는데, 그 두께가 굵으면 굵을수록 마찰열은 더 많이 발생했다. 그래서 밧줄이 감기는 원통을 매끄러운 호두나무로 만든 원통으로 한 번 더 감쌌고, 행여 도르래 바퀴를 통과하면서 불이 붙을까봐 밧줄에 물을 적셨다. 민물은 밧줄을 썩게 할 수도 있기에, 바닷물이나 식초, 혹은 상한 포도주가 선호되었다.

짐이 작업 위치에 도달하면 돔에 있는 인부가 멈추라는 소리를 질렀고, 아래에서는 소를 멈추었다. 짐을 내리기 위해 빗장에 묶여 있던 밧줄을 푸는 사이, 아래에서는 클러치 나사를 돌려서 기어를 변환했다. 그러고 난 후 소가 다시 앞으로 움직이면 원통에서 밧줄이 풀려나오는데, 조금 전과는 반대로 밧줄은 아래로 내려와 팔각형 바닥에 도착했다. 그러면 다른 사암 기둥에 박아놓은 쐐기 볼트에 다시 또 밧줄을 연결했다. 이 과정을 시계처럼 정확하게 약 십 분에 한 번씩 규칙적으로 반복했다. 꼬박 하루 동안 일하면 평균 쉰 번의 인양작업을 할 수 있었다.[4]

필리포의 다른 발명품들처럼, 그가 어떻게 이 굉장한 기계를 만들어낼 수 있었는지는 수수께끼로 남아있다. 1420년에는 이런 권양기를 만들기 위해 필요한 이론적 지식이 사실상 전무했기 때문이다. 피렌체에 체계적인 기계공학적 지식이 본격적으로 확산되기 시작했던 것은 그리스의 기계학과 수학에 관련된 수많은 책이 나온 후였고, 그제서야 르네상스 시대의 건축가와 발명가들은 중세에는 접할 수 없었던 공학 기술을 접할 수 있었다. 1423년 조반니 아우리스파라는 시칠리아 태생의 발명가가 콘스탄티노플에서 238권의 그리스 책을 이탈리아로 들여왔다. 이탈리아 학자들이 몇십 년 전부터 그리스어를 다시 배우기 시작한 때였다. 그가 가지고 온 책 중에는 아이스킬로스의 희곡 여섯 편, 소포클레스의 희곡 일곱 편, 그리고 플루타르코스, 루키아노스, 스트라본, 데모스테네스의 저술이 들어 있었다. 그야말로 보물 같은 서적들이었다. 이 밖에, 알렉산드리아의 기하학자였던 프로클로스의 저술집,

4. 프라거 & 스칼리아 (Prager and Scaglia), 브루넬레스키: 브루넬레스키의 공학적 창조 연구(Brunelleschi: Studies of his Technology and Inventions), 80쪽.

그리고 같은 알렉산드리아 출신의 파푸스가 쓴 『수학론집』도 온전히 보존되어 있었다. 특히 파푸스의 책은 고대 그리스에서 제작된 기중기를 상세하게 소개했기 때문에, 당시 기술자들에게 큰 도움이 되었다. 4세기에 쓰인 이 책에는 양묘기, 겹도르래, 회전 운동을 직선 운동으로 바꾸는 나선축과 나선 바퀴, 기어 열(列) 등, 권양기와 기중기를 만드는 데 필수적인 부품들을 상세하고 일목요연하게 정리해 놓았다. 그 후 몇 십 년 동안 그리스 수학과 공학을 다룬 서적들이 속속 소개되면서, 15세기 이탈리아는 그야말로 '수학의 르네상스' 시기를 맞이했다.[5]

하지만 이런 책들은 필리포가 권양기를 완성하고 나서도 2년이 지난 후에야 나왔기 때문에 그에게 도움을 주었다고 할 수는 없다. 설사 그가 권양기를 만들 때 책들이 나왔다 한들, 별 도움이 되지 못했을 것이다. 셰익스피어가 그러했듯이, 우리의 건축장 필리포는 그리스어는커녕 라틴어 실력조차 변변치 못했기 때문이

5. 폴 로렌스 로즈(Paul Lawrence Rose), 이탈리아의 수학 르네상스: 페트라르카에서 갈릴레오에 이르는 인문주의자 및 수학자 연구(The Italian Renaissance of Mathematics Studies in Humanists and Mathematicians from Petrarch to Galileo), (Geneva: Librairie Droz, 1975).

다. 이탈리아어로 번역본이 있었다면 또 모르겠지만.[6] 따라서 필리포의 도르래, 클러치, 기어 열 등에 대한 지식은 양피지에 적힌 고대 문헌이 아니라 스스로의 경험을 통해 체득된 것이라고 봐야 할 것이다. 그는 대성당에서 엎어지면 코 닿을 거리에 살면서 각양각색의 기계와 장비가 움직이고 일하는 모습을 매일같이 보면서 자랐다. 당대의 유명한 건축장들이 만들어낸 디딜바퀴와 기중기를 기계에 특히 명민한 필리포가 놓쳤을 리가 없다. 1350년대에 건축장이었던 조반니 디 라포 기니가 석재를 신랑 천장의 궁륭으로 들어올리기 위해 만든 디딜바퀴도 바로 그의 눈앞에서 움직이고 있었다. 하지만 당시의 기계들은 기껏해야 어린 필리포의 상상력을 자극하는 정도였을 것이다. 그들의 기계는 축과 바퀴에 그저 도르래 몇 개를 달아서 만든 것으로, 훗날 필리포가 제작한 권양기에 비하면 초보적인 수준이었기 때문이다. 기어와 기어가 맞물리는 복잡한 구조는 물론이거니와, 운동 방향을 전환시키는 클러치 같은 것은 전혀 없었다.

마네티는 필리포의 금세공사 경력이 그처럼 혁신적인 권양기를

6. 필리포의 라틴어 실력이 기껏해야 기초적인 수준이었다는 사실은 1436년 원근법에 대해서 쓴 알베르티가 자신이 쓴 〈그림에 대하여〉를 스승이 읽을 수 있도록 이탈리아어로 번역했다는 일화를 통해 짐작할 수 있다.

만드는 데 결정적인 역할을 했다고 주장한다. 금세공사로 일하던 젊은 시절, 필리포는 '다양한 종류의 용수철들'을 이용한 기계식 시계를 수없이 만들었고, 그 때의 경험이 권양기 개발에 도움을 주었다는 것이다. 만약 그 이야기가 사실이라면, 필리포가 만들어 냈던 시계들 역시 당시 기술 수준을 뛰어넘는 매우 혁신적인 상품인 셈이다. 당시에 만들어지던 기계식 시계는 원통과 원통에 감겨진 줄에 연결된 추의 무게를 이용해 작동했다. 추가 내려가면 줄이 풀리면서 원통이 회전하고, 원통이 회전하면 바퀴가 회전했다. 회전하는 바퀴에 달린 톱니가 - 소가 끄는 권양기의 수비오 그로소에 연결된 바퀴의 톱니처럼 - 안에서 움직이는 작은 톱니바퀴, 그리고 기어를 움직였다. 탈진기는 기어가 돌아가는 속도를 일정하게 통제하는 역할을 했다.

필리포의 시계가 혁신적이었던 부분은 추가 아니라 용수철로 기어 열을 움직였다는 점이다. 사실이라면 매우 놀라운 일이다. 용수철을 이용한 시계는 필리포 시대로부터 백 년도 더 지난 후에야 발명되었다는 것이 통설이기 때문이다. 시계의 부품인 용수철 역시 수십 년 후 탄성 있는 철사를 제작할 수 있는 수준의 야금 기술이 발달하고 나서야 등장했다.

사실 필리포의 용수철 시계론은 마네티의 주장일 뿐 확실한 증거는 없고, 다만 15세기 말에 이름 모를 화가가 그린 시계 스케치가 한 점 남아있는 것이 전부이다. 이 스케치는 필리포의 친구였던 마리아노 타콜라의 원본을 베낀 것이라 추정되는데, 타콜라는 필리포의 많은 발명품을 그린 인물로 잘 알려져 있다. 이런 여러 정황상 시계와 물림 기어, 평형추를 만들면서 쌓인 경험이 권양기 제작에 반영되었을 가능성을 완전히 배제할 수는 없지 않을까.[7]

어디에서 영감을 얻었든 간에 필리포의 권양기는 사업단에 자신감을 불어넣어 주기에 충분했다. 필리포는 1418년 설계안 공모가 발표된 이후 지급되지 않았던 200플로린의 상금을 잊지 않고 있었고, 기계가 완성되자마자 약속된 성금을 지급해달라고 사업단에 요구했다. 한 달도 되지 않아 100플로린이라는 거금을 필리포에게 지급한 사업단은 '건축자재를 끌어올리는 혁신적인 권양기를 발명한 노고'를 치하하면서, '이전에 사용되던 권양기보다 진일보한 장비'라고 했다. 이 발언은 이 괴물 같은 기계를 완전히 과소평가한 것이었다.

7. 필리포가 만들었을 것으로 추정되는 시계에 대해서는 프라거의 '브루넬레스키의 시계? (Brunelleschi's Clock?) 참조. 203-216쪽.

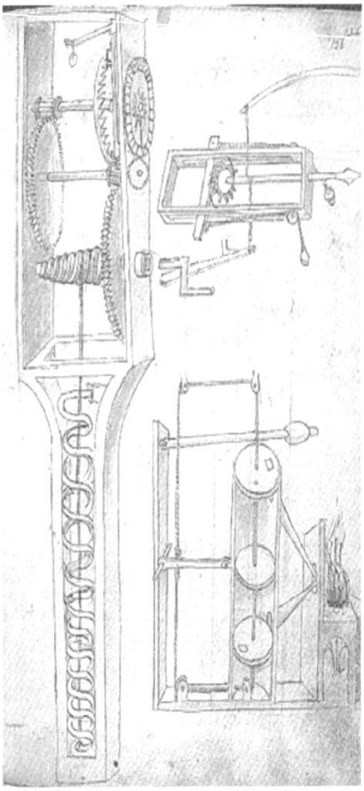
브루넬레스키의 디자인에서 유래했을 가능성이 제기되는 스프링을 이용한 시계의 설계도.

소가 끄는 권양기를 이용해 무거운 짐을 빠르고 효율적으로 높이 끌어올리는 것은 이미 해오던 일이었다. 하지만, 필리포의 권양기는 성능과 효율성 면에서 지금까지의 그 어떤 권양기도 필적할 수 없는 수준의 것이었다. 예를 들어, 기존의 권양기에 비해 필요한 소의 숫자가 비교할 수 없이 적었다. 이전에는 최대 열두 마리까지도 동원되었다면, 필리포의 권양기에는 한두 마리로도 충분했다. 물론, 이 마술 같은 기계에도 모든 권양기가 공통적으로 가지고 있는 결함이 있었다. 위아래로 짐을 옮기는 것만 가능했지, 좌우로는 옮길 수 없다는 점이었다. 석재를 잇는 사슬에는 들보가 들어가는데, 이 들보들은 돔의 수직축을 바라보며 방사상으로 기울어진 형태로 서로 맞물려야 했다. 이 들보들이 정확한 지점에 놓일 수 있으려면 위아래는 물론이고 좌우로도 미세하게 움직일 수 있는 기중기가 필요했다.

주교좌의 궁륭 작업에 쓰이던 기중기는 1413년부터 사용되던 스텔라였다. 그러나 이미 십 년 전에 개발된 스텔라로 대성당의 거대한 돔을 짓기에는 역부족이었다. 로타 마냐가 그랬듯이. 훨씬 더 긴 축을 가진 강력한 성능의 기중기가 필요했다. 성당 건축 사업단은 난관에 부딪힐 때마다 써먹었던 수법을 다시 활용했다. 새로운 기중기 설계안 공모를 발표한 것이다. 마감은 1423년 4월까지였다.

1422년부터 1423년 초까지의 겨울은 유난히 매서웠다. 우울증과 피로감을 몰고 오는 트라몬타나(tramontana)라는 이름의 매서운 북풍이 아펜니노 산맥을 넘어 연일 피렌체에 몰아쳤다. 혹한으로 인해 돔 공사는 1월부터 중단되었고, 몰아치는 눈보라로부터 공사 중인 벽을 보호하기 위해 나무판을 이어 붙여 덮었다. 뜻하지 않게 휴식기를 가지게 되었음에도 필리포는 쉬지 않았다. 이 짬을 이용해 새로운 기중기 설계에 돌입했던 것이다. 물론, 성당 사업단의 기중기 공모전에 출품하기 위함이었다. 기중기 공모전에는 안토니오 다 베르첼리와 필리포, 두 사람의 설계안이 출품되었는데, 1423년 4월, 성당 사업단은 필리포의 공모작을 최종 당선작으로 선정했다. 이미 권양기를 통해 기계공학적 실력을 유감없이 발휘한 필리포의 승리는 어찌 보면 당연한 것이었다. 바사리는 기중기 공모전의 최종 라이벌이었던 안토니오가 로렌초 기베르티가 내보낸 인물이었다고 기술하고 있다. 아마도 한층 높아져만 가는 필리포의 명성에 흠집을 내기 위함이었으리라.

며칠 후부터 기중기 제작을 위한 나무가 공사 현장에 도착하기 시작했다. 소나무 기둥 여덟 개, 4.5미터 길이의 떡갈나무, 그리고 통나무 두 개가 들어왔다. 기중기의 나사를 만들 호두나무 역시 연이어 도착했다. 필리포의 기중기는 불과 석 달 만에 완성되어, 7월 초에는 이미 가동 준비를 하고 있었다.

새 기중기의 이름은 카스텔로(castello)였다. 가운데에 범선의 돛대처럼 큰 나무 기둥이 있었고, 그 위에 회전할 수 있는 기둥이 수평으로 얹혀 있었다. 돔 위에 놓여 있는 카스텔로를 아래에서 보면 마치 단두대 같았다. 수평으로 놓인 기둥에는 나사, 미끄럼대, 평형추가 부착되어 있었다. 수평 나사 가운데 하나가 미끄럼대를 따라 움직이면 평형추가 함께 움직였고, 또 다른 나사는 짐을 조절했다. 끝에 달린 나사를 조이거나 풀면 짐을 위아래로도 움직일 수도 있었다. 아래에서 소가 끄는 권양기를 운전할 때에는 높은 돔 위에서 지르는 소리에 의존해야 했기 때문에 눈대중 일수밖에 없었는데, 이제는 새 기중기의 조임 나사 덕분에 돔 위에서 정확하게 원하는 위치에 자재를 갖다 놓을 수 있었다.

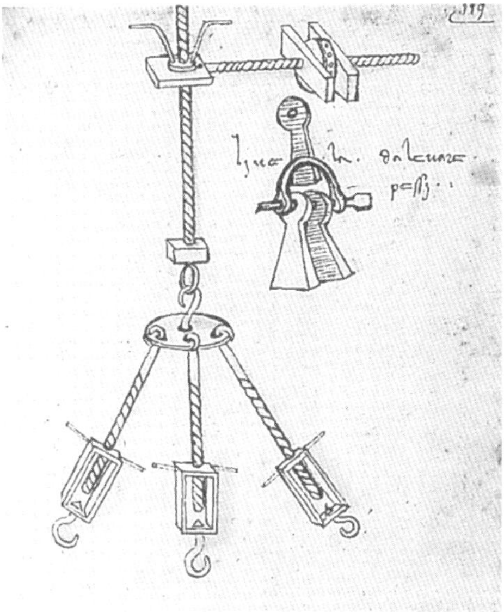

사암기둥을 걸 때 쓰는 세 개의 조임나사와 쐐기 볼트. 부오나코르소 기베르티 작.

카스텔로는 권양기가 돌을 작업 위치에 갖다 놓는 순간부터 바쁘게 움직이기 시작했다. 기중기 꼭대기에는 작은 발판이 있는데, 이 발판은 기중기를 움직이는 운전자를 위한 자리였다. 아마도 돔 공사 현장에서 가장 위험하고 아찔한 위치일 것이다. 운전자는 이 작은 발판 위에 서서 나무로 만들어진 수평 나사를 돌려 공에 떠 있는 짐을 좌우로 움직였다. 동시에 수평 기둥의 반대편에 달려 있는 평형추를 조절하여 기중기의 균형을 맞췄다. 중앙의 수직 기둥에서 뻗어 나온 긴 수평 작업팔은 밧줄 끝에 달린 짐이 흔들리는 것을 막아주었다. 돔 주변에는 바람이 거세게 부는 경우가 많아서 바람에 짐이 흔들리면 매우 위험했기 때문이다. 돌이 무사히 목적지 상공에 도달하면 조임 나사를 풀어서 정확한 위치에 안전하게 내려놓았다.

기중기 부품의 내구력을 정확히 알 수 없었다는 점에서 카스텔로의 성공은 더욱더 놀라운 일이 아닐 수 없었다. 석재같은 무거운 짐을 운반해야 하는 기중기의 수평 기둥이 어느 정도의 무게까지 버틸 수 있는지를 판단할 기준이라고는 이전의 몇몇 사례밖에 없었다. 힘이 가해졌을 때 기둥이 파손되지 않고 얼마나 버틸 수 있는지를 수학적으로 계산해 낸 최초의 인물은 1813년 프랑스의 공학자 클로드 루이 나비에였으니, 필리포의 시대에서 400년이나 지나고 난 다음이다. 1420년에는 나무의 다양한 '수액'끼리 일으키는 화학작용을 통해 내구력을 계산하는, 주먹구구식일 뿐 아니라 미신에 가까운 믿을 수 없는 수치들만 난무했다. 이런 계산법은 고대 이론에서 당시 의학이 인체의 체액들이 일으키는 화학반응에 주목했던 것에서 착안한 것이었다. 예를 들어, 수평 기둥으로 주로 활용되었던 느릅나무는 '건조한' 종이라 버즘나무나 오리나무 같은 '습한' 나무와는 '궁합'이 안 맞아서 한 구조물에 사용하면 안 된다는 식이었다. 450킬로그램이나 되는 사암 기둥을 들어 올려야 하는 수평 기둥의 재료를 자체의 내구력이 아니라 이런

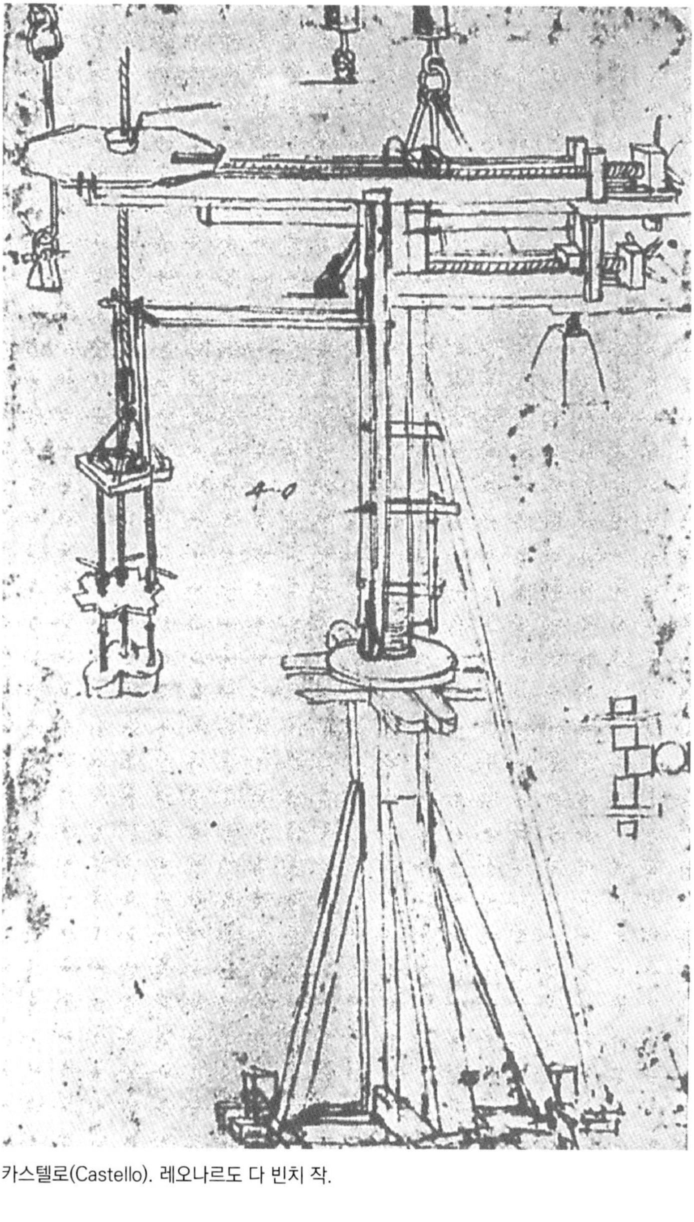

카스텔로(Castello). 레오나르도 다 빈치 작.

미신에 가까운 생각을 바탕으로 결정했었다. 거대한 석재가 수평 기둥 끝에 대롱대롱 매달려 있는 모습에 모두 가슴이 조마조마했을 것이다. 적어도 처음 얼마간은.

의외로 수평 기둥은 잘 버텨 주었다. 권양기와 마찬가지로 카스텔로 역시 자잘한 수리만 있었을 뿐, 십 년 동안 한 번도 큰 고장을 일으키지 않았다. 사실 카스텔로의 내구력은 놀라울 정도였다. 소가 끄는 권양기도 카스텔로도, 필리포가 죽고 한참 뒤인 1460년대까지 대성당 공사 현장에 당당히 버티고 있었다. 이들은 탑 꼭대기에 2.4미터 높이의 청동 구를 올리면서 돔 공사가 대단원의 막을 내리는 마지막 순간까지 지켜보았다. 성당 사업단이 이 청동 구 제작을 부탁한 사람은 안드레아 델 베로키오였다. 그의 공방에는 레오나르도 다 빈치라는 젊은 도제가 있었다. 베로키오의 청동 구를 올리는 필리포의 기계에 매료당한 레오나르도는 이 기계를 여러 장의 스케치로 남겼다. 덕분에 카스텔로를 발명한 것이 레오나르도라는 오해를 낳기도 했다. 자신의 발명품에 대해서 그토록 자랑스러워했던 동시에, 누군가가 아이디어를 도용할까 그토록 경계했던 필리포였다. 후세 사람들의 이런 착오를 알게 된다면 그는 과연 어떤 반응을 보일까.

사암 사슬

The Chain of Stone

8

권양기가 완성되자마자 사암 사슬을 엮는 계획이 본격적으로 추진되었다. 6월 초에는 고대하던 설계 도면도 완성되었다. 필리포 밑에서 일하던 목수 쟈코포 디 니콜로가 들보들을 복잡한 사슬로 연결한 목조 모형을 만들었다. 먼저 팔각형 모양의 돔 둘레를 석재로 두 겹 둘렀다. 이 긴 들보는 약 90 센티미터 간격을 두고 놓인 짧은 들보들 위에 가로질러 놓아 맞물리게 했다. 마치 철로 같은 모양이었다. 6월이 가기 전, 마차 여든여섯 대 분량의 사암이 아펜니노 산맥으로부터 성당의 광장으로 실려 왔다.

산타마리아 대성당의 돔이나 종탑에서 내려다 본 피렌체를 에워싼 언덕은 마치 누워있는 여인의 관능적인 곡선을 연상시켰다.

15세기 무렵 이 언덕에는 수십 개의 채석장이 만들어졌다. 미켈란젤로가 유년 시절을 보낸 세티냐노 부근에도 여러 채석장이 있었다. 미켈란젤로를 키우다시피 했던 유모의 남편 역시 채석장에서 돌을 캐는 채석부였다. 망치와 끌에서 마법과 같은 조각을 탄생시킨 이 천재는, 자신에게 가장 큰 영향을 미친 사람은 유모라고 이야기하기도 했다. 피렌체 주변의 언덕은 마치뇨라는 사암으로 이루어져 있었다. 마치뇨는 수정이 섞인 매우 단단한 사암이다. 중세에 숫돌로 인기가 많았던 마치뇨는 피렌체에서 건물을 올릴 때 종종 쓰였다. 피렌체에서 집을 지을 때에는 구덩이를 판 다음 마치뇨만 쌓아 올리면 된다는 우스갯소리가 있을 정도로 흔한 재료였다. 채석장은 성문 안에도 여러 곳 있었다. 산타 펠리치타 수녀원과 산 피에로 문(지금의 로마나 문) 사이가 성문 안이었는데, 수녀원도 성문 안의 채석장 중 하나를 소유하고 있었다. 아르노 강에서도 사암을 채취할 수 있었다. 라피둠 아르니제룸이라는 석회암은 아르노 강 남쪽 기슭에서 채굴되기도 했다. 돔 둘레를 두를 사슬에 사용될 사암은 피렌체에서 북쪽으로 몇 킬로미터 떨어진 오래된 도시 피에솔레 부근에 위치한 카바 디 트라시나이아라는 채석장에서 캘 예정이었다. 이곳에 작업장이 세워졌고, 곧 열아홉 명의 석공들이 본격적인 채굴작업에 들어갔다. 그것이 1421년 3월이었다.

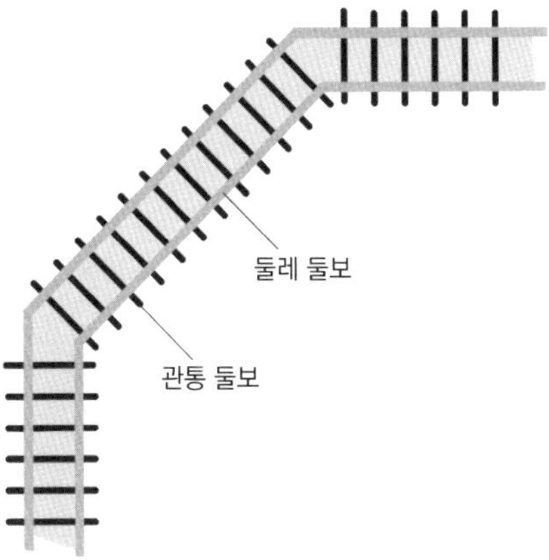

사암사슬의 구조. 마치 철도처럼 돌의 하단을 감싼다.

석공의 도제 수업은 채석장에서부터 시작되기 마련이었다. 최상의 암상을 식별하는 법, 암석의 결대로 혹은 결의 반대로 자르는 법, 건축가가 원하는 대로 표면을 다듬는 법 등을 현장에서 석공장으로부터 배우곤 했다. 돌을 캐서 다듬는 것은 엄청나게 고된 작업이었다. 먼저 톱을 사용해 산허리에서 돌을 잘라내야 했는데, 마치뇨처럼 단단한 돌을 자를 때는 톱날 밑에 모래나 쇳가루를 섞어서 뿌리고 잘랐다. 모래나 쇳가루는 표면을 고르게 만드는 연마재의 역할을 하는 동시에, 약한 톱날을 보완해주기도 했다. 쇠 지렛대와 나무쐐기를 이용하여 돌을 떼어 내면 곡괭이로 대강의 모양을 만든 다음 망치로 모양을 다듬어나갔다. 돌의 품질은 망치를 가볍게 두드렸을 때 나는 소리로 판단했다. 결함이 없는 좋은 돌에서는 맑은 종소리가 났다. 반면 어딘가에 금이 갔거나 품질이 안 좋은 돌은 두드렸을 때 둔탁한 소리를 냈다. 그런 돌은 가차 없이 갖다 버렸다. 냄새로 돌의 품질을 평가하기도 했다. 채석장에서 막 캐낸 석회암과 사암에서는 썩은 달걀 냄새가 났는데, 악취가 심할수록 좋은 돌로 평가받았다.

필리포는 사슬에 들어갈 돌에 모양으로나 크기로나 유난히 까다로운 기준을 적용했다. 원주를 둘러싸는 고리 역할을 하게 될 긴 들보는 225센티미터 길이에 43센티미터 두께가 되어야 했다. 또한 긴 들보의 아랫부분에 홈을 파서 맞물리게 할 짧은 들보 역시 필요했는데, 팔각형 돔을 사암 사슬로 완전히 두를 수 있으려면 모두 백여 개가 넘는 긴 들보와 짧은 들보가 필요했다.

석재를 다듬을 때 보통은 양피지에 그려 넣은 설계도나 나무를 깎아 만든 주형을 참고했다. 그러나 필리포의 설계도는 워낙 복잡해서, 정확히 어떻게 돌을 자르고 맞물리게 해야 하는지 베테랑 석공들도 이해하기 어려웠다. 답답했던 나머지 필리포는 조금은 색다른 재료로 아예 모형을 만들었다. 밀랍과 점토를 사용하기도 했고, 때로는 피렌체 사람들이 겨울철에 즐겨 먹던 라페 그란디(rape grandi)라는 커다란 무를 이용하기도 했다.

돔을 두르는 들보들이 45도 각도로 만나 맞물리는 지점만큼은 특별히 더 단단하게 보강해야 했다. 두 들보를 고정시킬 거멀못이 필요했는데, 필리포는 자기가 원하는 강도의 거멀못 제작을 위해 피스토이아까지 직접 방문하기도 했다. 필리포가 원했던 특수 거멀못은 워낙에 독특해서 철물공들을 심각한 고민에 빠뜨렸다. 일단 거멀못 모양이 완성되면 위에 납을 한 번 입혔다. 녹을 방지하기 위해서였는데, 거멀못에 녹이 슬면 돌에도 균열이 생기기 때문이었다. 사실 녹 방지는 꽤 중요하게 여겨졌기 때문에, 거멀못 말고 대성당 건설에 쓰일 철봉에도 납칠을 해서 녹 방지 작업을 했다. 그렇게 들어간 납만 무려 1톤이 넘었다. 중세에 대성당을 지을 때에는 납을 다루는 기술자가 따로 있어서, 쇠에 납을 입히거나 첨탑에 쓸 납기와를 전문적으로 만들곤 했다. 하지만 납은 건물의 내구력을 높여주는 만큼, 다루는 인부에게는 치명적이었다. 납의 위험성은 오래전부터 잘 알려진 사실이었는데, 로마의 건축가인 파벤티누스는 이미 납을 다루는 인부들이 '기형'과 심각한 '빈혈 증세'를 보인다는 점을 언급하기도 했다.[1]

1. 휴 플로머(Hugh Plommer) 엮음, 비트루비우스와 후기 로마 건축술(Vitruvlus and Later Roman Building Manuals) (Cambridge: Cambridge University Press, 1973), 53쪽.

돔에는 총 네 개의 사슬이 깔릴 예정이었고, 사암 사슬은 그 중 첫 번째였다. 10.5미터의 일정한 간격을 두고 사슬들은 네 개의 띠처럼 돔을 둘러쌀 것이었다. 1425년 봄, 필리포는 두 번째 사슬의 모형을 만들었는데, 이번 것은 첫 번째 사암 사슬보다 훨씬 더 복잡했다. 교차하는 들보들이 마치 바큇살처럼 돔의 중심을 향해 모이는 모양새였기 때문에 훨씬 까다롭고 조심스러운 작업이 필요했다. 더군다나 들보를 수평으로 놓는 것이 아니라 살짝 기울여 놓아야 했기 때문에 정교한 측정 뿐 아니라 카스텔로같은 혁신적인 기계를 능수능란하게 다룰 수 있어야 했다.

성당 사업단이 남긴 기록에 따르면, 길게 연결된 쇠사슬이 사암 사슬을 구성하는 들보를 한 번 더 감싸도록 되어 있었다. 쇠사슬로 돔을 감싼 것은 쇠가 사암보다 장력이 뛰어나서 돔에 수평으로 작용하는 횡압력을 이겨내는 데에 도움이 될 거라고 보았기 때문이다. 물론 (있다고 하더라도) 쇠사슬은 모두 돔 안에 파묻혀 있기 때문에 정말로 쇠사슬을 넣어 사암 들보를 감쌌는지를 확인하기는 어렵다. 사실, 1970년대에 자석을 이용해서 쇠사슬의 존재 여부를 확인하려고 시도했었지만, 쇠사슬이 숨어 있다는 증거를 확보하지는 못했다. 그렇다고 돔 안에는 절대로 쇠사슬이 없다고 할 수도 없지 않은가.

사암 사슬 외에도 돔의 둘레를 둘러싼 것은 또 있었다. 나무 사슬이 다섯 번째로 1425년에 추가되었다. 나무 사슬은 사암 사슬보다 약 7.5 미터 정도 높은 지점에서 돔을 둘렀다. 처음에는 나무 사슬도 네 겹으로 두를 생각이었지만, 여러 시행착오와 계산을 통해 한 층만 쌓는 것으로 결정했다.

그런데 이 나무 사슬이 필리포에게는 시작부터 골칫덩어리였다. 1420년에 작성된 계획서에 따르면 나무 사슬은 30센티미터 정도 굵기의 참나무 들보에서 6미터 길이로 만들어 내야 했다. 그러나 1년 후, 필요한 만큼 참나무를 확보할 수 없다는 사실이 드러나면서, 밤나무로 대체할 수밖에 없었다. 팔각형 돔의 한 면에 세 개씩 넣었기 때문에, 돔 전체를 두르려면 모두 24개의 들보가 필요했다. 그리고, 들보들끼리 만나는 모서리만큼은 밤나무가 아닌 참나무로 만든 단단한 거멀못으로 조이기로 했다. 그런데 이 나무들보가 공사를 지연시킨 주범이 되어 버린 것이다. 밤나무 들보를 주문한 것이 막 사암 사슬을 엮기 시작했던 1421년 9월이었는데, 실제로 주문한 나무가 들어온 것은 그로부터 이 년이나 지난 뒤였다. 여전히 나무로 큰 중심틀을 세우는 것을 꿈꾸던 이들에게는 그 희망을 완전히 꺾는 소식이기도 했다. 일단, 원하는 굵기의 밤나무를 구하는 것부터가 어려웠다. 설령 적당한 나무를 찾아내도 벌채를 하려면 지켜야 하는 복잡한 절차나 전통 때문에 시간이 걸렸다. 예를 들면, 나무에 벌레가 먹지 않게 하려면 달이 기울 때까지 기다려야 한다는 것들 말이다. 이런 종류의 관습을 지키려면 자연히 더디게 진행될 수밖에 없었다. 벌채를 하고 난 다음에는 한 달 가량 나무를 물에 담가서 수액을 빼내야 했다. 혹은 몇 주 동안 쇠똥에 재워두는 방법을 쓰기도 했는데, 이는 동물 가죽을 무두질할 때에 부패를 방지하고 부드럽게 만들기 위해 거름에 넣어놓는 것과 비슷한 원리였다. 그다음에는 공기가 잘 통하는 그늘에 재나 고사리를 깔고 그 위에 목재를 놓아 말렸다. 이 과정에서 햇빛에 직접적으로 노출되거나 비를 맞아서는 안 되기 때문에 늘 관리감독을 해야 했다. 말리는 시간은 길게는 몇 년까지도 걸릴 수 있었다. 사정이 이러니 필리포로서는 무작정 기다릴 수밖에 없었던 것이다.

네 개의 돌 사슬과 쇠사슬처럼, 나무 사슬 역시 겉으로는 눈에 띄지 않는 부벽의 일부로 들어갔다. 특히 나무는 쇠처럼 사암보다 강한 인장력을 가지고 있기 때문에, 돔의 테두리 부분의 장력을 누르는 역할을 했다. 어쩌면 일부러 가장 강한 장력이 작용하는 부분에 나무 사슬을 대었던 것일 수도 있다. 콘스탄티노플에 있는 소피아 성당의 돔에도 가장 강력한 장력이 부딪치는 지점에 비슷한 나무 사슬이 설치되어 있다. 557년의 지진 이후에는 벽돌 구조를 보완하기 위해 더 많은 목재로 보강 공사를 하기도 했다.[2] 술타니야에 있는 올제이투 무덤의 돔도 미루나무 들보로 이중 고리를 만들어서 보강했는데, 이 역시 페르시아 고원을 종종 강타하는 지진으로 인한 피해를 줄이기 위함이었다.

필리포는 나무 사슬의 이런 기능을 알고 있었던 것일까? 필리포를 존경해 마지않는 마네티는 지진이나 바람에 맞서기 위해 돔 안에 뭔가 '비밀스러운 장치'를 해 놓았을 것이라 말한 바 있다. 사실 성당 건물은 워낙에 거대했기 때문에 바람으로 인한 피해를 걱정할 필요는 없었다.[3] 하지만 지진은 달랐다. 돔이 세워지고 난 후 1510년, 1675년, 그리고 1895년에 지진이 피렌체를 강타한 적이 있었다. 특히 1510년의 지진은 엄청난 강진으로 이 꽃의 도

2. 존 피천(John Fitchen)은 산타 소피아 성당 외에도 많은 비잔틴 양식의 성당들은 지진으로부터의 충격을 줄이기 위해 나무로 보강하곤 했다고 한다. 고딕 대성당 건설: 중세 궁륭 공사 연구(The Construcrion of Gothic Cathedral: A Study of Medieval Vault Erection) (Oxford: Oxford Unlversity Press, 1961), 278쪽.

3. 메인스톤(Mainstone), 브루넬레스키의 산티마리아 대성담 돔과 관련 건물들(Brunelleschi's Dome of S. Maria del Fiore), 116쪽.

시에 큰 피해를 남겼다. 당시 지진 때문에 피렌체 사람들은 집을 떠나 광장에 천막을 치고 며칠이고 이재민으로 살아야 했다. 그러나 그런 강진에도 산타마리아 대성당 돔은 끄떡없었다.

사실 나무 사슬과 관련해서는 건축적 이유뿐 아니라 다른 이유도 작용했을 수 있다. 늘 그러하듯 정치적인 이유이다. 건축장 필리포 브루넬레스키는 또 한 명의 건축장인 로렌초 기베르티가 건축과 공학에 얼마나 무지한지를 폭로하고 권위를 실추시키기 위해 꽤 치밀하게 계획을 세웠다. 여러 해 동안 함께 돔을 만들어오면서 두 건축장의 갈등은 더 심화되었고, 이제는 폭발하기 직전이었다.

한 뚱보 목수의 이야기

The Tale of the Fat Carpenter

9

필리포와 로렌초, 두 라이벌의 갈등은 이미 몇 년 동안 수면 아래에서 끓어오르고 있었다. 둘 다 건축장이라는 동등한 위치에 있었지만, 필리포가 로렌초를 실력으로 제쳐 버리는 데에는 별로 오랜 시간이 걸리지 않았다. 소가 끄는 기발한 권양기와 첫 번째 사암 사슬 제작에 성공하면서, 필리포는 각종 서류에 '돔의 발명가이자 총책임자'로 명시되었다. 모든 동료와 라이벌을 제치고 명실상부한 총감독의 자리에 올라선 것이다. 임원들은 필리포가 해야 할 책임으로 '돔의 축조와 존속, 완성에 필요한 제반 사항을 준비해서 제공하거나 혹은 제작 지원하는 것'이라고 기록했다. 반면 로렌초는 이를 위해 필요한 '도움을 제공하는' 보조적인 임무를 하도록 되어 있었다. 이쯤 되니 필리포도 욕심을 내기 시작했다. 자신과 똑같이 한 달에 3플로린을 받아 가는 것도 그렇고, 자칫하면 자신의 혁신적인 발명품과 돔 건축에 은근슬쩍 숟가락을 얹을 수도 있겠다는 생각에 로렌초가 더욱 거슬리기 시작했다. 돔 완성의 공은 온전히 그의 몫이어야 했다.

이즈음 제작한 나무 사슬은 로렌초를 물 먹일 수 있는 절호의 기회였다. 100 플로린의 금화가 상금으로 걸린 성당 사업단의 나무 사슬 모형 공모전에는 필리포 외에 조반니 다 프라토, 그 외 두 사람까지 총 네 명이 후보군이었다. 물론 사업단은 필리포의 공모안을 선택했다. 1423년 8월의 일이었다. 이렇게 또 한 번 승리함으로써, 필리포는 건축장으로서의 명성을 드높였다. 그런데, 기다리던 밤나무가 피렌체에 도착했을 때 예상치 못한 악재가 닥쳤다. 필리포가 옆구리 통증을 호소하며 병상에 눕고 만 것이다. 며칠 동안이나 통증에 시달리던 그에게 사업단은 얼른 현장에 복귀해 줄 것을 간청했고, 결국 필리포는 머리에는 붕대를 매고 가슴에는 습포를 댄 채 공사 현장으로 돌아왔다. 병색이 완연한 그의 모습을 본 사람들은 필리포가 곧 죽을 것이라고 확신했다. 사실 일각에서는 꾀병이라는 말도 돌았고, 다른 한편에서는 필리포가 자초한 병이라는 흉흉한 소문도 파다하게 퍼졌다. 거창하기만 하고 실현 가능성도 없는 건축 설계 때문에 심한 스트레스를 받아 병에 걸렸다는 것이었다. 필리포는 이런 무성한 소문에 별 반응을 보이지 않고 다시 침대로 돌아왔다.

필리포가 병상에 있게 되면서, 많은 일이 로렌초의 몫이 되었다. 나무 사슬을 쌓고 돔을 올리는 막중한 책임을 오롯이 로렌초가 짊어져야 했던 것이다. 이 상황이 그에게 상당한 심리적 부담이었던 것이, 필리포의 설계안은 오로지 필리포 자신만이 알아볼 수 있게 해 놓았기 때문이었다. 언제나처럼 주변을 믿지 않았던 필리포는, 로렌초는 물론 다른 동료들에게도 돔의 최종 설계도뿐 아니라 나무 사슬의 구조조차도 보여주지 않았다. 그의 모형 또한 난해하기 그지없었는데, 필리포의 말마따나 건축학에 대한 심오한 지식이 없는 로렌초가 그 어려운 필리포의 설계안을 구현하기란 힘든 일이었다.

성당 공사 작업은 중단되고 석공들과 목수들은 상부의 지시가 떨어지기만을 기다리는 사태가 벌어졌다. 성당 사업단은 필리포에게 공사 현장에 와서 조언이라도 해 달라고 간곡하게 요청했다. 하지만 필리포의 건강은 하루가 다르게 악화되고 있었고, 성당 사업단은 비상에 걸렸다. 더 미적거리다 자신이 건축에 무지하다는 것이 들통날까 봐 두려웠던 로렌초는 결국 인부들에게 성당 공사를 재개하라는 명령을 내렸고, 팔각형 중 한 변을 골라 밤나무 들보를 올린 후 조이는 작업을 시작했다.

통나무를 맞물리는 작업은 매우 중요하면서도 까다로운 작업이었다. 로렌초 역시 세례당 돔을 두르는 나무 사슬 설계를 해본 적이 있었기에, 자신의 경험을 살려서 최선을 다했다. 하지만 필리포의 모형은 참나무로 만든 거멀못으로 들보들을 조여야 하는 특별한 작업도 포함하고 있었기 때문에 로렌초의 경험으로 이해하기에는 훨씬 어렵고 복잡했다. 위와 아래의 통나무가 만나면 먼저 철제 볼트로 거멀못을 연결한 후 철로 된 끈으로 칭칭 감쌌는데, 이는 볼트가 들어간 나무 부분이 갈라지지 않게 하기 위함이었다.

들보 세 개가 한쪽 벽에 연결되자마자 기적처럼 (혹은 거짓말처럼) 필리포가 병상을 박차고 일어났다. 그는 일어나자마자 바로 성당의 돔으로 향했다. 자신이 아팠던 사이 로렌초가 설치해 놓은 들보들을 점검했고, 로렌초가 작업한 연결 부분은 아무짝에 쓸모없고 약해 빠졌다며 당장 해체해서 갖다 버리라고 명령했다. 그러면서 몽땅 새로 튼튼한 들보들로 다시 시작해야 한다고 말했다. 그리고 필리포의 진두지휘 아래 원점에서 다시 공사를 시작했다.

나무 사슬의 원래 목적이 무엇이었는지 몰라도, 이 사건은 로렌초의 무능함과 무지를 성당 사업단뿐 아니라 피렌체 시민들에게까지 폭로한 중요한 계기가 되었다.

얼마 지나지 않아 필리포는 이 음모 덕을 톡톡히 보았다. 그의 연봉이 100플로린으로 세 배나 훌쩍 오른 것이다. 로렌초의 연봉은 36플로린으로 동결되었는데, 그나마 1425년 갑자기 지급이 중단되었다. 더 이상 나무 사슬은 제작되지 않았다. 필리포는 속으로 기뻐했지만, 이걸로 로렌초와 그의 대리인인 조반니 다 프라토를 완전히 제압했다고 생각한 것은 큰 오산이었음을 곧 깨닫게 된다.

필리포가 진짜 아팠던 것인지, 아니면 항간의 소문처럼 꾀병이었는지 알 수 없다. 분명한 것은 필리포가 어리숙한 상대를 교묘한 술수로 속여 넘기고 골탕 먹인 전적이 많았다는 점이다. 사실 필리포는 피렌체에서 누군가를 모방하고, 속임수를 쓰고, 마치 연극처럼 가상의 현실로 사람들을 속여 넘기기로 유명했다. 그중에서도 마네토 디 쟈코포라는 목공장을 기상천외한 방법으로 기만하고 속였던 일화는 악명이 높다. 피렌체에 거의 전설처럼 구전되어온 〈한 뚱보 목수의 이야기〉는 필리포의 전기를 쓴 안토니오 마네티에 의해 친절하게 기록되어 있다.[1] 잔인하고 모욕적인 이 모략극은 보카치오의 작품에서나 나올만한 것으로, 등장인물들이 마법에 걸린 듯 정신 못 차리는 현란한 몽환의 세계를 그린 셰익스피어의 『한여름 밤의 꿈』을 연상케 한다.

사건은 1409년에 일어났다. 로마에 머물던 필리포가 잠시 피렌체를 방문했을 때였다. 이 모략극의 피해자는 '뚱보(Il Grasso)'라는 별명을 가진 목수 마네토였다. 마네토는 상아 세공의 달인으로 알려져 있었는데, 필리포의 집에서 멀지 않은 산 조반니 광장에 공방을 운영하고 있었다. 마네토는 제법 돈도 잘 벌고 성격도 괜찮은 인물이었다. 그러던 어느 날, 마네토는 필리포가 참석한 한 사교 모임에 참석하지 않았고, 필리포는 이것이 자신을 무시한 행위라며 매우 빈정 상해했다. 이런 일이 있으면 반드시 보복하고야 마는 것이 필리포였다. 필리포는 주변 사람들을 대거 동원해서 마네토를 마테오라고 착각하고 있는 것처럼 연극을 꾸몄다.

어느 날 저녁, 마네토가 가게를 정리하고 있을 때 필리포는 대

1. 이 이야기는 토마스 로스코가 편집한 책에 나와 있다. 토머스 로스코(Thomas Roscoe) 엮음, 이탈리아 소설가들(Italian Novelists), 4 vols (London, 1827), 305-24쪽.

성당 부근에 있던 마네토의 집 열쇠를 따고 몰래 들어가 안에서 문을 잠갔다. 몇 분 후 집에 도착한 마네토는 현관문을 열려고 했지만 (당연히) 열리지 않았다. 한참을 끙끙거리고 있는데, 안에서 자신의 목소리와 똑같은 누군가가 당장 꺼지라고 호통을 치는 것을 듣고 아연실색했다. 물론 이 목소리는 성대모사의 달인으로 유명한 필리포가 마네토의 흉내를 낸 것이었다. 소스라치게 놀란 마네토는 뒷걸음질 치며 산 조반니 광장으로 도망쳐 나왔다. 광장에서 만난 도나텔로는 마네토에게 '마테오'라고 부르면서 아는 척을 했다. 그리고 잠시 후, 피렌체의 집행관도 그를 '마테오, 너 잘 만났다'라고 말하며 갑자기 그를 체포했다. 죄명은 돈을 떼먹고 도망갔다는 것이었다. 느닷없이 마테오가 된 마네토는 스팅케 형무소로 끌려갔고, 그곳의 수감인 명부에도 마테오라는 이름이 기재되어 있는 것을 발견했다. 미치고 팔짝 뛰겠는 것이, 같이 수감된 죄수들도 죄다 자신을 마테오라고 부르는 것이었다. (물론 그들 역시 필리포가 사주한 이들이었다.)

이 불쌍한 목수는 밤새 한숨도 못 자고 어떻게 된 일인지 곰곰이 생각했고, 사람을 잘 못 보고 일어난 해프닝일 거라며 스스로 안심시켰다. 그런데, 바로 다음 날 아침, 마테오의 형제라고 자처하는 두 사람이 나타나면서 또다시 혼란에 빠졌다. 형무소에 나타난 그들은 자기들의 형제인 마테오를 내놓으라고 고래고래 소리를 지르며 소란을 피웠다. 그들이 대신 빚을 갚아준 덕분에 풀려날 수 있었지만, (하지도 않은) 돈 낭비와 도박 때문에 그들로부터 있는 대로 구박과 잔소리를 들었다. 그리고는 자기 집과는 완전히 반대 방향인 산타 펠리치타에 있는 '마테오'의 집으로 끌려갔다. "나는 마테오가 아니라 마네토라고요!" 아무리 말해도 믿어주는 사람은 없었다. 해가 질 무렵에는 그 자신도 헷갈리기 시작했고, 자기가 정말 마테오가 되어버린 모양이라고 생각하고 자포자기하기에 이르렀다. 그날 저녁 늦게, 마네토는 필리포가 몰래 탄 수면제를 먹고 깊은 잠에 빠졌다. 필리포와 공모자들은 마네토를 마차에 실어 강 건너 원래 그의 집으로 옮겨 놨다. 그리고 머리는 침대의 끝 쪽에, 다리는 침대 머리에 거꾸로 눕히는 등, 끝까지 장난치는 것을 잊지 않았다.

몇 시간 후, 불쌍한 목수는 잠에서 깨어났다. 목공 연장들이 이곳 저곳에 흩어져 난장판이 된 방 안에서, 침대에 거꾸로 누워있는 자신의 모습을 발견했다. 어안이 벙벙해져 있는데, 어제 봤던 마테오의 형제들이 그의 집을 방문했다. 더욱 황당한 것은 이 두 사람이 언제 그랬냐는 듯이 그를 '마네토'라고 부르는 것이었다. 그러더니 이들은 마네토에게 어제저녁에 있었던 일을 이야기해

주었는데, 자신들의 형제인 마테오가 '내가 다른 사람으로 변신했었어'라며 말도 안 되는 이야기를 늘어놓았다는 것이다. 잠시 후 진짜 마테오가 마네토의 집에 나타났다. 진짜 마테오는 자기가 꿈에서 목수가 되었었고, 목공 연장이 방 안에 흐트러져 있는 것을 보고 '저걸 정리해야 될 텐데'라는 생각을 하다 잠에서 깨어났다고 말했다. 진짜 마테오와 그의 형제들의 말을 듣고 난 후, 마네토는 자신이 잠깐 동안 마테오와 뒤바뀌었다고 믿게 되었다. 이젠 방이 어지럽혀진 이유까지 납득하게 되었다. '이름도 비슷하니까 잠깐 두 사람이 뒤바뀌는 일도 가능하겠지'라며, 말도 안 되는 생각까지 했다.

이 못된 장난은 현실과 허구를 혼동하게 만들었다는 점에서 몇 년 후 필리포가 그린 원근법 화판을 연상시킨다. 그림을 보는 사람에게 절묘하게 그려낸 그림을 보여주고 그것이 실제라고 착각하게 만들었던 것처럼, 필리포는 마네토가 바라보는 대상들을 조종하고 왜곡시켜서 자신을 둘러싸고 일어나는 일들의 진실이 무엇인지 헷갈리게 만든 것이다. 마치 구멍을 통해 그림을 들여다보는 감상자처럼, 마네토도 자기가 지금 겪고 있는 일이 '현실 속의 장면'인지 아니면 '설득력은 있지만 사실은 거울에 왜곡되어 비친 모습'인지 판단할 수가 없었다. 필리포가 원근법 화판에 그린 산 조반니 광장의 풍경 안에는 마네토의 가게도 있었을지 모른다. 하지만 필리포가 그 그림을 그렸을 무렵, 이 불쌍한 목수는 이미 피렌체에 없었다. 사기극의 전모가 밝혀진 뒤 모멸감과 당혹감을 견딜 수 없었던 마네토는 피렌체를 떠나 헝가리로 향했다. 다행히 일에만 몰두했던 그는 많은 재산을 모아 잘 살았다고 한다.

오등분 첨두

The Pointed Fifth

10

A.D. 148년, 로마의 수력 공학자 노니우스 다투스는 알제리의 살다이로 파견되었다. 그곳에서 그는 현지 총독으로부터 산을 관통하는 수로를 만들어달라는 요청을 받았다. 노니우스는 꼼꼼하게 산을 측량한 후 설계도와 단면도를 완성하고 터널의 축을 계산했다. 그는 오랜 시간 터널 건축 경험이 있는 노련한 인부들을 모아 두 그룹으로 나눈 다음, 양 끝에서 중앙을 향해 각자 터널을 파고 중간 지점에서 두 그룹이 만나도록 작업 지시를 했다. 순조롭게 작업이 진행되는 것을 확인한 후 만족한 그는 로마로 돌아왔다. 4 년 뒤, 노니우스는 살다이로부터 긴급하게 돌아와 달라는 호출을 받았다. 부랴부랴 뜨거운 햇빛이 내리쬐는 살다이에 도착

한 노니우스를 맞이한 것은 잔뜩 풀이 죽은 시민들이었다. 양쪽에서 터널을 파 들어가던 두 그룹이 조금씩 오른쪽으로 방향을 트는 실수를 저지르는 바람에 중간에서 만나지 못하고 어긋났던 것이다. 다행히 노니우스가 잘 수습해서 사태를 해결했지만, 조금만 더 지체했더라도 산에는 두 개의 터널이 뚫릴 뻔 했다.

이 이야기는 섹스투스 율리우스 프론티누스가 쓴 『로마 수도론』에 소개된 일화이다. 섹스투스는 로마의 수력공학 대가이자 영국 총독을 지낸 인물이다. 수 세기 동안 잊혔던 이 일화는 몬테카시노의 필사본 수집가인 포찌오 브라치올리니에 의해 1420년대 초 발견되었다. 필리포와 돔 공사를 하던 인부들에게는 어처구니없는 실수를 저지른 살다이 터널 일화가 남 일 같지 않았을 것이다. 성당 돔 공사 역시 팔각형 돔의 여덟 개 면을 인부 여덟 팀들이 각각 한쪽 면씩 맡아서 작업하고 있었기 때문이었다. 석공 여덟 팀이 각자 자신들이 맡은 부분의 벽을 쌓아 올리다가 완벽하게 꼭대기의 한 지점에서 만난다는 것이 솔직히 가능한 일일까?

돔을 올릴 때 지켜야 하는 기본 중의 기본은 벽돌이나 석재 크기를 정확하게 측정하고 계산해서 계단처럼 빈틈없이 수평으로 쌓아 올리는 것이었다. 도대체 이걸 어떻게 측정했을까? 여덟 팀이 따로 진행했는데 어떻게 통일된 여덟 개의 벽면을 쌓을 수 있었을까? 게다가 각 벽면은 한 겹도 아닌 두 겹으로 되어 있었고 돔을 받치는 늑재도 있었기 때문에 계산은 더욱 복잡하고 어려웠을 것이다. 늑재 하나의 길이가 30미터도 넘기 때문에 몇 센티미터만 잘못 계산해도 각 벽면은 살다이의 터널처럼 만나지 못하고 어긋날 수 있는 상황이었다.

돔 공사에 투입된 석공들은 각자 기본적인 측정 장비를 가지고 있었다. 천 년이 흘러도 크게 달라진 것 없는 간단한 도구였다. 벽이 똑바로 올라갔는지를 확인하기 위해서는 추선을 사용했는데, 추선은 줄에 납덩어리 같은 무게 추를 매단 장비였다. 추선의 줄은 마치 낚싯줄처럼 꼬아서 추가 바람에 흔들리지 않도록 했다. 벽돌들이 완벽하게 수평으로 놓인 것을 확인하기 위해서는 수준기를 이용했다. A자 모양으로 생긴 이 도구는 A의 윗부분 꼭지점에 추선이 달려있었고 눈금이 새겨진 가로자가 교차하는 모양이었다. 추선이 정확하게 가로자의 중앙을 지나가야지만 벽돌이 완벽하게 수평으로 놓여있다는 것을 의미했다.

아치나 돔 같은 궁륭은 완벽하게 수직도 수평이 아닌 곡선이었기 때문에 측정하는 것이 훨씬 까다로웠다. 고딕 대성당을 지은 건축장들은 복잡한 곡면을 제작할 때 넓은 공간을 제도용지로 삼아 실물 크기의 청사진을 그려서 참조하였다. 공간 바닥을 소석고로 덮고 그 위에다 궁륭을 받치는 늑재 같은 구조를 기하학적으로 설계했다. 도면이 완성되면 목공들은 목재로 형판을 만들었고, 이 목재 형판을 바탕으로 석공은 석재를 깎았다. 설계된 늑재가 완성되면 바닥의 석고를 치우고 다음 도면을 새로운 석고 바닥에 새겨 넣었다. 석고를 덮을 만한 투사장이 없을 땐 깨끗한 땅바닥에 설계도를 그려 넣었다. 1395년에 완성된 웨스트민스터 대성당의 목재 지붕틀 설계도는 서리 지방의 파넘 근처에 있는 넓은 땅에 그린 바 있다.

필리포는 이 중 두 번째 방법을 썼다. 1420년 여름, 피렌체를 가로지르는 아르노 강변의 넓은 땅을 찾아 동서남북으로 약 800미터 크기로 정리한 후, 필리포는 실물과 똑같은 크기의 돔을 넓은 백사장에 그렸다.[1] 모래 위에 그려진 거대한 기하학 도면에 따라 돔을 구성할 여덟 개의 수직 늑재를 만들었다. 소나무로 만든 늑재는 255센티미터 길이에 폭이 60센티미터 정도 되는 거대한

1. 이런 이야기는 조반니 바티스타 넬리(Giovanni Battista Nelli)가 16세기에 펴낸 〈피렌체 예술가들의 간단한 일대기(Brevi vite di artisti Fiorentini)〉에 나온다.

크기였는데, 긴 길이로 인해 나무가 휘는 것을 방지하고 견고함을 더하기 위해 철판을 대었다. 이 늑재는 돔의 두 반구 중 안쪽 반구의 바깥쪽에 놓여졌다. 돔의 두 반구는 이 늑재를 따라 같은 각도로 기울어져 가면서 올라갈 터였다. 돔이 점점 상부로 올라가면서 여덟 개의 늑재들이 네 번째 돌 사슬이 위치하는 지점에서 정확하게 만나도록 주의를 기울였다. 늑재는 돔의 수직 곡면이 정확하게 올라가기 위한 가이드의 역할을 했기 때문에, 석공들은 늑재를 구성할 벽돌을 먼저 올리고 난 후에야 늑재들 사이의 빈 공간에 벽돌을 채워나갔다.

늑재의 곡면을 잘 마무리한다고 해서 모든 문제가 끝나는 것은 아니었다. 또 다른 골칫거리가 있었다. 돔 벽돌들을 쌓는 문제였다. 돔의 위로 올라갈수록 각도가 점점 안으로 기울어지고, 맨 꼭대기는 무려 60도나 기울어졌다. 경사가 서서히 그리고 정확한 각도로 기울어지게끔 벽돌을 쌓는 기울기와 방향을 계산하는 획기적인 측정 방식과 제어기술이 필요했다. 또한 두 번째와 세 번째 돌 사슬을 이루는 사암 가로보의 기울기 역시 정확하게 계산해야 했다. 돔을 구성하는 모든 벽돌과 석재가 돔의 중심을 향해 조화롭게 기울어져 가는 동시에 방사형으로 퍼져 나오는 것처럼 보여야 했는데, 이런 작업은 추선이나 수준기 같은 재래식 장비로

가능한 것이 아니었다.

필리포가 벽돌과 거대한 사암 가로보의 기울기를 정확히 어떤 방법으로 계산했는지 역시 돔 공사에 얽힌 수많은 수수께끼 중 하나이다. 그런데 인문주의이자 시인이며 역사가였던 바르톨로메오 스칼라가 1490년대에 쓴 『피렌체 역사』에 필리포가 어떻게 이 작업을 했는지에 대해 슬쩍 힌트를 주는 대목이 있다.

> "(돔의) 중심이 되는 지점을 표시한 후, 필리포는 그 중심에 노끈을 고정시켰다. 그리고 그 노끈을 당겨 움직여가면서 원둘레를 그렸다. 이렇게 하면 정확한 원을 그릴 수 있었고, 석공은 어떤 순서에 따라 어떤 기울기로 벽돌을 얹고 모르타르를 발라야 할지를 알 수 있었다."

즉, 돔의 중심에서 노끈을 쭉 뻗어서 벽돌이 놓일 안쪽 위치가 어디인지를 지정하면 석공은 정확한 위치에 벽돌을 쌓을 수 있었다는 말이다. 이 노끈을 돔의 둘레를 따라 360도 회전시키면서 석공은 노끈의 흔적에 따라 돔 둘레에 차곡차곡 벽돌을 쌓았을 것이다. 벽돌층이 돔의 상층부 쪽으로 올라가면서 돔의 반지름은 아래에서는 21미터였던 것이 꼭대기에서는 3미터로 줄어들었다. 노끈 역시 이에 따라 길이가 점점 짧아지면서 석공의 벽돌이 어디에 얹혀야 하는 지를 정확히 알려주었을 것으로 보인다. 스칼라는 필리포가 이런 방법을 통해 벽돌의 위치와 기울기를 정확하게 조율했다고 보고 있다.

마네티 역시 스칼라와 비슷한 주장을 한다. 마네티에 따르면, 필리포는 리돌피 예배당의 궁륭 공사 당시 이와 비슷한 방법을 썼었다. 다만 이때에는 노끈 대신 막대기가 등장하는 것이 다를 뿐이다. 막대기의 한쪽 끝은 고정되어 있고, '고정되지 않은 쪽은 벽돌 위로 궤적을 남겼다. 천장을 향해 위로 올라갈수록 고정되지 않은 쪽을 조절해서 회전 반경이 작아'지게 되어 있었다. 이 혁신적인 막대기는 훗날 벽돌공들이 원형 모양의 담을 쌓을 때 사용한 타원형 콤파스의 전신인 셈이다. 타원형 콤파스는 원형 담 중앙에 고정할 금속 막대를 수평 나무판 위에 댄 장비이다. 수평 나무판 위에는 또 하나의 금속 막대가 달려 있는데, 수평 나무판이 360도로 회전하면 금속 막대가 원 모양의 궤적을 남기게 된다. 벽돌공은 이 궤적을 따라서 벽돌을 쌓으면 되었다.

그런데, 산타마리아 대성당 돔 공사를 위한 콤파스는 리돌피 예배당 궁륭 공사 당시 사용했던 것보다 훨씬 커야 했다. 돔 중앙에서 가장자리까지는 적어도 21미터는 되었기 때문이다. 이렇게 되면 몇 가지 궁금점이 생긴다. 노끈이 중간에 밑으로 처져서 측량

이 부정확해지는 그런 현상은 어떻게 막았을까? 혹시 도르래를 사용했을까? 중세 측량사들이 썼던 방법처럼 팽팽하게 잡아당긴 후 밀랍이라도 발랐을까?

무엇보다도 돔 한복판에 노끈을 어떻게 고정시켰는지가 가장 미스테리였다. 땅에서 돔 아래쪽까지 일직선으로 장대를 세운다고 해도 높이만 54미터는 되어야 했다. 돔 꼭대기까지는 자그마치 90미터 높이의 장대가 필요했다. 18세기 영국 해군의 전함에 설치된 메인 돛의 평균 길이가 36미터였으니, 그렇게 긴 기둥을 당시 유럽에서 구하는 것은 거의 불가능에 가까웠다. 그렇게 큰 나무는 퀘벡, 메인, 뉴햄프셔처럼 울창한 숲을 자랑하는 아메리카 신대륙에서나 얻을 수 있었다.[2] 한 평론가의 표현에 따르면, "캘리포니아의 거대한 세쿼이아 나무를 베어다가 중앙탑이나 공중의 단상 위에 세워놓는다고 상상하면 된다"[3]

---

2. 모리스 듀마스(Maurice Dumas) 엮음, 기술과 발명의 역사 (A History of Technology and Invention) (London: John Murray, 1980), 397쪽.

3. 에우제니오 바티스티(Eugenio Battisti), 로버트 에릭 울프(Robert Erich Wolf) 옮김, 브루넬레스키: 저작집(Brunelleschi: The Complete Work) (London: Thames & Hudson, 1981), 361 쪽. 일부 학자들은 곡면을 쌓는 또 다른 방법으로 1426년 돔 건설 수정 계획서에서 언급된 바 있는 '괄란드리노 콘 트레 코르데(gualandrino con tre corde)'를 제시하기도 한다. 이는 돔의 지름

기발한 방법으로 돔의 곡면 공사를 처리했음에도, 필리포는 그를 비난하는 사람들의 집요한 공격을 받았다. 가장 날 선 공격은 당연히 로렌초 기베르티 측에서 쏟아졌다. 1425년 말, 로렌초의 하수인이었던 조반니 다 프라토는 성당 사업단 임원들에게 필리포의 돔 공사에 대해 강한 이의를 제기했다. 필리포가 성역과 같은 1367년 원형대로 공사를 하지 않는다는 비판이었다. 이는 (모든 전임자들처럼) 건축장으로서 거룩한 대성당 초기 설계안을 건드리지 않고 충실하게 반영하겠다고 한 맹세를 어기는 행위였다. 조반니는 각종 불만 사항들을 쏟아내며 물러서지 않았는데, 그중에서도 가장 크게 문제로 삼았던 것은 필리포의 돔이 네리 디 피오라반티의 설계 원안에 따라 오등분 첨두 모양으로 만들어지지 않고 있다는 것이었다.

돔의 끝을 둥근 모양이 아니라 뾰족한 첨두 모양으로 만드는 것

을 가로지르는 세 개의 밧줄을 이용한 보다 복잡한 삼각 측량술이다. 자세한 내용은 롤런드 메인스톤 (Roland Mainstone), '브루넬레스키의 돔(Brunelleschi's Dome),' 164쪽; 하워드 잴먼 (Howard Saalman), 필리포 브루넬레스키 (Filippo Brunelleschi), 162-164쪽. 하지만 괄란드리노는 곡면 제어를 위한 도구였다기보다는 석공들이 자기 몸에 묶는 안전띠로서의 성격이 짙다. 바티스티, 앞의 책, 361쪽.

은 구조적으로도 미학적으로도 매우 중요했다. 고딕 건축물에서 공간을 잇는 방법으로 가장 선호한 것은 첨두아치였고, 대부분의 고딕 성당 신랑의 아치처럼 산타마리아 대성당 신랑의 상부를 덮는 아치 역시 첨두형으로 설계되었다. 그러던 것이 시간이 지나 르네상스 시대에 와서는 구형 아치나 반구형 아치가 대세를 이루게 되었다. 첨두형 아치는 구형 혹은 반구형 아치보다 두 가지 확실한 장점이 있었다. 첫 번째 장점은 높이였다. 같은 지름을 가진 환상벽일 경우 첨두형 아치는 반구형 아치보다 높이 올릴 수 있었다. 1367년 산타마리아 대성당 사업단 임원들이 첨두형 돔을 선택한 이유도, 반구형 돔보다 3분의 1이나 높게 올릴 수 있다는 점 때문이었다. 곡변을 첨두형으로 처리하지 않고 반구형으로 할 경우, 84미터 높이의 돔을 올린다는 것은 아예 실현 가능성이 없는 이야기였다.

첨두아치는 구조적으로도 유리했다. 아치나 돔에 작용하는 횡압력은 높이에 반비례하기 때문에, 높이 올라갈수록 횡압력이 낮아진다. 더 높이 쌓을 수 있는 첨두아치는 그런 면에서 둥근 반구 아치보다 횡압력도 자연히 낮아질 수밖에 없다. 현란한 첨두아치의 정수를 보여준 밀라노 대성당의 건축가들은 첨두아치는 횡압력이 없다고 굳게 믿기도 했다. 물론 이건 잘못된 이야기이지만,

첨두아치가 횡압력을 반구아치보다 무려 절반 수준으로까지도 줄일 수 있다는 것만큼은 사실이었다.

1367년 설계도 원안에 명시된 오등분 첨두(quinto acuto)는 교차하는 두 아치의 곡률반경(휘어진 곡선을 만드는 원의 반지름 - 옮긴이)이 돔 지름의 5분의 4가 되어야 가능했다. 반면 반구형 첨두는 곡률반경이 돔의 반지름 길이밖에 안 되기 때문에 훨씬 납작하고 둥그스름하다. 조반니 다 프라토는 바로 이 점을 문제 삼았다. 조반니는 성당 사업단에 탄원서를 냈는데, 필리포의 돔은 원안에 나온 오등분 첨두가 아니라 '반구'형 첨두라고 주장한 것이다. 이렇게 되면 돔은 '잘못 지어지는' 것이고, 완성되고 나면 결국 반구형과 오등분 첨두의 중간쯤 되는 어정쩡한 첨두가 될 것이라고 열변을 토했다. 무엇보다도, 이런 식이라면 원안이 요구하는 높이까지 돔을 올릴 수 없다고 했다. 이런 종류의 실수는 곡률을 조절하는 과정에서 생긴 문제가 아니라 순전히 필리포의 무지에서 기인한 것이라며 필리포를 맹렬하게 비난했다.

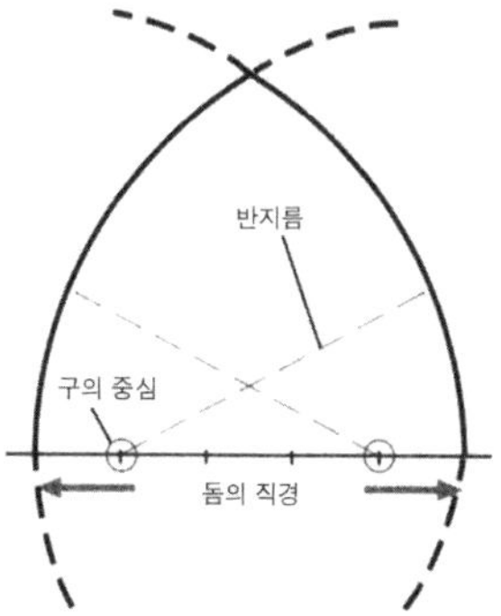

오등분 첨두 아치

조반니는 격분해서 말했다. "몇십 년 전에 채택된 원안 속 첨두의 각도는 그 어떤 이유 여하를 막론하고 절대 바뀌어서는 안 됩니다." 만약 그렇게 된다면 돔은 불안정해질 뿐 아니라 미관상으로도 볼품없을 것이라 주장했다. 말하자면 필리포가 저지른 곡률 반경 오류는 '성당의 미관도 망가뜨리고 무너질 위험에까지 빠뜨릴'이라는 것이었다. 탄원서의 마지막은 필리포에 대한 비열한 인신공격으로 끝맺는다.

이번 실수는 공사를 맡은 사람들의 무지와 안일함 때문에 생긴 일입니다. 그래 놓고는 보수는 두둑이 챙겼지요. 현재 성당이 건축되는 것을 보면 저는 불길한 예감을 피할 수가 없습니다. 혹시라도 건물에 하자가 생기고 붕괴하기라도 한다면 성당 건축에 참여한 저 역시도 비난을 면치 못할 것이기 때문에 더더욱 책임을 느낍니다. 모쪼록 신중하게 판단해주시기 바랍니다. 비합리적인 몽상가들 때문에 시에나 대성당이 무너졌던 일을 잊지 마시기 바랍니다.

자신의 조언을 귀담아듣지 않으면 성당이 무너지는 대재앙을 피하지 못할 것처럼 말하는 것이, 마치 성경에 등장하는 예언자를 떠오르게 한다. 조반니가 언급한 시에나 대성당 일화는 1357년 흑사병이 창궐한 후 성당의 일부가 무너져 내렸던 참사를 가리킨 것이다. 피렌체의 산타 마리아 대성당을 짓는 사람들이라면 그 악몽 같았던 사고를 생생히 기억할 수밖에 없었다.

조반니의 탄원서는 매우 불순한 의도를 가진, 그야말로 근거 없는 주장이었다. 공사는 원안이 요구하는 대로 정확히 오등분 첨두로 착착 진행되어 가고 있었다. 그 과정에서 설계 원안을 바꾸거나 수정해야 한다는 말은 단 한 번도 나온 적이 없었다.[4] 조반니가 자신의 명성에 해가 될 것을 유독 언급하며 자신에게 비난이 쏟아질 것을 극도로 우려한다고 한 것이나, 자격 없는 필리포가 '두둑한 보수'를 받는 것에 분노한다고 한 걸 보면, 필리포에 대한 질투심에서 나온 행동이었던 것이 틀림없다.

조반니는 〈알베르티의 낙원〉이라는 유명한 평론을 쓰기도 했던 인문학자였다. 나름 존경받고 성공한 인물이었지만, 1425년 즈음엔 필리포에 대한 시기심을 감추지 않았다. 그 역시 로렌초처럼 필리포에게 밀려 건축 분야에서 인정받지 못하고 있었기 때문

4. 하워드 잴먼 (Howard Saalman), '피렌체 산타마리아 대성당 돔에 관한 조반니 디 게라르도 다 프라토의 설계안 (Giovanni di Gherardo da Prato's Designs concerning the Cupola of Santa Maria del Fiore in Florence)', 건축사가 협회지(Journal of the sociely of Architectural Historians), 18 (1950). 18쪽.

이다. 필리포의 나무 사슬이 공모전에서 뽑히는 바람에 금화 100 플로린이라는 거액의 상금도 놓쳤다. 같은 해, 역시 필리포의 카스텔로가 중장비 설계 공모에서도 1등을 차지했다. 훨씬 전에 발명된 그 유명한 필리포의 권양기는 대성공이었고, 사암 사슬 역시 2차 공사가 진행되던 1425년에 아무 문제 없이 훌륭하게 건축되고 있었다. 한 마디로, 필리포의 명성은 날로 높아져만 가고 있었다. 게다가 로렌초 기베르티는 몇 달 전 건축장을 잠시 그만두어야 했다. 아마도 나무 사슬과 관련된 필리포의 음모 때문이었을 것이다. 얼마 후 다시 복귀하기는 했지만, 이미 그의 권한과 책임은 크게 줄어들었다. 한마디로 로렌초 사단은 위기 상황이었다.

조반니 다 프라토는 첨두의 모양만 트집 잡은 것이 아니었다. 성당 안의 빛과 관련한 민감한 문제까지 건드렸다. 꼭대기에 하나 있는 원형창과 환상벽에 뚫린 여덟 개의 창만으로는 성당 안을 충분히 밝힐 수 없기 때문에, 대성당은 '어두침침'할 것이라고 비판했다. 환상벽에 뚫린 창문을 통해 들어오는 빛으로는 창문 위의 돔과 아래쪽의 가로보를 밝히기엔 역부족이라는 사실을 그림으로 그려가면서까지 설명했다.

성당 안을 얼마나 밝게 할 것인가는 당시 건축가에게 있어서 매우 중요한 사항이었다. 고딕 건축가는 빛이 가득한 성당을 위해 크고 긴 창을 화려한 스테인드글라스로 장식했다. 르네상스 시대에는 성당 안을 '밝게' 해야 할지, 아니면 '어둡게' 해야 할지를 놓고 치열하게 논쟁을 벌이곤 했다. 알베르티는 성당은 모름지기 어두워야 하고, 촛불과 등불만 켜놓아야 한다고 주장한 반면, 조반니는 어두운 산타마리아 대성당에 대해 불만을 표했다. 한 세기 뒤에 미켈란젤로 역시 비슷한 주장을 했다. 로마에서 산 피에트로 대성당을 짓던 그는 이전의 건축장이었던 안토니오 다 상갈로가 잘못 설계한 돔 때문에 성당 안이 너무 어두워졌고, 그 바람에 중범죄를 저지른 자들이 성당 안으로 숨어들어 와서 수녀들에게 성폭행을 저지른다며 맹비난을 하기도 했다.

조반니는 산타마리아 대성당을 컴컴한 어둠으로부터 구하기 위해서는 돔 아래 위치한 환상벽에 여덟 개가 아니라 무려 스물네 개의 창을 만들어야 한다고 주장했다. 그리고는 마치 묵시록에 나오는 예언자처럼 심각한 경고도 서슴지 않았다. "제 말을 명심하는 게 좋을 겁니다... 제가 이 탄원서를 쓴 이유는 제 경고를 무시하고 이 문제를 방치했을 때, 혹시라도 일어날 일들에 대해 책임지고 싶지 않아서입니다." 만약의 사태가 일어나더라도 자신은 책임이 없다는 말도 덧붙였다.

그러나 조반니의 경고는 또다시 묵살됐다. 1426년 1월 돔 공사 수정 계획서에서 필리포는 단호하게 밝혔다. “환상벽의 여덟 개 창만으로도 조명은 충분하다고 생각되는바, 조명과 관련된 논의는 더 이상 하지 않겠습니다.” 여기에 만약 빛이 충분하지 않다고 여겨지면, 돔 위쪽에 창을 더 뚫으면 된다고 심드렁하게 말했다. 조반니는 이를 두고 ‘멋도 모르는 바보’의 머리에서나 나올 수 있는 멍청한 해결책이라고 강하게 비난했다. 그러나 성당 사업단은 필리포의 손을 들어주었다. 창문의 추가 없이 돔 공사는 진행되었고, 곡면 역시 필리포의 안대로 만들어졌다. 몇 주 뒤, 필리포는 100플로린으로 연봉까지 인상되었다. 조언의 대가로 조반니 역시 금화 10플로린을 받았지만, 그 이후 돔 공사에서 그는 별 목소리를 내지 못했다.

물론 필리포에 대한 조반니 다 프라토의 공격은 이것으로 끝난 것이 아니었다. 얼마 뒤 건축장 필리포는 또 하나의 발명품을 선보였는데, 아쉽게도 지금까지의 다른 발명품들만큼 각광받지 못했고, 그때, 조반니의 복수가 시작되었다.

벽돌과 모르타르

Bricks and Mortar

11

돔 공사가 시작되고 얼마간은 모든 일이 성공적으로 잘 풀려나갔다. 하지만 애초에 돔이 17미터 정도 높이까지 올라가게 되면 중심틀 없이 공사를 계속 진행할 것인지에 대한 회의를 다시 열기로 했었기 때문에, 초반의 성공에 맘 놓고 있을 수는 없었다. 1426년 초 두 번째 사암 사슬까지 무사히 자리를 잡으면서 드디어 가슴 졸이던 그 순간이 왔다. 돔은 이미 환상벽으로부터 21미터 높이까지 올라갔고, 임계각이라고 할 수 있는 30도까지 안쪽으로 휘기 시작했다. 이제는 마찰력으로만 석재를 고정시키는 것이 불가능했다. 모르타르가 등장할 시점이었다.

그런데, 이제는 중심틀 없이 공사를 계속 진행하는 것에 대해 큰 반대가 없었던 것으로 보인다. 처음 중심틀 없는 공사 계획을 발표했을 때엔 벌떼처럼 일어나 반대했었지만, 그 동안 필리포가 성공적으로 공사를 진행 해왔기 때문인지 사업단은 별다른 반론을 제기하지 않았다. 그렇게 1426년의 중간 회의는 무난히 넘어갔다. 이제 무소불위의 권력을 가지게 된 필리포 건축장은 더 이상 눈치 볼 것이 없었다. '여전히 중심틀은 권장하지 않습니다.' 그는 비계를 세우는데 어려움이 있다며 수정된 사업 계획서에 이렇게 적었다. 물론 여전히 많은 이들은 대성당이 과연 성공적으로 완공이 될 것인지에 대해 반신반의하고 있었다.

1426년 2월에 작성된 문서에는 필리포의 계획대로 중심틀 없이 진행한다는 것 외에 구체적인 사항이 없다. 다만 한 가지 중요한 사항이 이때 수정되었다. 돔의 '특정'한 부분에는 '특이'한 모양의 벽돌을 마치 생선뼈처럼 어긋 쌓기 모양으로 쌓겠다는 것이었다. 1420년에 작성된 건축 계획서대로라면, 돔의 곡면이 14미터에 이르렀을 때 하중을 줄이기 위해 사암 대신 가벼운 벽돌이나 석회암으로 대체해야 했다. 석회암은 피렌체 근처에서는 구하기 어려워서 멀리서 수입해야만 했고, 결국 성당 사업단은 대신 수십만 장의 벽돌을 주문했다. 필리포는 이 벽돌들을 규격에 맞춰 찍어내기 위해 나무로 만든 벽돌 틀을 제작했다.

피렌체에는 지켜야 하는 벽돌 규격이 있었다.[1] 건축 공사에 주로 쓰이는 마토네라는 기본 벽돌의 규격은 길이 25센티미터 정도에 12.5센티미터 정도의 폭이었다. 벽돌공은 관청에서 검사를 받았다는 인증 도장이 찍힌 마토네 벽돌 주조 틀을 공장에 비치해 놓는 것이 의무였다. 손님, 혹은 파란 망토와 은색 명찰을 달고 느닷없이 공장에 나타난 석공 조합 소속의 검시관이 나무틀을 보여 달라고 하면 무조건 보여줘야 했다.

하지만, 필리포의 돔에 쓰일 벽돌들은 파격 그 자체였다. 직사각형, 삼각형, 비둘기 꼬리 모양, 양쪽으로 난 바퀴처럼 플랜지(파이프나 밸프 등의 연결 부위에 사용하는 것 - 옮긴이)가 달린 벽돌까지, 팔각형 돔에 맞아 들어가기 위해 특별히 제작된 벽돌들이었다. 벽돌 크기 또한 다 달라서 도면을 그리느라 만만치 않은 양의 종이를 써야 했는데, 결국 양피지가 동이 나버리기까지 했다. 급

1. 피렌체의 벽돌 생산 산업과 관련된 정보는 다음 책의 도움을 받았다. 리처드 A. 골드스웨이트(Richard A. Goldthwaite). 르네상스 피렌체 건축: 경제와 사회의 역사 (The Buildlng of Renaissance Florence: An Economic and Social History) (Baltmore: The Johns Hopkins University Press, 1980) , 171-212쪽.

한 대로 필리포는 많은 중고 책을 사들인 뒤 낡은 책의 페이지를 뜯어내서 그 위에 도면을 그렸다.

목공들은 필리포로부터 넘겨받은 도면에 충실하게 벽돌을 찍어내는 나무틀을 만들었다. 여기서 완성된 나무틀은 벽돌을 찍어내는 벽돌 공장으로 옮겨졌다. 벽돌 공장들은 대체로 시골에 위치해 있었다. 피렌체의 만성적인 골칫거리인 화재와 공기 오염이 벽돌을 구우면서 심각하게 발생할 수 있었기 때문이다. 더불어, 시골에 있어야 땔감 나무를 쉽게 구할 수 있었다. 벽돌의 원료인 점토와 가마를 때기 위해서는 많은 땔감나무가 필요했다. 마치 와이너리에서 포도주를 만들기 위해 발로 포도를 짓이기듯, 인부들은 갱에서 파낸 점토를 맨발로 열심히 짓이겼다. 이렇게 고르고 부드럽게 이겨진 '반죽'을 틀에 담아서 모양을 만든 후, 자연광에서 건조시켰다. 벽돌이 다 마르면 본격적으로 굽기 시작했는데, 며칠 동안이나 불을 때야 했다. 벽돌 가마의 온도는 최고 1,000도까지 올라갔기 때문에, 가마가 식을 때까지 거의 이 주일을 꼬박 기다린 후에야 다 구워진 벽돌을 꺼낼 수 있었다. 가마 하나 당 최고 20,000 장의 벽돌이 들어갈 수 있었고, 굽고 식히는 시간까지 해서 3주일에 한 번씩 불을 땠으니, 일 년에 한 가마에서 생산할 수 있는 벽돌은 약 삼십만 장정도 되었다. 돔에 들어간 벽돌은 모두 사백만 장이었다. 가마 하나로 돔 공사에 필요한 벽돌을 대려면 쉬지 않고 십 삼 년 동안 계속 벽돌 공장을 돌려야 한다는 계산이 나온다.

마네티는 필리포가 손수 돔 공사에 들어가는 벽돌들을 일일이 검사했다고 주장하지만, 사백만 장의 벽돌을 다 본다는 것은 물리적으로 불가능하다. 아마도 필리포에 대한 존경심에서 나온 과장일 것이다. 하지만, 필리포가 벽돌의 품질 관리에 엄청난 주의를 기울였던 것만은 사실이다. 건조 과정이 제대로 진행되지 않은 벽돌을 가마에 구우면 벽돌은 가마 안에서 부피가 줄어들거나 갈라졌다. 벽돌 공장에서 보내온 벽돌 중 기준치에 못 미치는 불량품은 바로 공장으로 돌려보냈다. 가장 이상적인 벽돌을 만들려면 가을에 점토를 파내 벽돌 모양을 만든 후, 겨울 동안 모래 속에 묻어두어야 했다. 추운 겨울 날씨로 인한 상해를 피하기 위해서였다. 그 벽돌 점토를 여름에 꺼내서 햇볕에 말리는데, 이때엔 또 강한 여름 햇빛에 갈라지지 않도록 축축한 짚단에 묻어둬야 한다. 알베르티가 좋은 벽돌을 만들기 위해서는 건조시키는 데에만 족히 2년은 걸려야 한다고 말했을 정도이니, 벽돌을 생산하는 일 역시 좋은 목재를 확보하는 일 못지않게 오랜 시간이 걸리는 힘든 일이었다. 벽돌을 굽는 일은 결코 깔끔한 직업이라고 할 수는 없었기 때문에, 용변을 본 후가 아니라 보기 전에 손을 씻는 사람은 벽돌 공밖에 없다는 농담까지 있었다.

벽돌 못지않게 중요한 것이 또 하나 있었다. 바로 모르타르였다. 마네티는 필리포가 모르타르에도 특별한 관심을 가졌다고 말한다. 중세에는 가마에 석회를 구워서 생석회를 얻어낸 다음, 이 생석회를 모래와 물에 섞어서 모르타르를 만들었다. 대성당 돔에는 어마어마한 양의 모르타르가 들어갔다. 모르타르의 재료인 석회를 굽는 것 역시 벽돌 공장에서 도맡아 했다. 짧게는 사흘, 길게는 닷새 정도 가마에서 석회를 구워내는 작업은 매우 위험한 것이었다. 석회를 태울 때 나오는 유독 가스가 인부의 몸에 해로운 것은 물론이거니와, 석회 안의 기포가 가마 안에서 폭발이라도 하면 큰 사고가 일어날 수 있었기 때문이다. 기포는 주로 돌 안의 화석 때문에 생기곤 했다. 돌 속에 박혀 굳어버린 생물체는 돌을 자르는 채석공들에게는 대수롭지 않은 것이었지만, 어떤 이들에게는 호기심의 대상이기도 했다. 알베르티는 등에 털이 나고 다리도 여러 개인 '살아있는 생물체'가 석회 덩어리 안에 갇혀 있는 모습을 경이롭다고 묘사한 바 있다.

모르타르가 굳는 속도는 공사 기술을 좌우하는 결정적인 요인이었다. 중세에 모르타르를 굳힐 때에는 두 단계를 거쳤다. 모르타르가 점성을 잃는 첫 번째 과정은 몇 시간 만에 끝났다. 하지만, 공기 중의 이산화탄소가 모르타르 반죽에 스며들어 반죽 속의 수산화칼슘을 석회의 주성분인 탄산칼슘으로 변환시키는 두 번째 단계는 훨씬 긴 시간이 걸렸다. 이 화학반응은 석회 동굴에서 종유석이 만들어지는 과정과 비슷한데, 물방울에 녹아 있던 칼슘 성분이 이산화탄소와 만나 다시 자연 석회로 굳어진 것이 종유석이다. 물론 종유석이 만들어지기까지는 매우 오랜 시간이 걸린다.

알베르티는 모르타르에서 '석공들에게 익숙한 이끼나 작은 꽃 같은 것'이 솟아오르면 두 번째 단계가 진행되는 것이라고 주장하기도 했다. 알베르티가 말하는 '이끼나 작은 꽃'이 정확히 어떤 것을 말하는 것인지는 모르지만, 아마도 브리움, 토르툴라, 그림미아 계통의 이끼로 보인다. 셋 모두 모르타르를 석회암 벽에 바르면 몇 달 뒤부터 생기는 이끼들이다. 일각에서는 필리포는 기존의 것보다 빠르게 굳는 모르타르를 썼다고도 하고, 혹자는 고대 로마에서 했던 것처럼 포쫄라나(베수비오스 화산 근처 포쫄린 지역에서 나오는 화산재 - 옮긴이)를 섞었다고도 했는데, 이는 로마에서 시멘트를 제작하던 방식이다. 천 년 전의 로마 시멘트를 필리포가 다시 환생시켰다면 그야말로 가슴이 뛰는 역사적인 일이지만, 1970

년대에 대성당 광물 성분 실험을 했을 때 돔에 쓰였던 모르타르와 대성당의 나머지 부분에 쓰인 모르타르는 사실 별 차이가 없었다. 다만 둘 모두에서 유리를 만들 때 쓰이는 탄산칼륨 성분이 발견됐다. 유리를 만들고 굳힐 때 들어가는 탄산칼륨은 어떤 의도였든 간에 모르타르가 빨리 굳히는 데 도움을 주었을 것이다.[2]

모르타르 혼합은 언제나 공사 현장에서 이루어졌다. 꼬박 하루가 걸리는 일이었다. 생석회를 물에 꼼꼼하게 개어서 잘 섞지 않으면 쌓아놓은 벽돌을 망가뜨릴 수 있었다. 또 점성이 남아있을 때 발라야 했기 때문에, 돔에 들어가는 모르타르는 돔 위에서 만들었다. 돔 위로 생석회, 모래, 물을 먼저 옮긴 뒤, 물과 생석회를 섞고 난 후 모래를 섞었다. 생석회와 물을 섞으면 엄청난 열이 발생하면서 부풀어 오른 후 분말 형태로 만들어졌는데, 이 과정에서 손에 화상을 입을 수도 있기 때문에 주의에 만전을 기해야 했다. 생석회는 부식 성분이 있어서 시신을 빨리 분해시키기 위해 사용되기도 했다. 시신에 생석회를 뿌리면 성당 마당에 묻힌 시체에서 나오는 악취와 감염균을 막을 수 있었다. 그래서 동물 가죽을 다루는 무두장이들도 생석회를 이용해 동물 가죽의 털을 그을려 태우기도 했다.

---

2. 하워드 잴먼, 필리포 브루넬레스키(Filippo Brunelleschi), 199쪽.

혼합이 끝난 후 모르타르가 제조되면 석공은 비빔판 위에 부어 놓은 모르타르를 흙손을 이용해 벽돌 위에 발랐다. 석공들은 모두 여덟 조로 나뉘어 작업 했는데, 안쪽에서부터 바깥쪽으로 벽돌을 쌓았다. 높이 올라갈수록 면들이 만나는 접합부는 점점 더 기울어졌다. 안쪽 반구와 바깥쪽 반구는 동시에 쌓아나갔다. 안쪽 반구의 두께는 평균 1.8미터였기 때문에, 벽돌이 열 장 이상 들어갔다. 반면, 바깥쪽 반구의 두께는 안쪽 반구의 3분의 1 정도밖에 되지 않았다.

작업 진행 속도는 더뎠다. 한 층이 완전히 마무리되고 나서야 다음 층의 벽돌을 쌓았기 때문이다. 일주일에 벽돌 한 층을 쌓기도 어려웠으니, 돔은 대략 한 달에 30센티미터씩 올라간 셈이다.[3] 만약 중심틀을 세우고 돔을 올렸다면 공사 속도에 훨씬 박차를 가해야만 했을 것이다. 시간이 흐를수록 중심틀의 나무가 뒤틀리고 휘기 때문이다. 필리포가 중심틀 없이 공사를 강행할 것을 주장한 데에는 이런 깊은 뜻도 숨어 있었다. 중심틀 나무가 뒤틀리고 휘

3. 메인스톤 (Mainstone), '브루넬레스키의 산티마리아 대성당 돔과 관련 건물들 (Brunelleschi's Dome of Santa Maria del Fiore and some Related Structures', 114쪽. 메인스톤은 이 정도의 속도로 진행했다면 '다른 한 층을 쌓기 전에 이전의 층이 자기 지탱력을 가질 만큼 충분한 시간을 가질 수 있었을 것'이라고 추측했다.

는 것이 무섭다고 이렇게 중요한 벽돌 공사를 헐레벌떡 진행할 수는 없었던 것이다.

벽돌을 단단하게 쌓아 올리는 일 외에도 건축장 필리포가 해결해야 하는 문제가 하나 더 있었다. 바로 석공들의 안전 문제였다. 돔 위로 올라갈수록 벽면은 무시무시한 각도로 꺾였고, 석공들은 위험을 무릅쓰고 작업을 해야 했다. 중심틀이 있었더라면 설사 발을 헛디뎌 떨어지더라도 얽히고설킨 비계 덕분에 바닥으로 곧장 수직 낙하하지는 않을 것이었다. 또 비계는 석공들의 시야를 가려서 땅을 보기 어렵게 했기 때문에 까마득하게 먼 아래를 보고 현기증이 날 가능성도 적었다. 하지만 산타마리아 돔 공사 현장에는 아무것도 없었다. 돔에서 일하는 석공들은 폰티라고 부르는, 버들가지로 만들어 나무 봉 위에 올린 후 석재 사이에 끼워 넣은 허술한 발판을 따라 아슬아슬하게 움직여야 했다. 아래에는 아무런 보호 장비 없이 낭떠러지가 기다리고 있었다. 겁이 많은 석공들을 안심시켜주기 위해 필리포가 고안해 낸 것은 파라페토라는 일종의 발코니였다. 궁륭 안쪽에 세운 파라페토는 발판에 수직으로 여러 개의 판을 세워서 만들었는데, 일단 발판은 폰티보다 훨씬 넓었다. 파라페토는 안전망 역할 뿐 아니라, 석공들이 아래를 내려다보지 못하게 하는 가림막 역할도 했다.

그 밖의 다른 안전 수칙도 강화되었다. 고공에서 일하는 석공에게는 가죽으로 된 안전띠가 지급되었다. 음주 규칙도 생겼는데, 포도주는 임산부가 마시는 것처럼 3분의 1은 물을 타서 희석시켜 마셔야 했다. 이 규칙을 어길 시에는 10리라의 벌금을 내야 했는데, 석공의 열하루 분 임금에 해당하는 것이었으니 꽤 큰 액수였다. 권양기의 운반 통으로 연장이나 도시락을 옮기는 것도 금지되었다. 개중에는 돔에 둥지를 튼 비둘기를 잡겠다며 운반 통에 올라타고 그네 타듯 왔다 갔다 하는 강심장인 사람들도 있었는데, 이 역시 엄격히 금지되었다. 사실 돔에 둥지를 튼 비둘기들은 석공들에게 큰 골칫거리였다. 웨스트민스터 사원을 지을 때에는 비둘기들이 건물 돌 사이와 들보에 둥지를 틀지 못하게 캔버스 천으로 막아놓기도 했다. 운반통 탑승 금지령이 있기 전에는 용감무쌍한 운반통 사냥법으로 잡힌 비둘기들이 산타 마리아 대성당 석공들의 저녁 식탁에 올려 지기도 했다. 일요일이 아닌 담에야 평소 고기 구경을 못 하고 사는 인부들에게는 지빠귀도 좋은 사냥감이었다.

필리포의 다양한 안전 대책들은 매우 성공적이었다. 성당 공사 현장에서 일어났던 대형 사고는 1420년 여름 남쪽 주교좌 공사 현장에서 두 명의 사고사와 1422년 2월 넨노 디첼로라는 석공의 추락사, 이렇게 둘 뿐이었다. 공사에 동원되었던 인부들의 숫자라든지, 작업의 위험도, 그리고 수십 년 동안 공사가 진행되었던 점들을 고려한다면, 이렇게 적은 사고 수는 거의 기적에 가까운 것이었다.

안전사고 말고도 석공들이 불안해했던 것은 실직 문제였다. 돔이 완성되어갈수록 자연히 반구는 작아질 것이었고, 벽돌 작업 분량 역시 줄어들 것이었다. 이는 필연적으로 작업에 필요한 인부들의 숫자 역시 줄어듦을 의미했다. 1426년 4월, 노동 분규로 인해 스물여섯 명의 석공이 해고되었다. 마네티는 석공장들이 '이기적인 노동조합'을 주도해 만든 후 임금 인상을 요구하며 파업을 했다고 주장한다. 파업에는 열악한 근무 환경 또한 일조했을 것이다. 피렌체에서는 이런 단체 행동이 법으로 금지되어 있었지만, 실제로 파업은 심심치 않게 일어나는 일이었다. 노동자들의 피땀과 눈물을 바탕으로 성장해 막강한 정치 세력이 된 장인들의 직능 조합들이 정작 노동자들의 권익 향상에는 나 몰라라 했기 때문이기도 했다. 사실 이전세기부터 초보적인 형태의 노동조합이 조직되기 시작했었고, 파업이나 비밀집회, 심지어 투석전과 같은 대규모의 소요사태로까지 비화되기도 했다.[4] 가장 유명한 소요는

4. 새뮤얼 클라인 콘 주니어(Samuel Kline Cohn Jr), 르네상스 피렌체의 노동 계급(The Laboring Classes m Renaissance Florence) (New York: Academic Press, 1980), 205쪽.

1378년에 있었던 촘피 반란이었다. 장인들에게 노동력을 착취당하고 멸시받던 촘피의 직물공들이 이들에 대항해 폭동을 일으켰다. 이 와중에 귀족들의 저택에 불을 지르고 잠시나마 도시를 장악하기도 했다.

피렌체의 산타 마리아 대성당에서는 그런 류의 봉기가 절대 용납되지 않았다. 무자비한 건축장 필리포는 바로 여덟 명의 석공을 해고한 후 롬바르디아 출신의 석공들로 자리를 채워 버렸다. 현대의 노조 탄압과 파업 분쇄 시 사용되는 전형적인 방식이었다. 해고를 당해 막막해진 석공들은 굴욕을 무릅쓰고 필리포를 찾아가 다시 일할 수 있게 해달라며 통사정을 했다. 필리포는 임금을 깎는 것을 조건으로 다시 고용해 주었다. 바사리는 "결국 석공들은 더 많은 것을 얻어내려다가 오히려 손해만 보았고, 괜시리 필리포한테 화풀이 하려다가 망신만 당하는 화를 자초한 셈"이라고 통쾌하다는 듯 말했다.[5]

채석장 인부들과 철물상들처럼 석공들도 건축장의 요구에 당황했다. 필리포는 벽돌을 쌓을 때도 수평으로만 벽돌을 쌓지 않으면서 그만의 유별난 섬세함과 창의력을 보였다. 일정한 간격을 두고

5. 미술가 열전(Lives of the Artists), vol. 1, 156쪽.

안쪽 반구와 바깥쪽 반구는 수직으로 쌓인 큰 벽돌과 만나 연결되었다. 1426년 수정된 건축 계획서에 따르면, 수직으로 놓은 큰 벽돌은 마치 물고기의 등뼈와 같은 역할을 했다. 큰 수직 벽돌은 사오 층 정도의 수평 벽돌들을 가로질러 비스듬하게 쌓여 올라가면서 지그재그 모양의 헤링본 패턴을 만들어냈다. 이를 어긋쌓기 혹은 오늬쌓기라고 한다. 그런데 헤링본 패턴으로 벽돌을 쌓으면 기존의 축조법에 비해 테두리 장력을 견디기 어려웠고 돔에 균열까지 올 수도 있었다.[6] 필리포가 그런 취약점을 몰랐을 리 없었을 텐데, 왜 그는 헤링본 패턴을 고집했던 것일까?

사실 필리포는 아치와 돔의 구조적인 생리를 완벽하게 이해하고 있었다. 돔은 결국 아치의 원리에 따라 지어지게 마련이다. 돌들이 아치를 유지하는 것은 각각의 무게로 서로를 밀어내는 힘이 작용하기 때문이고, 돔 역시 완성되고 나면 아치처럼 원주의 압력에 의해 지탱하게 되는 것이다. 다만, 찰나의 순간에 돔의 아치가 완성된다면 원주 압력이 작용할 수 있겠지만, 쌓는 과정에서는 원주의 압력을 기대할 수 없기 때문에 고민이었던 것이다. 완성되기

6. 메인스톤(Mainstone), '브루넬레스키의 산타 마리아 대성당 돔(Brunelleschi's Dome of S. Maria del Fiore)', 113쪽.

전까지 바닥으로 무너져 내리려는 압력을 막기 위해서 일시적이나마 돔의 아치를 버텨줄 만한 장치가 필요했다.

필리포의 어긋쌓기는 이런 상황을 해결하기 위한 복안이었다. 수평이 아닌 어긋쌓기 방식으로 쌓은 벽돌은 일종의 '거멀못' 노릇을 했다. 이백 년 후, 대성당 건축장인 조반니 바티스타 넬리는 이 놀라운 돔을 꼼꼼히 살펴본 후, 돔의 석재가 안으로 기울기 시작하는 두 번째 사암 사슬부터 필리포만의 방식으로 벽돌을 쌓기 시작했다는 사실을 알아냈다. 그의 독창적인 방식은 모르타르가 굳는 동안 평평하게 쌓은 벽돌들이 제자리에 잘 붙어있을 수 있게 했는데, 먼저 수직 벽돌을 90센티미터 간격으로 넣어서 수평 벽돌 층을 나누었다. 수직 벽돌 하나로 나뉜 수평 구간에는 벽돌이 대략 다섯 개씩 들어갔다.

구간을 나누는 수직 벽돌은 바로 아래의 완성된 층과 현재 수평으로 쌓아 올리고 있는 벽돌 층을 연결해주는 역할을 했다. 즉, 다섯 줄의 나란히 쌓인 벽돌들은 양쪽에 수직으로 세워져 자리한 벽돌 덕분에 안정적으로 올라갈 수 있었던 것이다. 수직 벽돌은 마치 책꽂이와 같은 역할을 해주었고, 그 덕분에 완성된 층은 새로운 층과 맞물리면서 혼자 힘으로 버티면서 올라갔다.

헤링본 쌓기 스케치

덕분에 중심틀이 필요 없이 완성되지 않은 벽돌 층이 고정되었다. 양옆에서 수직으로 세워진 벽돌이 주는 압력 덕분에 제 자리에 안정적으로 쌓이는 것이다. 아직 한 층이 완성되지 않았고 모르타르가 완전히 굳지 않았음에도, 벽돌 사이의 구간을 짧게 나눔으로써 스스로 버틸 수 있게끔 했고, 이 짧은 수평 구간들이 중력에 저항하는 일종의 아치가 된 것이다. 필리포는 헤링본 쌓기 기법을 통해 중심틀 없이 돔을 안정적으로 쌓는 방법을 시전한 셈이었다. 훗날 알베르티는 『건축론』에서 필리포의 헤링본 스타일의 쌓기 기법은 무너져 내리기 쉬운 부분을 지탱해 줌으로써 중심틀 없이 궁륭을 쌓아올리는 데 결정적인 역할을 했다고 강조했다. 마치 갈비뼈가 중심이 되어 '뼈와 다른 뼈를 잇고 살과 근육을 붙이면서 가로와 세로, 안팎으로, 비스듬한 방향으로 다양하게 뻗어 나가는' 인체와 같다고나 할까.

그렇다면 필리포는 헤링본 쌓기의 원리를 도대체 어디서 배운 것일까? 사실 이 부분은 아직도 풀리지 않는 또 하나의 수수께끼이다. 물론 헤링본 쌓기는 새로운 기법이 아니었고, 이미 석공이나 벽돌공들에게는 잘 알려진 기법이었다. 로마 시대에는 오푸스 스피카툼이라는 방식으로 알려져 있었고, 영국 튜더 왕조 시기 목재와 벽돌이 혼합되어 지어진 건물들에도 헤링본 패턴은 발견된다. 하지만 두 가지 경우 모두 장력을 행사하는 구조적 기능보다는 장식을 위해 사용했다. 실제로 로마 시대의 경우 헤링본 무늬로 화려하게 장식된 저택 바닥이 종종 있었다.[7]

혹시 우리가 상상하지 못했던 곳에서 헤링본 쌓기 아이디어를

---

7. 로버트 필드(Robert Field), 타일과 벽돌 축조에 사용된 기하학 무늬(Geometrical Patterns from Tiles and Brickwork) (Diss, Norfolk: Tarquin, 1996), 14, 40쪽; 앤드류 플럼브리지 & 빔 모일렌캄프(Andrew Plumbridge & Wim Meulenkamp), 벽돌 축조 건축과 디자인(Brickwork: Architecture and Design (London: Studio Vista. 1993), 146-147쪽.

착안한 것이 아니었을까? 물리적 거리가 있기는 하지만, 페르시아와 비잔티움의 돔에서도 피렌체 대성당에 시도한 것과 비슷한 방식의 벽돌 쌓기 형태를 발견할 수 있다. 그래서 일부 학자들은 필리포가 그 지역으로 여행을 갔을 수 있다는 가능성도 조심스럽게 제기한다. 당시 피렌체는 소아시아와 활발하게 무역을 하고 있었다. 마르코 폴로의 여행기에 언급조차 되지 않았던 것도, 이탈리아인들은 이미 13세기 초부터 소아시아에 대해 워낙 잘 알고 있었기 때문이었다. 1401년부터 1418년까지의 필리포의 행적이 묘연하다는 사실이 이런 추측에 힘을 실어주기도 한다. 설혹 직접 소아시아 지역까지 가지 않았더라도 근동 지방에서 오는 상인들로부터 간접적으로 돔에 대한 이야기를 들었을 수도 있고, 피렌체에 살던 많은 무슬림 노예들로부터 전해 들었을 수도 있다. 피렌체에서 좀 산다는 부잣집치고 무슬림 노예를 두 어 명쯤 두지 않은 집이 없었다. 페트라르카가 '적국의 하인'이라고 부르기도 했던 이들은 주로 터키인, 파르티아인, 칼데아인으로, 모두 근동지역 출신이었다.[8] 물론 이 논리는 그다지 신빙성은 없다. 당시 노예는

8. 아이리스 오리고(Iris Origo), '적국의 하인: 14세기와 15세기 토스카나의 근동 출신 노예 (The Eastern Slaves in Tuscany in the Fourteenth and Fifteenth Centuries', 반사경: 중세학보 (Speculum: A Journal of Medieval Studies), vol. 30 (1955년 7월), 321-356쪽.

대개 십 대 소녀였기 때문에 셀주크 터키의 궁륭 축조 기술에 대해 깊은 지식을 가지고 있었을 리 만무하기 때문이다.

돔의 벽돌 축조술을 면밀히 검토한 넬리는 이 기발한 방법을 쓰면 그 어떤 거대한 건축물도 지을 수 있을 것이라는 생각을 하게 되었다. '이 방식을 쓴다면 제아무리 거대한 규모의 곡선형 건축물도 중심틀이나 비계 없이 얼마든지 높이 올릴 수 있겠다.' 필리포가 지은 또 다른 돔인 산토 스피리토 성당의 돔도 이런 방식으로 올려졌고, 한 세기 지나 젊은 안토니오 다 상갈로 역시 이 방식을 이용했다. 하지만 넬리의 가슴 떨릴 만큼 웅장한 예상은 입증되지 못했다. 이유는 단 하나. 필리포의 위대한 돔을 넘어서는 돔은 지금껏 만들어진 적이 없기 때문이다.

동그라미에 동그라미를 감싸서

Circle by Circle

12

『창세기』에 이르기를, 대홍수와 노아의 방주가 등장하는 시기에는 모든 사람들이 같은 언어를 사용했었다. 노아의 후손 몇몇이 지금의 이라크 지역인 동쪽의 바빌로니아 사막 지역으로 흘러 들어가 정착하게 되었다. 자신들의 정착지를 널리 알리고 싶었던 바벨로니아의 새 주민들은 바벨이라는 위대한 도시를 건설하기 시작했다. 바벨은 '신의 문'을 뜻하니, 이름만으로도 위용이 넘쳤다. 그리고 그들은 이렇게 말했다.

"가라. 우리의 도시를 짓자. 그리고 천국에 닿을 수 있는 탑을 쌓아 올리자."

그 후의 일은 잘 알려져 있다. 이 일화는 인간의, 아니 어찌 보면 건축가의 무모하고 불경한 야심의 결과를 보여준다. 바벨 사람들은 가마에서 구운 벽돌에 타르를 발라 인간의 상상력을 뛰어넘는 높이의 탑을 쌓아 올렸다. 탑은 완성되지 못했다. 지상에서 겸허히 살아야 하는 인간이 감히 천국에 이르려는 욕심을 부리면서 하느님의 분노를 샀기 때문이다. 탑은 무너지고 신은 인간의 오만함에 벌을 내리셨다. 탑을 쌓으려 했던 인간들의 말을 뒤섞어 놓으셨고, 인간은 서로 말이 통하지 않게 되었다. 이 야심찬 공사는 불행하게 끝이 나 버렸다.

후세 학자들은 이 바벨탑 이야기를 조금 현실적으로 해석했고, 고대 히브리인들이 지구라트(ziggurat)를 두고 윤색한 것이라 보고 있다. 절반이 무너져 내린 이 거대한 계단식 피라미드는 세계에서 가장 먼저 문명을 건설한 수메르인들이 세운 것으로 지금까지도 남아있다. 성경에 따르면 각자 다른 언어를 쓰게 된 바벨 사람들은 세계 각지로 퍼져 나가 다른 국가를 세웠고 자신들의 언어를 사용하며 살게 되었다. 이 스토리는 인간의 오만함과 타락함에는 신의 응징이 따른다는 교훈을 가르치기 위함이다. 천국에 닿는 탑을 쌓겠다는 것은 감히 신과 맞먹겠다는 것을 의미하는데, 이는 하느님의 지혜를 얻기 위해 금지된 과일인 선악과를 먹고 에덴동

산에서 쫓겨나게 된 아담과 이브를 연상시키기도 한다. 바벨탑은 인간과 신을 이어주는 다리가 될 수도 있었겠지만, 에덴동산의 생명수인 선악과나무처럼 신과 인간의 다름을 지워 버릴 수 있는 존재이기도 했다. 이는 조물주와 피조물의 관계에 대한 근본적인 위협이었다.

예로부터 대규모의 건축 공사를 진행할 때에는 윤리적 문제를 들고 일어서는 사람들이 있었다.[1] 많은 로마의 문학가들은 별 실용적이지도 않은 거대한 건축물에 막대한 예산을 쓰는 것을 반대하곤 했다. 플루타르코스는 도미티아누스 황제의 으리으리한 궁전이나 욕장을 비난했다. 플리니우스와 프론티누스 역시 세계 7대 불가사의 건축물을 격렬하게 비난하기도 했는데, 특히 플리니우스는 이런 웅장한 건물들은 부를 과시하려는 어리석은 왕들의 허세라며 혐오했다. 그는 마찬가지로 거대했던 로마의 수로만큼은 칭송했는데, 수로는 로마 시민들에게 깨끗한 물을 공급하는 기능을 맡고 있는 중요한 건축물이라 여기고 정성 들여 유지하고 관리했다.

---

1. 크리스틴 스미스(Christine Smith), 초기 인본주의 문화와 건축: 윤리, 미학, 그리고 웅변 1400-1470년(Architecture of the Culture of Early Humanism: Ethics. Aesthetics and Eloquence, 1400-1470) (Oxford: Oxford University Press, 1992), 40-53쪽.

12세기 시토 수도회의 대수도원장이었던 클레어보의 베르나르는 프랑스 전역에서 새로 건축되던 고딕 성당들이 끝도 없이 올라가는 것을 두고 개탄해 마지않았다. 레온 바티스타 알베르티도 비슷한 생각을 했다. 플리니우스나 프론티누스처럼 알베르티 역시 피라미드를 맹비난하면서, 이 '괴물 같은' 건물을 지을 생각을 했던 이집트 사람들은 '제정신이 아니었다'고 말했다. 사실, 거대한 건물이나 기념물을 종종 비판하던 알베르티가 산타마리아 대성당의 돔을 호의적으로 평가한 것은 상당히 뜻밖의 일이다. 그는 심지어 이 건물의 훌륭함 중 하나가 그 거대한 규모라고까지 했다.

토스카나를 뒤덮고도 남을 거대한 그림자를 드리우며 하늘로 높이 솟은 이 웅장한 건물을 본다면, 더군다나 들보나 복잡한 나무 받침대도 사용하지 않고 올렸다는 사실까지 알게 된다면, 제아무리 메마른 심장을 가진 질투에 눈이 먼 사람이라 할지라도 필리포라는 건축가를 칭찬하지 않을 수 있을까?

돔이 도시를 뒤덮고도 남을 만한 큰 그림자를 가졌다는 것은, 소위 며칠을 꼬박 걸어야 겨우 벗어날 수 있을 만큼 긴 그림자를 드리운다는 이집트의 피라미드를 염두에 두고 쓴 표현으로 보인다.[2] 알베르티는 산타 마리아 대성당의 돔이 하느님이 인간에게 주신 창의력의 위대함, 그리고 피렌체의 우월한 문화와 재력을 보여주는 것이라며 정당화했다. 필리포와 그의 석공들은 바벨탑을 지은 건축가들이 넘어서지 못했던 한계를 넘어선 듯 보였다. 돔은 불운했던 바벨 사람들의 야심을 넘어서 천국 너머까지 치솟았기 때문이다.

알베르티가 이 유명한 문장을 쓴 것은 그가 유배 생활을 마치고 피렌체로 돌아온 1428년이었다. 그즈음 성당은 절반 정도 완성되어 있었다. 알베르티 가문은 피렌체에서 꽤 부유한 집안이었는데, 17년 전 추방당한 적이 있었다. 네 살의 어린 나이에 피렌체를 떠나게 된 알베르티는 파도바와 볼로냐에서 자랐다. 훗날에는 미술과 건축에 대해 저술한 책으로 유명해졌지만, 1428년 즈음의 알베르티는 화살로 철갑을 뚫는다든지, 열 명쯤 서 있는 남성들의 어깨 높이를 뛰어넘는 등 탁월한 운동 실력을 갖춘 것으로 유명했다. 그뿐만이 아니었다. 팔방미인이었던 알베르티는 까다롭기로 소문난 말 조련술에도 일가견이 있었고, 항해술과 반려견을 키우는 것에 관한 책을 쓰기도 할 만큼 다방면에 조예가 깊었다. 다

2. 이 부분은 스미스에 의해 언급되었다. 스미스 (Smith), 앞의 책, 45 쪽.

양한 분야에 관심이 있었던 그는 암호 해독의 전신이라고도 할 수 있는 암호문을 작성하는 원반을 만들기도 했고, 로마 유적을 조사하기 위한 천체 관측기까지 발명했다. 그가 관심을 가지지 않는 분야는 없었다고 해도 과언이 아니었다. 그리스어, 라틴어, 법률, 수학, 기하학 모두 그의 관심사였다. 그런 그가 건축에 흥미를 가지게 되었고, 특히 필리포의 돔에 완전히 꽂혀 버렸다. 믿기는 어렵지만, 일설에는 운동 신경 좋은 그가 돔 꼭대기 위로 사과를 던져 올렸다고도 한다.

도시 위로 솟아오르는 돔의 숨 막히는 위용은 알베르티를 포함한 당시 모든 피렌체 시민들에게 가슴 벅찬 감동이었을 것이다. 하지만, 알베르티만큼 꼼꼼하고도 관심 있게 돔을 지켜본 사람은 없었다. 후세의 저술가들이야 그저 산타 마리아 돔이 목재 중심틀의 도움 없이 올라갔겠거니 추측만 할 뿐이지만, 알베르티는 그 모습을 현장에서 직접 목격한 사람이었다. 알베르티는 '모든 사람들이 불가능하다고 믿었던 일'을 결국 가능케 한 이 위대한 공학기술 발전에 대해서도 흥미로운 이야기를 했다. 중심틀 없이 팔각형 돔을 지을 수 있었던 것은 '두꺼운 벽이 완벽한 원을 담고 있었기 때문이었다'라고.

돔이 완공되고 한 세기가 지난 후, 조반니 바티스타 스트로치라는 피렌체의 시인은 산타 마리아 대성당을 재미있게 표현했다. '동그라미에 동그라미를 감싸서 지은 돔.' 은유적인 시인의 표현은 분명히 산타 마리아 대성당의 돔 벽돌을 쌓은 방법을 말하는 것 같다. 그런데, 분명히 돔은 팔각형인데 왜 동그라미라는 말을 썼을까? 대성당의 돔을 쌓는 것이 그토록 지난한 작업이었던 이유 중 하나는 이것이 완벽한 원이 아니라 팔각형이었기 때문 아니었던가. '두꺼운 벽이 완벽하게 둥근 원을 감싸고 있다'는 말이나 '동그라미에 또 다른 동그라미'는 무슨 뜻일까. 이 두 사람은 무슨 말을 하려는 것이었을까?

헤링본 패턴으로 어긋쌓기를 한 것은 분명 획기적인 방법이기는 했다. 하지만 이 방법만으로 돔의 벽들이 안으로 쏟아져 내리는 것을 완벽하게 막기에는 역부족이었을 것이다. 진정한 필리포의 천재성은 바로 이 지점에서 발휘된다. 필리포는 팔각형 돔의 벽 안으로 둥그런 골격을 만들어 넣었다. 즉, 안쪽과 바깥쪽, 두 개의 반구 안에 원형 고리를 이어 넣어 돔을 지탱하게끔 했던 것이다. 두 개의 반구 중 안쪽의 반구가 더 두꺼웠는데, 가장 두꺼운 지점은 2.1미터였고 가장 얇은 지점은 1.5미터정도의 두께였다. 그리고 반구 안에는 75센티미터 정도 두께의 둥그런 궁륭을 넣

비아조 단토니오가 그린 「토스카나 풍경 속의 대천사」 그림의 배경에는 한창 건축되고 있는 돔이 보인다.

을 수 있었다. 이 내부 구조물의 비밀을 밝혀낸 것은 1970년대 중반 영국의 구조공학자인 롤란드 메인스톤이었다. 그에 따르면, 안쪽 돔은 '사실상 완벽한 원이라 할 수 있지만... 팔각형 궁륭 형태의 회랑으로 보이게 하려고 안팎의 일부분을 깎아내렸다.'[3] 해링본 패턴의 어긋쌓기는 안에 숨겨진 원형의 아치형 고리가 나뉘는 중간 부분에 매끄럽게 쌓이지 못하고 앞으로 튀어나오게 되는 벽

3. 메인스톤 (Mainstone), '브루넬레스키의 돔 (Brunelleschi's Dome)', 163쪽.

돌들을 안정적으로 고정시키기 위한 방법이었다.

바깥쪽 돔을 올릴 때는 이와는 조금 다른 성격의 난제에 부딪혔다. 바깥쪽 돔은 안쪽의 돔보다 훨씬 얇았다. 아래쪽은 60센티를 약간 넘는 정도의 두께였고 꼭대기는 30센티미터 정도밖에 되지 않았기 때문에, 이렇게 얇은 반구 안에 도저히 원형의 궁륭을 집어넣을 수 있을 것 같지 않았다. 어떻게 해야 안쪽 돔처럼 안정적으로 잘 지탱할 수 있게끔 할 수 있을까? 사실, 쉽게 이를 해결할 수도 있었다. 잘 고정되어 있는 안쪽 돔의 외벽과 바깥 돔을 잇는 방법도 있었기 때문이다. 하지만 필리포는 이 방법을 선택하지 않았다.

필리포의 창의적인 바깥쪽 돔 해결 방법은 1426년 작성된 돔 공사 수정 계획서에서 찾아볼 수 있다. 이 수정된 계획서는 역시 헤링본 쌓기 방법으로 상층부를 쌓을 것을 제안한다. 그런데, 여기에 한 가지를 덧붙이는데, 바깥 돔의 안쪽으로 수평 아치를 만들자는 것이었다. '바깥 돔을 둘러싸는 완벽한 원 모양의 수평 아치를 돌로 쌓을 예정입니다. 이 아치는 중간에 끊기지 않고 완벽하게 원을 이루어야 합니다.' 계획서에 따르면, 이 아치의 목적은 '바깥 돔을 최대한 안전하게 완성하는 데' 있었다.

이후 석공들이 여덟 개의 아치를 더 쌓았고 또 이 연속된 아치들이 바깥 돔의 일부로 자리 잡은 것을 보면, 아치를 통한 필리포의 의도는 충분히 실현된 것 같다. 아치를 처음으로 목격한 것은 지오바니 바티스타 넬리였지만, 돔 건축에서 얼마나 중요한 역할을 하고 있는지를 밝혀낸 것은 수세기 이후의 메인스톤이었다. 아치를 이루는 목재는 90센티미터의 폭과 60센티미터의 높이로 2.4미터의 간격을 두고 배열되었다. 첫 번째 아치는 두 번째 사암 사슬의 바로 위에 놓였다. 돔 내부의 통로에서 육안으로도 볼 수 있는 이 아치는 바깥 돔의 안쪽 벽에서 수직으로 돌출되어 있는데, 중간 중간 튀어나온 모서리 근처의 늑재를 이어주는 역할도 했다. 횡압력을 견디기 위해 사용했던 돌사슬이나 쇠사슬만큼의 역할을 기대했던 것은 아니었지만, 아치 역시 바깥 돔에서 안쪽 돔으로 무게를 나누는 역할도 일정 부분 했을 것으로 보인다.[4] 원래 아치는 임시로 설치했던 것으로, 투박해 보이거나 방해가 된다면 돔이 완성된 후 철거할 예정이었다.

아홉 개의 아치는 돔을 짓는 과정에서 매우 중요한 역할을 했다. 아치는 환상벽으로부터 약 21미터 정도 올라간 지점에서 시

4. 메인스톤 (Mainstone), '브루넬레스키의 돔 (Brunelleschi's Dome)', 164쪽.

작했는데, 임계각이라 할 수 있는 30도 각도로 돔이 안쪽으로 기울기 시작하는 지점이었다. 헤링본 쌓기 역시 마찬가지였는데, 테두리 장력이 강하게 작용하는 아래쪽은 놔두고 위에서부터 시작되었다. 바깥 돔의 벽을 따라가는 아치들은 팔각형 면들이 만나는 모서리 지점에서 두꺼워졌다. 그래야지만 '바깥 돔의 벽을 둘러싸면서도 도중에 끊이지 않는' 온전한 원 모양의 아치를 만들 수 있었다. 이 역시 1426년의 수정 계획서에서 밝힌 바 있다. 덕분에 바깥 돔의 벽돌 공사는 도중에 안으로 무너지지 않고 구조 자체의 힘으로 버티면서 진행될 수 있었다. 놀라운 점은, 이 아치 고리들이 완벽하게 가려져 있어서 안쪽 돔과 바깥쪽 돔 사이의 일부 부분을 제외하고는 눈에 띄지 않았다는 점이다. 밖에서 보면 돔은 1367년 원안 모델이 요구했던 그대로 완벽한 팔각형의 모습을 하고 있었다. 밖에서 보이는 모습과 안의 실제 모습을 헷갈리게 하는 착시효과의 달인 필리포의 실력이 또 한 번 여지없이 발휘된 결과물이었다.

시인 지오반니 바티스타 스트로치가 말한 '동그라미 위에 또 다른 동그라미'라는 표현은 벽돌을 쌓는 방식이나 원을 그리면서 조금씩 위로 올라가는 돔의 아치만을 가리킨 것은 아니었다. 이는 단테의 『신곡』을 연상케 하는 말이기도 하다. 단테는 그의 『신곡』

에서 '동그라미 위에 또 다른 동그라미 (giro in giro)'라는 말을 아홉 개의 동심원으로 이루어진 천당을 묘사할 때 쓴 바 있다. 돔을 단테의 천당과 비교하는 것은 여러 가지 면에서 그럴듯하다. 실제로 필리포는 단테 전문가라고 할 수 있을 정도로 『신곡』에 대해 꽤 깊은 연구를 한 바 있었고, 이 과정에서 단테가 묘사한 천당을 기하학적 관점에서 정확히 구현해내고 싶은 그의 건축적 본능이 꿈틀거렸을 것이다. 원래 돔이란 천당의 상징이 아니었던가. 동서양을 막론하고 가장 성스러운 예배당의 천장은 늘 천당으로 인식되었고, 예술가들은 그림이나 모자이크를 통해 그 세계를 꿈꿔왔었다. 페르시아의 돔은 인간의 영혼이 신을 향해 날아가는 모습을 그리기도 했다.[5]

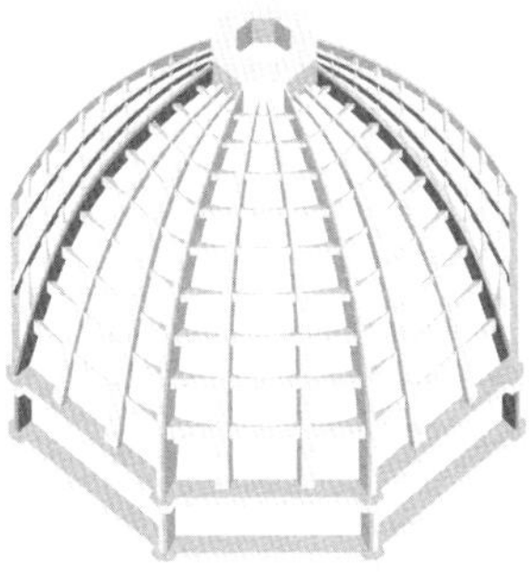

돔의 외벽 안에 들어간 아홉 개의 수평 아치

5. 칼 레만(Karl Lehmann), '천국의 돔(The Dome of Heaven)', 미술 공보(Art Bulletin) 27 (1945), 1-27쪽; 압바스 다네슈바리(Abbas Daneshvari), 중세 이란의 묘탑: 도상학적 연구(Medieval Tomb Towers of Iran: An Iconographical Study) (Lexington, Kenstucky: Mazda Publishers, 1986), 14-16쪽.

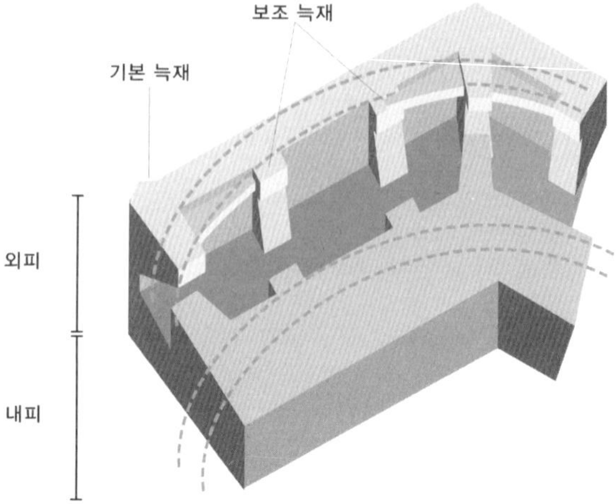

수평 아치 고리들이 팔각형의 외벽과 내벽 안에 들어가 있는
원리를 설명한 그림

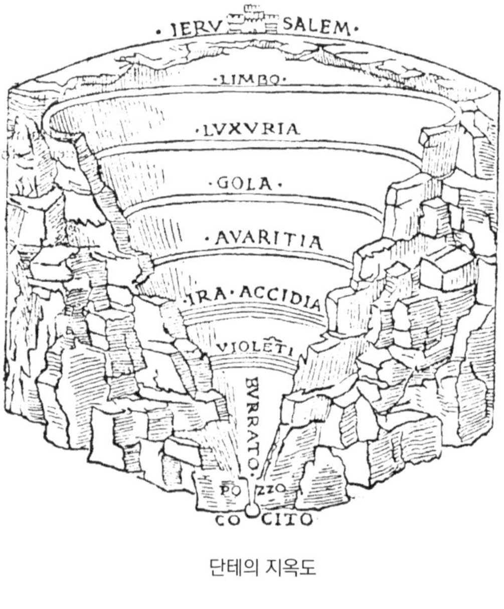

단테의 지옥도

하지만 필리포의 아홉 개의 동그라미는 또 다른 유명한 고리를 연상시키기도 했다. 바로 단테의 지옥이었다. 단테의 지옥 역시 아홉 개의 동그라미로 묘사가 되어 있었는데, 다만 돔을 거꾸로 뒤집어 놓은 원뿔처럼 아래로 내려가는 모양이었다. 돔을 지옥으로 비유하는 것도 전혀 무리가 없는 것이, 첫 번째 아치를 완성한 1428년, 필리포는 지옥으로 떨어지는 것과 같은 경험을 하게 되었다.

아르노 강의 괴물

The Monster of the Arno

13

1428년 봄까지 돔 공사는 순조롭게 진행되었다. 겨우 팔 년이라는 짧은 시간 안에 돔은 환상벽 위로 21미터나 올라갔고, 그 위로는 돔의 지름이 줄어들 일만 남았기 때문에 자연스럽게 공사도 더 빨리 진척될 것으로 보였다. 그런데, 바로 이 1428년에는 필리포가 돔 공사를 시작하고 처음으로 겪게 될 시련이 기다리고 있었다. 이 시련은 이전의 난제들에 비하면 시시하고 사소한 문제로부터 시작되었다.

사실 산타 마리아 대성당의 외벽은 벽돌로 쌓은 부분을 제외하고는 모두 대리석으로 덮기로 백 년도 전에 이미 정해졌었다. 대리석 건물은 고대 건축의 전형적인 특징이었는데, 피렌체에서는 주로 사암을 사용했고 대리석은 특별한 경우에만 간간이 사용하곤 했다. 필리포 역시 돔에만 대리석을 썼을 뿐, 자신의 다른 건물에서는 전혀 대리석을 사용하지 않았다. 이유는 한 가지였다. 대리석은 피렌체 근처에서 구하기 힘들어서 먼 길을 운반해 와야 했기 때문이었다. 장거리 운반을 하면서 돌이 손상되지 않게끔 실어오는 일은 여간 성가시고 까다로운 일이 아니었다. 그럼에도 불구하고 산타 마리아 대성당의 설계자들은 대리석을 고집했다. 그들은 대성당 외벽을 세 가지 색깔의 벽돌로 덮어서 장식해야 한다고 주장했다. 베르데 디 프라토라는 초록색 벽돌, 마르뭄 루베움이라는 붉은색 벽돌, 그리고 비앙끼 마르미라는 하얗게 빛나는 대리석. 돔의 거대한 여덟 개의 벽돌 늑재를 비앙끼 마르미로 덮으려 했던 성당 사업단은, 1425년 6월, 560톤의 대리석 주문 계약서에 사인했다.

비앙끼 마르미를 얻을 수 있는 채석장은 피렌체에서 북서쪽으로 약 100킬로미터 가량 떨어진 까라라 근처에 있었다. 멀리 떨어져 있는 지역에서 나는 이 대리석은 참으로 파란만장한 역사를 가지고 있었다. 처음 이 대리석을 발굴한 것은 로마인이었는데, 이들은 이 돌로 (1453년 프라스카티에서 발굴된) 〈벨베데레의 아폴로〉상을 조각하고 〈콘스탄티누스 개선문〉을 세웠다. 미켈란젤로의 〈다비드〉와 〈피에타〉 같은 역작들 역시 이 돌을 사용했다. 미켈란젤로는 까라라 부근의 눈부시게 하얀 대리석 산에 몇 개월씩 머물면서 로마 시대의 채석장을 다시 열고 대리석을 꼼꼼히 점검했다. 때로는 하얀 대리석 산기슭에 거대한 조각을 새기는 상상에 빠지기도 했다.

까라라 대리석은 유럽에서 가장 인기 있는 대리석이었다. 단단할 뿐 아니라 깨끗하게 절단되고 또 백옥처럼 하얀 것이, 조각과 장식을 위한 최고의 품질이었다. 당연히 엄청나게 비쌌다. 비싼 가격에도 불구하고 성당 사업단은 이미 백여 년 전부터 이 새하얀 대리석을 피렌체로 들여와서 지오토의 종루를 만들 때에도 사용했었다. 대리석 운반을 위해 피렌체 시민의 노동력까지 강제 동원했는데, 1319년 성당 건축 사업단은 성당 건축을 위한 대리석이 아르노강을 따라 들어오면 일반 시민들도 운반하는 데 동참해야 한다고 '명령'했다. 이 노동에는 작은 배를 운항하는 사람들이 동원되었는데, 주로 어부 내지는 아르노 강의 모래밭에서 자갈을 모아 건축업자에게 팔아서 생계를 이어가는 이들이었다. 12세기 프랑스에서 대성당을 건축할 당시, 소가 아니라 신앙심 넘치는 일반인들이 직접 마차를 끌어 채석장에서부터 공사 현장까지 돌을 운반했던 일이 있었다. 아마도 사업단은 당시의 '숭배의 (인간) 마차'를 재현해 보겠다고 생각했는지도 모르겠다.

까라라 대리석을 캐고 다루는 일은 매우 섬세하고 까다롭고 심지어 위험한 작업이었다. 채석 방식은 트라시니아 채석장에서 사암을 캘 때와 비슷했다. 채석부가 곡괭이, 망치, 쇠지렛대, 쐐기, 무거운 도끼같은 연장을 이용해 대리석을 한 움큼 잘라냈다. 당연한 이야기이지만 힘만 좋다고 유능한 채석부가 될 수는 없었다. 대리석 암층에 대한 정확한 지식이 있어야 했고, 돌의 결을 따라 혹은 반대로 절단하는 능력도 갖추고 있어야 했다. 어느 정도 돌의 윤곽을 잡으면, 이번에는 숙련된 기능장이 도면에 표기되어 있는 정확한 사이즈와 모양으로 돌을 잘라냈다. 까다롭기로 악명이 높은 흰 대리석을 잘라내는 후반부 작업을 하기 위해서는 훨씬 다양하고 많은 연장을 사용해야 했는데, 모두 수없이 담금질해서 날카롭고 강도가 높은 것들이었다. 먼저 수비아라고 부르는 뾰족하고 날카로운 연장을 이용해 대리석의 마지막에서 두 번째 껍질 안으로 3에서 5센티미터까지 팠다. 그러고는 날 가운데가 옴폭 파인 스카르펠라라는 정으로 대리석을 깎은 후, 다양한 모양과 굵기의 리마 라스파라는 거친 끌을 이용해 다듬었다.

위의 공구들로 깎아낸 대리석은 표면을 부드럽게 하고 광택을 내는 마무리 폴리싱 작업에 들어갔다. 폴리싱은 서너 번의 과정을 거치게 되는데, 처음에는 돌 위에 날카로운 모래를 뿌린 후 쇠판으로 문질러서 대리석 표면의 거친 부분을 부드럽게 만들었다. 두 번째에는 훨씬 고운 모래나 숫돌 가루를 뿌린 후 연마했고, 세 번째 과정에서는 트리폴리라 부르는 붉은 석회암 가루를 뿌렸다. 마지막 폴리싱 과정에서는 산화주석 가루를 뿌렸다. 이 과정을 거친 후의 대리석은 마치 유리처럼 부드럽고 매끄러웠다.

돈을 아끼기 위해서라면 채석장에서 대리석을 가공한 후 운반하는 것이 유리했다. 필요 없는 부분을 모두 깎아낸 후 옮기는 것이라 아무래도 무게를 줄일 수 있었기 때문이다. 하지만, 피렌체까지 그 먼 거리를 아무런 흠집 없이 대리석을 운반하는 것은 결코 쉬운 일이 아니었다. 검사에 합격한 대리석 덩어리는 권양기로 들어 올려서 수레에 실었다. 들어 올리고 싣는 과정에서 대리석이 다치지 않도록 심혈을 기울였다. 대리석을 실은 수레는 구불구불한 산길을 내려와 까라라 시내에 도착했다. 까라라 도심은 대성당이고 시청이고 온통 새하얀 비앙끼 마르미로 지은 건물로 뒤덮여 있었다. 관세를 지불한 후, 루니항을 향해 몇 킬로미터 더 갔다. 루니는 극성스러운 말라리아로 유명하기도 했지만, 로마 시대부터 항구 도시로 알려진 곳이기도 했다. 항구에 도착해서는 해변에 대리석을 내리고 나무 굴대로 굴린 후, 디딜바퀴가 달린 기중기로 들어 올려 바지선에 실었다. 바지선은 리구리아 해를 따라 피렌체까지 항해를 시작하는데, 결코 만만치 않은 길이었다. 아니, 사실은 수많은 위험이 도사리고 있었다. 1421년에는 바지선이 풍랑으로 침몰하는 일도 있었는데, 이 배에는 돔의 빗물받이 위 처마 장식을 만들기 위한 비앙끼 마르미가 잔뜩 실려 있었다. 안타깝게도 대리석은 모두 수장되었다. 40킬로미터의 긴 항해를 마친 바지선은 아르노 강 하구에 도착했고, 여기에서부터는 모래톱과 여울목을 피해 가면서 피렌체를 향해 강을 따라 올라갔다.

운송비를 마련하기 위해 성당 사업단은 까라라에서 운반해 온 대리석의 일부를 피렌체의 부호에게 비석용으로 팔기도 했다. 급할 때엔 높은 관리나 부유한 모직상의 비석용으로 수입된 대리석을 징발하기도 했다. 실제로 1426년 7월에는 성당 건축 사업단은 비석용 대리석을 징발해야 했는데, 비싸진 운송비로 인해 양질의 대리석이 부족했기 때문이다. 아마도 이미 무덤에 놓인 비석 말고, 창고에 비축되어 있던 묘석을 가져간 것으로 보인다. 이쯤 되니 이 고귀한 대리석을 좀 더 싸고 편리하게 운반할 수 있는 방법이 절실해졌다. 당연히 그 누구보다도 야심만만하고 창의적인 필리포가 발 벗고 나섰다.

비용 면에서 보면 수로가 육로보다 훨씬 유리했다. 육로로 운반하다 보면 도로 사정도 달라지고 날씨의 영향을 받을 수밖에 없었기 때문이다. 짐을 실어 나르는 동물도 항상 같은 컨디션을 유지할 수 없었고 수레 역시 언제 어떻게 고장이 날지 모를 일이었다. 실제로 피렌체까지 육로를 이용해 곡식을 운반할 때의 비용은 아르노 강을 따라가는 수로를 이용할 때보다 무려 열두 배나 비쌌다.[1] 하지만 수로라고 늘 좋은 것만은 아니었다. 계절과 날씨에 따라 강물의 양이나 속도가 달라졌던 변덕쟁이 아르노 강은 항해 내내 선원들을 긴장하게 했다. 피렌체부터 피사까지 약 90킬로미터에 이르는 구간은 침적토가 심하게 쌓여서, 뜨거운 한여름에는 실개천 수준밖에 안 되었다. 테임즈 강과 달리 아르노 강에는 항해 시 도움을 받을 수 있는 조류가 거의 없었다. 피사를 오가는 갤리선들은 가끔 강둑의 나무를 붙잡고 배를 끌어당겨야 하는 일도 있었다. 비가 쏟아져 내리는 우기에는 아르노 강을 따라 운반하는 것이 거의 불가능했다. 피에나(piena)라고 부르는 봄철 홍수가 찾아오면 아르노 강은 성난 급류로 돌변했다. 아펜니노 산맥 줄기를 타고 내려오는 엄청난 물 폭탄은 강둑을 무너뜨리고 다리를 허무

1. 말렛(M. E. Mallet), 15세기 피렌체의 갤리선 (Florentine Galleys of rhe Fifteenth Century) (Oxford Clarendon Press, 1967), 16쪽.

는 등 피렌체와 피사를 그야말로 물바다로 만들었는데, 이는 매년 되풀이되는 연례행사나 다름없었다. 모든 조건이 항해를 위해 이상적이라 해도, 바닥이 넓적한 바지선은 피렌체로부터 16킬로미터 정도 떨어진 시냐 항까지만 갈 수 있었다. 그 이후의 구간은 수심도 낮고 모래톱이 많아서 항해가 불가능했기 때문이다. 결국 마지막 피렌체까지의 구간은 노새의 등에 짐을 싣거나 다시 수레를 이용해 끌어가야 했다.

수시로 변하는 아르노 강의 조류 문제를 해결하기 위해 사람들은 다양한 방법을 고안해냈다. 큰 두레박이나 들통을 긴 축에 매단 후 디딜바퀴를 이용해 진흙을 파 올리는 준설기를 이용해 강바닥의 진흙을 퍼 올리기도 했다. 하지만 홍수가 나면 진흙은 금방 다시 강바닥에 쌓여 버리곤 했다. 범람한 물로 제방이 무너진 곳은 임시방편으로 낡은 갤리선을 배치해서 막아 놓았지만, 더 많은 비가 내리게 되면 이것도 언제 떠내려갈지 모르는 일이었다. 1444년, 필리포가 토목공학자로서 진행했던 막판 작업 중 하나는 피사에 있는 산 마르코 항구 부근의 아르노강 제방을 보수하는 일이었다. 수십 년 뒤, 야심만만했던 레오나르도 다빈치는 폭이 15미터 되는 운하 건설을 계획하기도 했다. 비만 오면 동맥경화에 걸리는 아르노 강은 아예 접어놓고, 피렌체 부근 아르노 강에서 출발해 프라토, 피스토이아를 거쳐 북동쪽으로 40킬로미터 정도 올라간 다음 다시 남쪽으로 틀어서 피사에서 몇 킬로미터 떨어진 비코피사노의 강과 만나는 물길이었다. 물론, 이 담대한 계획은 대부분의 레오나르도 계획이 그랬듯이 이루어지지 못했다.

필리포는 달랐다. 1426년, 그는 강을 따라 물건을 운송하는 수송 문제를 근본적으로 해결할 방안을 마음속으로 그리고 있었다. 이미 수없이 많은 분야에서 혁신적인 발명가였던 그는 1421년 세계 최초로 자신의 발명품에 대한 특허를 받기도 했다.[2] 특허 인증서에는 '매우 통찰력 있는 지성과 근면성, 창의력을 가진 인물'인 건축장 필리포에게 '통상적인 수준보다 적은 비용으로 아르노강을 비롯한 모든 수로로 상품과 짐을 운반할 수 있는 배 혹은 기계를 만들 경우' 독점 특허권을 인정한다고 적혀 있었다.[3] 이전까지는 발명가들의 디자인이나 설계가 도용되거나 모방하는 것을 방지하는 특허제도란 것이 없었다. 과학자들 사이에서 암호문이

2. 막시밀리언 프럼킨(Maxlmilian Frumkin), '초장기 발명품 특허의 역사(Early History of Patents for Invention', 뉴커먼 협회보(Transactions of the Newcomen Society) 26 (1947-1949), 48쪽.

3. 프라거 & 스칼리아 (Prager & Scaglia), 브루넬레스키 (Brunelleschi), 111쪽.

애용되고 필리포가 자신의 발명품의 비밀을 다른 이들과 공유하는 것을 극도로 꺼렸던 것도 바로 이 때문이었다. 필리포는 자신의 친구인 마리아노 타콜라에게 표절 문제와 함께 이에 대해 이해가 부족한 대중들의 무지에 대해 신랄하게 비판했다.

> 사람들은 발명가가 이야기할 때 그의 발명품을 대놓고 깔아뭉개기만 하고 무시하곤 하지. 그렇게 되면 발명가는 영예로운 자리에서 그 이야기를 할 수가 없게 돼. 그러고 몇 달 후 혹은 일 년쯤 후, 그 발명가가 했던 말을 자신의 글이나 설계에서 그대로 써먹어. 처음 아이디어를 내놓은 발명가는 묵사발로 만들어 놓고 뻔뻔하게 자신들이 독창적인 발명가인 양 행세하면서 남의 영광을 가로챈다고.

특허제도는 이런 상황을 개선하기 위해 도입된 것이었다. 어쩌면 필리포는 적은 비용과 훨씬 효율적인 방법으로 아르노 강을 따라 대리석을 운송하는 방법을 이미 마음속에 그려놨을지도 모른다. 하지만 특허장에는 이 발명품이 많은 곳에 활용이 되어 '상인을 포함한 다른 사람들'에게 큰 혜택이 돌아가야 한다고 명시해 놓았다. 필리포의 배는 건조가 되자마자 그 특이한 모습덕분에 '일 바달로네(Il Badalone)', 즉 '괴물'이라는 별명을 갖게 되었다. 특허권 덕분에 필리포의 설계도를 도용해서 만들어진 배는 그의 독점 특허를 침해한 것이기 때문에 불태우게 되어 있었다.

특허로 보호를 받았음에도 불구하고 필리포는 그의 설계를 도용하는 자들이 나타날 것을 여전히 우려했는지, 일 바달로네의 설계도를 공개하지 않았다. 그래서 이 배의 자세한 설계에 대해서는 별로 알려진 바가 없다. 마네티와 바사리는 필리포가 수송선을 만들었다는 일화를 아예 언급조차 하지 않는데, 아마도 자신들의 영웅에게는 어울리지 않는 실패담이기 때문일 것이다. 어쨌든 매우 독창적이고 모험적인 기술을 활용했기에 특허를 받았을 것이다. '괴물'이라는 별명으로 미루어 보건대, 일 바달로네는 꼴사나울 정도의 엄청난 규모에 별 장식을 하지 않아서 사람들에게 별 호감은 주지 못하는 외관이었음이 틀림없다. 물론 건조 비용은 줄였겠지만, 어쩌면 이런 것들이 안 좋은 결과를 낳는데 일조했을 수도 있다.

이 배에 대해 지금까지 유일하게 남아 있는 것은 마리아노 타콜라의 그림뿐이다. 무슨 바람이 불었는지 필리포는 타콜라에게 배를 건조하는 과정을 꽤 자세히 설명한 듯하다. 마리아노가 쓴 『공학에 대하여』라는 책에는 대리석 광산으로부터 대리석을 실어 온 바퀴 열네 개를 가진 짐차가 뗏목으로 전환된 후 밧줄로 견인선과 연결되어 끌려가는 장면이 묘사되어 있다. 실제로 1427년 필리포는 일 바달로네를 견인하기 위해 성당 사업단으로부터 밧줄을 빌렸다고 알려져 있다. 타콜라의 그림으로 추측해 보면, 일 바달로네는 바닥이 납작한 뗏목이었던 것 같다. 이 뗏목을 튜브처럼 생긴 나무통으로 밑을 받쳐서 견인선이나 강변의 황소에게 밧줄로 연결해 끌고 가게 했던 것으로 보인다. 하지만 나름 실력 있는 공학자였던 타콜라마저도 이 특이한 배 설계 앞에서는 당황했던 것 같다. 타콜라는 결국 일 바달로네의 묘사에 실패한다. '하나하나 자세하게 설명하려고 했지만 솔직히 그 누구도 할 수 있을 것 같지 않다'면서 '이 배의 독창성은 그림이나 글로 표현하기보다 건축가의 가슴과 머리속에 남겨두자'라며 아쉬워했다.

배가 어떻게 생겼든 간에, 일 바달로네는 돔의 늑재로 쓸 대리석 운반을 위해 딱 한 번 쓰였다. 비석으로 써야 할 대리석을 성당 사업단이 징발하는 웃지 못할 일이 있고 나서 일 년 만에, 필리포는 45톤의 대리석을 피사에서 들여오기로 계약을 맺었다. 그의 새로운 배를 이용한다면 1톤당 수송비를 7.5 리라에서 4.7리라로 거의 절반 가까이 줄일 수 있었다.

「일 바달로네」 타콜라 작.

모든 사람들이 희망적인 것은 아니었다. 처음 모습을 드러내면서부터 일 바달로네는 놀림감이 되었다. 특히나 돔 공사 과정에서 필리포가 보여준 놀라운 성과에 잠시 주눅 들어 있었던 그의 라이벌들에게는 좋은 먹잇감이었다. 일 바달로네를 물어뜯었던 이들 중 가장 적극적이었던 것은 (또다시) 조반니 다 프라토였는데, 프라토는 이 때다 싶었는지 필리포와 최근 그가 내놓은 발명품들을 비난하는 풍자시를 짓기도 했다. 특히 필리포의 배를 두고 '물새(acque vola)'라고 비아냥거린 것을 보면, 아마도 일 바달로네가 외륜을 여러 개 달고 있었던 듯하다. 미시시피강을 오르내리던 증기기관선처럼 말이다. 조반니에게는 물속에서 오리발처럼 철퍼덕거

시에나의 발명가인 프란체스코 디 조르조가 그린 외륜선

리면서 돌아가는 외륜이 우스꽝스러운 새의 날개짓처럼 보였던 것이다. 디딜바퀴로 돌아가는 외륜은 몇 년 후에야 제대로 된 디자인으로 등장한다.

조반니는 몇 년 전에도 돔의 곡면이 잘못되었다면서 독설을 퍼부은 적이 있었지만, 이번에 그가 쏟아낸 조롱은 그때의 것과 비교하면 훨씬 강도가 셌다. '무식함의 온상', '비루한 짐승, 머저리'

라며 인신공격도 서슴지 않았고, 심지어는 필리포의 계획이 성공하기라도 하면 스스로 죽어버리고 말겠다며 호언장담을 했다. 필리포 성격에 이런 모욕을 그냥 넘길 리 없었다. 인문학자였던 조반니처럼 유려한 문장을 쓸 수 있을 만큼 많이 배우진 않았지만, 필리포 역시 단테를 연구했을 정도로 문학적 소양이 있는 사람이었다. 그 역시 마찬가지로 신랄한 풍자시를 통해 복수했다. 자신의 독창적인 설계에 담긴 비밀스러운 뜻을 이해할 능력도 없는 '웃기는 짐승'이라며 그의 고매한 라이벌을 조롱했다. 두 사람 사이의 비난과 조롱이 점점 심각해지자, 얼마 후 필리포는 여러 다른 피렌체 시민들과 함께 '그동안 받았던 모든 상처를 용서하고, 증오를 내려놓고, 파벌 의식이나 편견에서 벗어나 오로지 공화국의 이익과 명예 그리고 위대함을 위해, 그것이 어떤 파벌이나 파당 의식에서 비롯되었던 이유 여하를 막론하고 지금까지 받았던 모든 공격을 잊겠다'고 서약해야 했다. 물론, 필리포가 지키기 힘든 서약이었다.

결론만 말하면, 조반니 다 프라토는 자살이라는 무시무시한 약속을 지킬 필요가 없었다. 시작부터 꼬였던 문제들로 인해 배의 건조는 미루어졌기 때문이다. 일 바달로네에 대한 특허는 1412년 부여됐지만, 실제로 처녀항해를 나선 것은 그로부터 7년이나 지난 후였다. 특허의 유효기간이 3년이었기 때문에, 그사이 적어도 한 번은 특허를 갱신할 필요가 있었다. 1426년 여름, 필리포는 피사 시가지의 성곽을 높이는 문제를 해운관과 협의하기 위해 피사를 방문했다. 해운관은 피사를 드나드는 모든 선박과 물품을 조사할 뿐 아니라 아르노 강을 이용하는 배들에 대해 통행권을 발급하는 중요한 직위였기 때문에, 필리포가 이 방문을 기회로 일 바달로네와 관련한 문제들을 논의했던 것으로 보인다. 어쩌면 피사에서 일 바달로네를 건조했을 가능성도 있는 것이, 피사는 당시 조선기술이 뛰어나기로 유명한 도시였기 때문이다. 당시 피사의 조선소에서는 1422년 알렉산드리아로 첫 항해를 시작한 피렌체 함대 일부가 한창 건조되던 중이었다. 어쨌든 1428년 5월 초, 필리포의 혁명적인 '괴물'은 100톤의 새하얀 대리석을 싣고 피사의 부두를 떠났다. 기술적 결함으로 인한 사고의 그림자가 짙게 드리워져 있는 것을 모른 채.

설계상에 하자가 있어서였는지, 아니면 아르노 강의 종잡을 수 없는 모래톱과 조류 때문이었는지, 그것도 아니면 그저 불운했던 것이었는지, 일 바달로네의 불행한 운명에 대해서는 자세히 기록되어 있지 않다. 분명한 것은 이 배가 피렌체는커녕 시냐까지도 가지 못했다는 사실이다. 배는 피사에서 40킬로미터쯤 떨어진 엠폴리 근처에서 좌초되었고, 배에 실렸던 대리석은 모조리 분실되었다. 사고 직후 초조함이 극에 달한 성당 사업단 관리들은 필리포에게 '일 바달로네로 피사에서 엠폴리까지 싣고 가던 똑같은 양의 흰 대리석을 작은 배들에 실어서 앞으로 8일 안에 사업단에게 보낼 것'을 통보했다.

필리포는 사업단이 요구한 기한 내에 대리석을 보내지 못했다. 사고가 난 지 두 달 후, 필리포는 침몰한 배와 화물을 인양하기 위해 무려 100킬로그램이 넘는 양의 밧줄을 구입하러 다니느라 분주했다. 조반니 다 프라토가 흐뭇한 미소를 지으며 그 모습을 바라보는 것은 필리포에게 무척이나 모멸스러운 일이었을 것이다. 강바닥에 가라앉아버린 배에서 무슨 수로 대리석을 끌어 올리려 했는지는 알 수 없지만, 타콜라의 스케치는 이를 위해 필리포가 바지선 두 척을 동원했다는 사실을 알려준다. 인양 작전은 세기의 많은 기술자들의 상상력을 자극했고, 다양한 종류의 잠수복이 만들어지기도 했다. 타콜라와 프란체스코 디 조르지오는 다양한 호흡 장비와 수중 마스크, 잠수부를 물 안팎으로 집어넣고 꺼내는 공기 주머니를 발명했다. 이 노력들은 1446년 찬란한 결실을 맺게 되었는데, 그중 하나가 알베르티가 제노바의 잠수부들을 고용해 네미호 바닥에 가라앉았던 고대 로마 칼리굴라 황제의 선체 일부를 인양한 일이다. 이는 15세기 공학 기술의 가장 빛나는 업적 중 하나였다.

그렇지만 아르노 강은 필리포에게 그런 성공을 허락하지 않았다. 4년 반이 지난 후에도 성당 사업단은 100톤의 흰 대리석을 피렌체로 들여오기로 한 계약을 완수하라며 압박을 가했다. 심지어 일 바달로네가 완전히 파손되지는 않았을 것이라는 말도 했다. 1433년 3월, 공사 현장 감독을 맡고 있던 바티스타 단토니오는 어쩔 수 없이 비석용으로 들여온 대리석을 돔 공사에 사용하는 편법을 사용해야만 했다. 같은 해 여름, 사업단은 결국 필리포와 골치 아픈 배에 대한 기대를 완전히 접고, 세 명의 유통업자와 600톤의 대리석을 톤당 7.5리라에 피렌체로 공수하는 계약서에 사인했다. 애초에 필리포가 제시했던 것보다 거의 두 배나 많은 액수였다.

일 바달로네로 인해 필리포는 엄청난 재산상의 손실을 보았다. 건조 비용은 물론 대리석을 사서 싣는 비용 모두 자신이 치렀기 때문이다. 필리포는 총 1,000플로린이라는 거금을 날렸는데, 이는 건축장으로서 그가 받았던 연봉의 열 배나 되는 거액일 뿐 아니라 그의 전 재산의 3분의 1이나 되는 돈이었다. 획기적인 발명을 통해 일확천금을 노렸던 것이 불러온 화라고 하기에는 너무나

가혹했다. 더욱 견디기 힘들었던 것은 '현존하는 아르키메데스'라는 명성에 오점을 남겼다는 사실이었다. 그 명성은 몇 년 후, 또 다른 야심찬 계획이 처참하게 실패하면서 다시 한번 크게 타격을 입게 된다.

루카에서의 참사

Debacle at Lucca

14

일 바달로네가 역사적인 첫 항해를 시작하기 몇 주 전, 필리포는 사암 채석부들을 독려하기 위해 말을 타고 트라시나이아 채석장으로 향했다. 이즈음 돔은 벌써 30미터 높이까지 올라가 있었다. 지상에서부터 따지면 무려 81미터나 올라간 것이니, 요즘 건물로는 약 20층 높이에서 석공들이 작업을 하고 있었던 셈이다. 돔의 각도가 점점 안으로 기울어져 갔고, 석공들은 세 번째 사암 사슬을 장착하기 위한 준비에 들어갔다. 1429년 초반에는 두오모 광장으로 들보들이 실려 들어왔고, 필리포의 기중기인 카스텔로도 도르래 바퀴를 새것으로 교체했다.

재앙에 가까운 일 바달로네 사건이 있었지만, 필리포의 창의력과 설계에 대한 성당 사업단의 신뢰는 여전했다. 필리포가 만들어낸 소가 끄는 강력한 권양기의 등장 이후, 1396년에 제작되었던 낡은 디딜바퀴를 단 기중기 로타 마냐는 자연스럽게 쓸모없는 기계가 되었고, 성당 사업단은 이를 다른 곳에 팔아버렸다. 사업단은 주교좌 궁륭을 올릴 때 사용했던 중심틀의 목재마저도 팔아치웠다. 중심틀 목재를 처분했다는 것은 성당 사업단 임원들이 필리포를 얼마나 신임했는지를 단적으로 보여주는 장면이다. 십 년 전까지만 하더라도 중심틀 없이 돔을 쌓아 올리겠다는 필리포의 설계를 그렇게도 미더워했던 이들이 이제는 돔을 올리는데 나무 중심틀 따위는 필요 없다는 확신에 차 있었다. 이미 반 정도 완성되어 눈앞에 서 있는 돔이 바로 그 증거가 아니겠는가. 심지어 그렇게도 신성시하며 고이 모셨던 네리 디 피오라반티의 1367년 대성당 모형을 이제는 성당 사업단의 화장실로 이용하고 있었다. 그 정도로 그들은 자신만만했다.

하지만 세 번째 사암 사슬을 올리는 작업은 생각만큼 순조롭게 진행되지 않았고, 4년이나 지나고 나서야 겨우 끝났다. 돔 공사가 시작된 이래, 이렇게까지 심각하게 늦어진 적은 없었다. 공사가 지연된 첫 번째 원인은 1429년 여름 돔에서 가장 가까운 동쪽 끝

신랑의 측벽에서 발견된 균열 때문이었다. 일 바달로네의 악몽이 채 일 년도 지나지 않은 그때, 필리포는 그보다 훨씬 더 무시무시한 재앙이 닥칠 수도 있다는 사실을 맞닥뜨려야 했다. 지금까지의 공사 방식을 고수했다가는 성당 건물이 도저히 돔의 무게를 버텨낼 수 있을 것 같지 않았다.

처음엔 성당 사업단들도 당황하지 않고 필리포에게 의견을 물었다. 필리포는 또 한 번 대담한 방책을 제시했다. 벽에 금이 간만큼, 아예 이번 기회에 대성당 전체를 재건축하자는 것이었다. 필리포는 이미 머릿속에 네리 디 피오라반티의 모형과는 다른 성당을 떠올리고 있었다. 그가 모델로 생각하고 있었던 것은, 아르노 강변의 아주 오래된 성당을 고딕 양식으로 재건축한 산타 트리니타 성당이었다. 이 역시 네리의 손길이 닿은 건물이었다. 필리포는 네리의 산타 트리니타 성당 설계처럼 성당 측랑에 예배실을 여러 개 만들어서 본당을 지탱할 것을 제안했다.

측랑에 여러 개의 예배실을 두는 건축 방식은 이미 필리포에게 익숙한 것이었다. 그는 피렌체의 여러 성당을 그런 식으로 설계하고 건축한 경험이 있었는데, 산타 펠리치타 성당의 바르바도리 예배실이나 산 자코포 성당의 리돌피 예배실이 대표적인 예다.

1428년에는 아우구스티노 수도회의 산토 스피리토 성당 개축 공사를 시작했는데, 그곳에서도 무려 서른여섯 개의 예배실을 만들어서 피렌체의 명문 가문이 하나씩 차지할 수 있도록 설계했다. 당시 피렌체 명문가는 가문의 일원이 사망하면 그의 유골을 성당 안 특별 예배실에 화려하게 모시곤 했다.

부와 명예를 갖춘 자들에게만 허용되는 양식이었고, 가난한 이들의 유해는 지하 납골당으로 가곤 했었다. 메디치 가문의 유골은 산 로렌초 성당에 안치되었고, 파찌 가문의 유해는 산타 크로체 성당에 안치되었다. 하도 명문가의 많은 유해들이 피렌체 성당마다 안치되다 보니, 한 주교는 이대로 가다가는 주검들이 성전을 뒤덮어 버릴 것이라 개탄할 정도였다. 공중 보건의 측면에서 보았을 때 그의 우려가 십분 이해가 되는 것이, 흑사병이 돌았던 시기 가장 먼저 감염되었던 사람들이 바로 성당에서 가까운 곳에 살던 이들이었다.

필리포가 추가하자고 제안한 산타 마리아 대성당의 예배실은 피렌체 명문가 인사들의 유해를 안치하는 공간의 역할 말고도 '교회를 사슬처럼 둘러싸는(catena totius ecclesie)' 역할도 할 수 있었다. 마치 고딕 대성당의 높은 측벽을 받쳐주는 공중 부벽처럼, 예배실은 신랑의 측벽을 품고 지어질 것이었다. 그렇게 되면 예배실은 돔의 육중한 무게로 인한 횡압력에 저항하며 떠받들어 주는 버팀목의 역할을 할 수 있었다.

1429년 9월 필리포는 개조될 성당의 모형을 제작하라는 명을 받았다. 성당 사업단 임원들은 새로 만들어질 예배실이 대성당 건물의 안정성에 얼마나 도움이 될 지에도 관심이 있었지만, 이들이 기존 건물에 어떻게 조화를 이루면서 만들어질 것인지, 특히 이미 조각품으로 장식되고 있는 대성당 외벽은 어떻게 할 것인지 궁금했다. 각고의 노력을 쏟아 부은 이 아름다운 예술품들을 떼어서 다시 붙일 수 있나? 아니면 모두 폐기 처분한다는 말인가? 무엇보다도 재건축을 하는 추가 비용은 얼마이며 모직조합이 감당해야 하는 돈은 얼마인가? 그런데, 필리포가 모형 제작에 들어가자마자, 급변사태가 발생했다. 1429년 11월 피렌체 용병들이 피렌체에서 서쪽으로 60여 킬로미터 떨어진 모직과 비단의 도시 루카를 공격한 것이다. 예상보다 길고 큰 피해를 낳은 군사작전이었다.

흑사병과 전쟁에 시달리던 피렌체에는 돔 공사가 시작되었던 처음 몇 년이 짧지만 달콤한 평화의 시기였다. 1414년에 끝난 나폴리 왕국과의 전쟁은 나폴리를 초토화시킨 지진과 전쟁을 지휘하던 라디슬라우스 나폴리 왕이 열병으로 죽는 등, 기적과 같은

행운이 피렌체에 연속으로 일어난 덕분이었다. 그 뒤 십 년 동안 피렌체에는 평화가 찾아왔지만, 1424년 여름 다시 전쟁이 시작되었다. 이번의 적은 밀라노의 새로운 군주, 필리포 마리아 비스콘티였다.

필리포 마리아의 아버지는 피렌체의 철천지원수일 뿐 아니라 잔인하기로 유명했던 지안갈레아초였다. 필리포 마리아 역시 지안갈레아초 못지않게 난폭하고 잔인했다. 아니, 그의 광기는 비스콘티 가문에 정신병 내력이 있다는 것을 감안해도 상상을 초월하는 수준이었다. 천둥소리가 무섭다며 폭풍우가 치는 날에는 방음이 된 방 안에서 종일 웅크리고 있는가 하면, 화창한 날에는 벌거벗고 풀밭을 굴러다녔다. 식탐이 많은 만큼 살도 많이 쪄서, 부축을 받지 않고는 혼자 힘으로는 말 위에 올라타는 것은 물론 잘 걸어 다니지도 못했다. 또 자신의 추한 외모에는 엄청나게 예민했던 까닭에 고관대작이라면 으레 가지고 있을 자신의 초상화 한 점을 못 그리게 했다. 미신을 굳게 믿었던 그는 두 번째 부인과의 결혼식 날 밤 개가 재수 없게 울부짖었다는 이유로 그녀를 감옥에 처넣기도 했다. 그래도 참수형을 당했던 첫 번째 부인에 비하면 훨씬 운이 좋았던 셈이다.

필리포 마리아는 부친의 사망으로 중단되었던 일을 마무리 짓기로 결심했다. 1422년 밀라노 군대는 브레시아와 제노바를 점령했고, 그 뒤 일 년 후에는 피렌체로부터 불과 80킬로미터 정도밖에 떨어지지 않은 도시 포를리까지 진군했다. 그 다음 해 토스카나 지방 전역에 흑사병이 도는 동안, 로마냐 지방의 자고나라(Zagonara)에서 피렌체 군대를 격파했다. 이 전투에서의 전사자는 세 명밖에 되지 않았는데, 그나마도 전투 중에 죽은 것이 아니라 무거운 갑옷을 입은 채 말에서 떨어져 물에 빠지는 바람에 익사한 경우였다 (참고로 간밤에 폭우가 쏟아져서 자고나라는 온통 물바다였다). 전사자 세 명 모두 피렌체 군인이었다. 중세나 르네상스 시대의 전투는 일반적인 선입견과 달리 피가 낭자하기보다는 점잖은 편에 속했다. 대부분의 전투는 마치 체스 경기와 같았다. 치밀한 작전을 세운 사령관들이 적을 궁지에 몰아넣었고, 불리한 위치에 몰린 쪽은 자연스럽게 패자가 되었다. 전투에 참전하게 되는 용병들은 미리 교전 원칙을 세우곤 했는데, 이는 마치 운동선수가 경기 규칙을 세우는 것과 비슷했다. 피렌체 자치위원회의 공증인이었던 필리포의 아버지는 용병들과 교전 원칙을 협의하기 위해 장거리 출장을 자주 다녀야 했다. 용병 중에는 1377년부터 1394년까지 피렌체 군대를 지휘한 영국인 존 호크우드 경도 있었다. 대체로 용병들은 야간, 겨울, 산비탈, 진창 등의 조건에서 싸우는 것을 거부했다. 물론, 모든 전투가 그렇게 화기애애하게 진행된 것은 아니다. 자고나라의 패전 이후 여섯 달 뒤, 발디라모네에서 밀라노 군과 맞붙은 피렌체 군은 또 다시 전멸했다.

루카를 상대로 벌인 전투는 더 참혹했다. 1428년 4월, 피렌체는 밀라노의 필리포 마리아와 일단 휴전 협정을 맺었다. 피렌체 사람들은 한숨을 돌렸고, 이를 축하하는 횃불이 산타마리아 대성당 벽을 장식하기도 했다. 그런데, 휴전 협정에 서약한 잉크가 채 마르기도 전, 피렌체는 이웃 도시인 루카에 의심의 눈길을 보내기 시작했다. 중세의 수많은 도시들처럼, 루카는 이 나라 저 나라 손에 유린당한 아픈 역사를 가진 도시였다. 수백 년 전에는 바바리아 공국에 점령을 당했고, 그러다가 제노바에 팔리기도 했으며, 보헤미아 왕에 의해 점령되었다가 파르마의 볼모가 되기도 했다. 이후 베로나에 넘겨졌다가 마침내 피렌체의 지배하에 들어가게 되었다. 피렌체는 루카의 지배자인 파올로 구이니지가 밀라노와 내통했다며 응징에 나섰다. 그런데, 쉽게 함락시킬 수 있을 거라 생각했던 허약한 도시 루카를 상대로 벌였던 전쟁이 의외로 난항을 겪으면서, 피렌체는 점점 헤어 나오기 힘든 전쟁의 수렁으로 빠져들어 가고 말았다. 교착 상태의 지루한 몇 달을 보낸 후, 전쟁부(Dieci della Balia)는 비장의 무기를 꺼내 들었다. 1430년 3월, 필리포 브루넬레스키를 전장으로 보낸 것이다.

중세에는 군사 작전에 건축가가 관여하는 것이 흔한 일이었다. 성당 사업단의 책무 중에는 피렌체 공국 내의 대성당을 건축하고 관리하는 것뿐 아니라, 군사 시설을 건설하고 관리하는 것도 포함되어 있었기 때문이었다. 실제로 피렌체를 비롯한 주변 지역의 성곽, 해자, 능보 등을 건조했던 사람들이 산타 마리아 대성당 건축을 맡아 했다. 산타 마리아 대성당의 주춧돌을 까는 작업을 시작했던 아르놀포 디 캄비오는, 그보다 이미 10년 전에 피렌체 성벽을 올리는 공사에 참여했었다. 성벽 축조라는 대공사는 1330년대 조토에 의해 완성되었다. 두 세기 이후 이 성벽을 개보수하는 작업을 맡은 사람은 미켈란젤로였는데, 산 미니아토의 요새를 더 높이 쌓기도 했다. 잘 알려져 있다시피 레오나르도 다 빈치는 낫이 달린 전차, 증기 대포, 거대한 투척기와 같은 신무기를 끊임없이 디자인했다.

아르놀포 디 캄비오나 조토처럼 필리포 역시 군사 작전을 지원할 책무가 있었다. 1420년대의 건축장이라면 밀라노 군의 박격포와 공성기에 저항하기 위해 토스카나 지방 전역에 있는 도시들의 방어망을 구축하느라 눈코 뜰 새 없이 바빴을 것이다. 필리포는 1423년 피스토이아의 방어망 구축 사업에 관여했고, 바로 일 년 뒤에는 피렌체와 피사 사이의 아르노 계곡에 위치한 전략적 요충지인 말만틸레 요새 축조에 들어갔다. 난간, 흉벽탑, 해자 등 모든 것을 완비한 이 요새는 이 년에 걸쳐 완공되었다. 항상 혁신적인 설계를 즐겨했던 필리포답지 않게, 이 요새는 매우 전통적인 방식으로 지어졌다. 성벽으로부터 쏟아져 내리는 화살과 석궁 세례를 뚫고 어렵사리 해자까지 도착한 적군의 머리 위에 커다란 돌덩어리를 떨어뜨려 물리친다는, 오랜 역사를 자랑하는 전통적인 공성전 방식에 충실한 요새였다.

하지만 1430년 피렌체에 절실했던 것은 말만틸레와 같은 방어 요새가 아니라, 루카의 완강한 저항을 일격에 무너뜨릴 수 있는 공격무기였다. 360미터의 거리에서 루카를 향해 박격포를 발사했고 덕분에 성곽이 크게 훼손되었지만, 루카 시민들은 항복할 줄 몰랐다.

15세기에 들어오면서 전쟁 무기 기술은 급속도로 발전하고 있었다. 많은 사람들이 악마의 발명품이라고 비난했던 화약은 이미 한 세기 전에 도입돼 쓰이고 있었다. 큰 구경의 대포도 제작되었고, 무게가 몇 백 킬로그램이 나가는 발사체도 제조되었다. 다만 초석, 황, 목탄을 조합해서 만드는 화약의 제조 공식이 아직 명확하게 정립되지 않았기 때문에, 여전히 공성기, 투석기, 타격봉 같은 고대와 중세의 냉병기가 함께 쓰이고 있었다. 필리포의 친구인 마리아노 타콜라가 1430년대에 쓴 『기계에 대하여』라는 책은 냉병기와 열병기를 모두 소개하고 있다. 타콜라는 공성전에 쓰이는 사다리와 적에게 돌을 퍼붓기 위한 갖가지 투석기를 그림으로 그려가면서 설명해주는 동시에, 화약을 가득 채우고 뇌관까지 갖춘 대포나 통나무도 묘사했다. 타콜라에게 가장 획기적인 공격 방법은 적진의 아래로 땅굴을 파서 화약이 가득 담긴 통을 굴려 넣은 다음 폭파시키는 것이었다 (아주 오랜 시간이 지난 후 1차 세계대전 당시 솜 강 전투에서 이런 전법이 재현되었다). 마리아노의 무기 설계에 필리포가 어느 정도 기여했는지에 대해서는 알 수 없지만, 후대의 학자들은 적어도 몇 가지는 필리포가 고안한 것이 아닐까 보고 있다.[1] 예를 들어, 투석기의 기능에는 획기적인 권양기를 만들어냈던 필리포의 경험이 반영되었을 가능성이 높다. 하지만, 필리포가 루카를 함락시키기 위해 세운 전략은 무기의 기능을 향상시키는 정도 수준이 아닌, 훨씬 야심찬 것이었다.

루카는 토스카나 지방에서 처음으로 기독교를 받아들인 도시였

1. 프라거 & 스칼리아(Prager & Scalia), 브루넬레스키 (Brunelleschi), 131쪽.

다. 전설에 따르면, 범람하는 세르키오 강으로 인해 루카가 가라앉을 위기에 처했을 때, 성 프레디아노라는 아일랜드 수도사가 강의 물줄기를 돌려서 도시를 구해냈고, 이를 계기로 루카는 기독교로 개종했다고 한다. 이 전설이 필리포에게 영감을 주었던 것일까. 필리포 역시 세르키오 강의 물줄기를 돌리고 댐을 만들 계획을 세웠다. 대신 전설 속의 수도사와는 달리, 강의 물줄기를 돌린 후 댐을 막아서 루카를 호수 한복판에 떠 있는 섬처럼 만들어서 봉쇄시키려 했다. 성 프레디아노가 행했던 기적을 반대로 실행해서 루카를 고립시키겠다는 것이었다. 육지로부터 고립된 루카는 결국에는 항복할 수밖에 없을 것이라 보았다.

물을 이용한 공격은 수많은 전쟁에서 활용되어 왔던 전략이다. 고대인들 역시 수력공학을 전장에서 활용했다. 일례로 기원전 510년 피타고라스의 열렬한 후원자였던 크로토네의 지도자 밀로는 크라티스 강의 물줄기를 바꿈으로써 적국 시바리스를 완전히 수장 시켜 버렸다. 최근에야 고고학자들이 남부 이탈리아에 위치했던 이 고대 도시의 유적을 발견할 수 있었을 정도로 철저한 수장이었다. 이백 년 후에는 크니도스의 소스트라토스가 이집트의 파라오 프톨레마이오스를 위해 나일 강의 물줄기를 바꾸기도 했다. 덕분에 프톨레마이오스는 멤피스를 손쉽게 함락시킬 수 있었다. 바로 얼마 전에는 지안갈레아초 비스콘티 수하의 도메니코 디 베닌텐디의 계획이 있었다. 피렌체 출신 공학자인 베닌텐디는 거대한 제방을 여러 개 쌓아서 민치오(Mincio) 강의 물줄기를 돌리려 했다. 이 대담한 수공의 목표는 만토바를 수심 6미터 아래로 수장시키는 것이었지만, 실제로 수행되지는 못했다. 하지만, 제방을 쌓았던 몇몇 흔적들은 아직도 발레지오에 남아있다. 또 한 가지, 지안갈레아초는 베네치아 운하의 물을 모조리 빼내서 베네치아에 무혈입성하려는 야무진 꿈을 꾸기도 했는데, 이 역시 다행히 실행되지 못했다.

루카를 공략하기에 앞서 필리포는 수공학에 대한 지식을 짧은 시간에 학습하려 한 것으로 보인다. 1420년, 필리포는 시에나로 향하는데, 이는 수공학의 일인자였던 타콜라를 만나기 위함이었다. 시에나는 수공학이 독보적으로 발전한 도시였는데, 이미 중세 시대에 여과 장치와 침전지가 완벽하게 구비된 25킬로미터 길이의 보티니라는 지하 수로를 만들어 깨끗한 물을 공급할 정도였다. 타콜라가 활동하던 시대에는 도시 안에 여러 개의 분수를 만들어 물의 공급을 원활하게 했다. (일 바달로네의 그림을 싣고 있는) 타콜라의 『공학에 대하여』에는 댐, 교각, 제방, 수중에 놓는 기반, 수로, 그 밖의 각종 물과 관련된 시설을 짓는 법이 소개되어 있다.

19세기 후반에 발견된 한 문서에는 필리포가 시에나를 방문했을 때 타콜라와 나누었던 대화가 기록되어 있다. 루카 군사 작전이 있기 전의 필리포는 수공학 분야에서 변변한 경험이 없었지만, 댐과 다리를 쌓는 최선의 방법을 두고 타콜라와 나눈 대화를 보면 나름의 식견은 있어 보였다. 필리포는 특히 지반 침하 문제에 관심이 많았다. 필리포는 타콜라에게 강바닥이 석회암으로 되어 있다면 말뚝으로 기초공사를 하지 말라는 경고를 했다. 석회암은 구멍이 많이 난 가벼운 화산암으로 필리포가 돔 상부의 재료로 쓸까 고려했었던 돌이었다. 필리포의 생각으로는, 석회암으로 된 강바닥에 말뚝을 박게 되면 바닥에 균열이 생길 것이고, 그 사이로 물이 스며들어서 댐이나 다리는 무너져 떠내려갈 것이었다. 운명의 장난 같은 경고였다. 이론적으로 그렇게 철저히 대비했는데도, 필리포의 거대한 댐은 대실패로 끝나버렸다. 일 바달로네의 침몰은 아무것도 아니었다. 루카에서의 참사는 필리포의 명성에 그야말로 치명타를 날렸다.

댐 공사는 더디게 진행되었다. 공사대금이 넉넉지 않은 까닭이었다. 그러는 와중에, 과연 완성된다 한들 이 댐이 얼마나 튼튼할 수 있을지에 대한 의문이 스멀스멀 제기되었다. 1430년 5월, 루카 외곽에 주둔하고 있던 피렌체 군대의 공증인은 전쟁부 앞으로 편지 한 통을 보냈다. 편지에는 필리포의 설계안을 철저히 검토한 결과, 자신은 댐이 물의 무게를 견뎌낼 수 있을지 확신이 서지 않는다고 적혀 있었다. 또한 덧붙이기를, '의문을 제기할 때마다 필리포는 내가 반박하기 어려운 방식으로 응수하면서' 중요한 지적들을 요리조리 잘도 피해 나갔다고 말했다. '내가 필리포보다 이 댐 건설에 대해 더 잘 알지는 못하겠지만, 그렇다고 아무것도 모르는 것도 아니다. 어떤 결과가 나올지 지켜보는 수밖에.'

피렌체 군의 진영에는 훨씬 더 비관적인 기류도 있었다. 피렌체 군의 감독관이었던 네리 카포니는 공증인처럼 필리포와 논쟁을 하기보다는 부하를 댐으로 보내 얼마나 튼튼한지 직접 보고 판단하도록 지시했다. 사실 필리포가 설계한 댐이 대실패로 끝나고 말 것이라는 사실은 굳이 수공학을 공부하지 않았더라도 누구라도 쉽게 알 수 있었다.

하지만 필리포는 이런 경고를 모조리 무시했다. 이 년 전에 일 바달로네의 민망스러운 좌초로 꽤 망신을 당했음에도, 그는 여전히 자신감에 가득 차 있었다. 그가 그리도 고집스러웠던 데에는 그를 상습적으로 비판하던 이들에 대한 경멸감이 강하게 작용했다. 처음 돔 설계안을 제시했을 때 얼마나 많은 사람들이 나를 비웃었던가? 그런데 그렇게 조롱받던 돔이 보란 듯이 대성공을 거두지 않았던가? 그는 타콜라와 대화를 나누며 자신과 같은 훌륭한 발명가의 깊은 뜻을 이해 못 하는 '돌대가리들과 무식한 것들'을 맹비난했다.

> 모든 사람들은 유식하든 무식하든 간에 계획서를 보여주면 알고 싶어 한다. 좀 배운 사람이라면 계획서에 대해 전부 혹은 일부라도 이해하는데, 무식하고 경험도 없는 이들은 아무리 설명을 해줘도 이해하지 못한다. 그런데, 자기가 무식해서 알아듣지 못해 놓고는 화를 내기 시작한다. 무식한 주제에 유식한 것처럼 보이고 싶어서 턱없이 우기기도 하고, 심지어는 다른 무식한 군중을 부추겨서 유식한 사람들을 조롱하고 비웃는 한심스러운 짓을 한다.[2]

필리포는 그런 머저리들은 모두 전쟁터로 쓸어 보내버려야 한다고 주장했다. 이 대화는 루카 공사가 시작되기 전에 있었던 것이다. 루카에서의 대참사가 있고 난 후에는 이보다 훨씬 공격적이고 날 선 비난의 포화를 맞았을 것임이 틀림없다.

---

2. 프라거 & 스칼리아(Prager & Scalia), 브루넬레스키 (Brunelleschi), 129쪽.

필리포의 공사에 허점이 있다고 알아챈 사람들은 비단 피렌체 사람들만이 아니었다. 루카 사람들 역시 무언가 허술하다고 느끼고 있었다. 루카 사람들은 침수 작전에 대비하기 위해 제방을 높이고 댐을 쌓았다. 필로포가 원했던 방향으로 강줄기가 틀지 못하게 하려 함이었다. 루카 최정예 부대는 방어진을 치는 것에만 만족하지 않았다. 어느 날 밤, 이들은 필리포가 세르키오 강의 방향이 꺾어지는 지점에 파놓은 운하를 무너뜨리기 위해 출격했다. 운하가 무너지자 필리포가 예상했던 대로 루카 주변의 들판이 물에 잠겨버렸다. 문제는, 이 강물이 '기대했던 것과는 달리' 댐을 허물어뜨리면서 피렌체 군의 진영을 덮어 버렸다는 것이다. (훗날 마키아벨리는 피렌체의 역사를 기술하면서 이에 대해 꽤 냉소적으로 표현한다.) 루카를 고립시키기는커녕, 느닷없는 물세례로 인해 피렌체 군은 높은 지대로 황급히 퇴각해야만 했다. 필리포의 명성은 물에 뒤덮여 늪처럼 변해버린 루카 외곽의 들판 속으로 사라졌다. (1431년의 소득 신고서에 따르면) 피렌체 주둔군의 막사 안에 있던 필리포의 침대와 함께.

전황은 더욱 불리해졌다. 이때다 싶었는지 밀라노의 군주는 루카에 지원군을 보냈다. 급해진 피렌체는 밀라노 군을 지휘하던 총사령관 스포르차 백작에게 뇌물을 먹여 일단은 루카에서 밀라노 군을 퇴각시켰다. 하지만 그것이 끝이 아니었다. 루카에서 선선히 물러나는 것 같았던 스포르차 백작의 군대는 곧바로 피렌체 군과 전장에서 맞닥뜨렸고, 피렌체는 그야말로 참패하고 말았다. 군의 사기는 바닥으로 떨어졌다.

패전의 책임으로 비난받았던 것은 필리포 뿐이 아니었다. 피렌체 군이 보여준 형편없는 전투력을 비난하기 위한 또 다른 손쉬운 희생양은 동성애였다. 몇 해 전부터 프란치스코 수도회에 소속된 시에나의 베르나르디노같은 성직자는 설교단에서 동성애 특히 남색이라는 범죄가 피렌체를 파멸로 몰아넣고 있다고 주장했다. 실제로 피렌체는 동성애로 유명해서, 14세기 독일에서는 플로렌처(Florenzer)라는 단어가 '남색'을 의미할 정도였다. 1432년 피렌체 정부는 전쟁터에서도 난무하는 남색 행위를 없애기 위해 동성애자를 적발해서 처벌하는 '우피치알리 디 노테(Ufficiali di Notte)'라는 기관까지 만들었다. '노테'는 밤을 의미하고 '우피치알리'는 관청을 의미하는 것이니, '밤의 관청'이라고 할 수 있다. 사실 '노테'는 밤이라는 뜻 말고도 '남색가'라는 의미로도 쓰였기 때문에 여러 가지로 해석 가능한 기관명이었다. 이 '밤의 관청'의 단속반은 마치 조지 오웰식의 전체주의 사회에서나 볼법한 '미풍양속청', 즉 '우피치알리 델로네스타(Ufficiali dell'Onesta)와 함께 협력하고 손발을 맞췄다. 미풍양속청은 메르카토 다리 부근에 밀집되어 있는 공창가의 영업 허가 및 감독과 관리 업무를 하던 곳이었다.[3] 이 공창은 남색이라는 '더 큰 죄악'으로부터 피렌체 남성들을 보호한다는 제법 구체적인 목적을 갖고 세워졌다. 창녀들은 피렌체에서 손쉽게 구분할 수 있었는데, 장갑을 끼고 뾰족구두를 신고 머리에는 방울을 다는 등 확실히 구별되는 옷차림을 하도록 법으로 정했기 때문이다.

모든 방법을 동원했는데도 피렌체 군은 연패를 거듭했다. 밀라노의 군주가 제노바, 시에나, 피옴비노를 설득해 함께 동맹을 결성하면서 피렌체 공화국을 더욱 압박했다. 1433년 휴전 협정이 타결되었을 때, 성벽에 나붙은 동맹을 알리는 글과 대자보를 보면서 피렌체 시민들은 평화를 외쳤다. 하지만, 피렌체와 밀라노의 적대적 관계는 십 년 뒤 밀라노 군주가 죽을 때까지 계속되었다.

3. 아들이 동성애자인지 아닌지 확인하기 위해 피렌체의 어머니들은 아들의 돈지갑을 흔들어보는 방법을 썼다. 만일 지갑 안의 동전들이 부딪치면서 '불, 불, 불' 하는 소리를 내면, 그것은 몸을 팔아서 번 돈이라는 미신을 믿었기 때문이다.

설상가상

From Bad to Worse

15

루카를 상대로 벌인 전쟁으로 인해 산타 마리아 대성당 공사는 큰 타격을 입었다. 개전으로 인한 재정적 충격이 가장 심했는데, 석공들 임금은 대부분 절반으로 깎였다. 그중에는 하루 1리라의 일당이었던 것이 한 달에 1리라로 깎이는 어처구니없는 경우도 있었다. 필리포의 연봉 역시 100플로린에서 50플로린으로 절반이나 삭감되었다. 그렇다고 불평할 만한 처지도 아니었던 것이, 1430년 12월에는 성당 공사 현장과 트라시나이아 채석장에서 일하던 무려 마흔 여 명의 인부를 모두 해고했기 때문이다. 필리포가 진행하고 있던 또 다른 건물, 산타 마리아 델리 안젤리 성당의 기도실을 비롯한 피렌체 곳곳의 건축공사가 자금 부족으로 인해 일제히 중단되었다. 전쟁자금으로 돈이 말라버리자 건축 사업은 최악의 불경기를 맞았고, 도나텔로를 포함한 많은 예술가들은 풍족하게 예술 활동을 할 수 있는 평화로운 도시를 찾아 피렌체를 떠났다.

그렇게 모든 분야에서 긴축재정을 하고 있는 와중에, 필리포는 눈치도 없이 막대한 비용이 들어갈 대성당 신랑을 예배실로 둘러싸는 설계 수정안을 제시했던 것이다. 성당 사업단 임원들은 당연히 못마땅해 했고, 예배실을 추가로 건축하는 대신 철봉으로 연결해서 신랑을 지탱해주는 방식을 주장했다. 밖으로 툭 튀어나와 눈에 띄게 거슬리는 철봉이라니. 비용절감 차원에서는 최고였겠지만, 미관상으로는 형편없는 제안이었다. 불만스럽기 짝이 없었지만, 필리포는 사업단의 안을 받아들이는 수밖에 없었다. 1431년 초, 사업단은 필리포가 마지못해 만든 철봉으로 연결하는 신랑의 모형을 승인했다. 그런데, 한 달도 안 돼 사업단은 더 중요한 결정을 내렸다. 네리 디 피오라반티의 1367년 모형을 폐기하기로 한 것이다. 사업단은 지금 이 상황에서 네리의 모형은 '비교의 의미가 없다'는 이유를 댔다. 필리포의 돔이 네리의 원안과 다르다는 것이 아니라, 돔이 이미 완성 단계에 접어든 마당에 굳이 모형을 가지고 있을 까닭이 없다는 것이었다. 이미 모형으로서의 수명을 다했고, 앞으로 남은 공사는 모형 없이도 충분히 마무리 지을 수 있을 것으로 보았다.

신랑의 추가적인 균열을 막기 위한 방편으로는 결국 철봉과 나무봉을 연결하는 방식이 쓰였다. 원했던 방식이 아니었던 탓에 필리포의 의욕도 급격히 떨어졌고, 공사의 진척 역시 더뎠다. 1433년 5월에는 보다 못한 사업단 임원들이 공사를 서두르라는 재촉을 하기에 이르렀고, 크게 복잡하지도 않은 별거 아닌 이 공사는 일 년이 지나서야 끝났다. 공사가 끝나고 1년 뒤, 필리포는 성당 사업단에 밖으로 드러나 있는 철봉과 나무봉으로 연결한 것이 눈엣가시처럼 보기 싫다고 불만을 표했다. 심지어 자신의 설계안대로 예배실을 지으면 저 지저분한 연결봉들 없이 신랑을 지탱할 수 있다면서, 다시 한 번 자신의 안을 재고해달라며 졸라대기 시작했다. 임원들은 예배실 모형을 만들든 말든 말리진 않겠지만 이미 내린 결정은 바뀌지 않을 것이며, 예배실로 대성당을 둘러싸겠다는 쓸데없는 생각에 시간 낭비하지 말고 돔 건설에나 전념하라고 매정하게 말했다. 성당 사업단이 하루빨리 돔이 완성되기를 바라는 것도 무리가 아니었다. 1433년이 지나기 전에 완성된 돔 아래에서 미사를 드릴 수 있을 것이라고 기대에 부풀어 있었기 때문이다. 하지만 그 이후 18개월이나 지난 뒤, 필리포가 기어코 만든 예배실 모형을 평가하기 위한 임원 회의가 다시 열었을 때조차도 돔의 완성은 요원해 보였다.

성당 사업단은 대체로 필리포가 원하는 바를 들어주는 편이었지만, 이번에는 예외였다. 그리고 짜증이 난 필리포에게 더 큰 사건이 닥쳤다. 1434년 8월, 사업단 임원과 모직 조합 간부들의 회의가 끝나고 며칠 뒤, 필리포는 긴급 체포되어 감옥에 갇히는 신세가 되고 만 것이다. 죄목은 석공 조합 연회비 연체였다. 그야말로 설상가상이었다.

'석공 목수 조합(Arte dei Maestri di Pietra e di Legname)'은 피렌체에서 가장 규모가 큰 조합 중 하나였다. 당시 대부분의 조합들처럼, 석공 목수 조합 역시 일반 노동자나 석공들의 이익을 증진하기 위한 단체가 아니었다. 그보다는 피렌체 정계의 유력자나 엘리트를 지원하기 위한 친위부대에 가까웠다. 피렌체에서 공직에 오르기 위해서는 조합의 회원이어야 했기 때문에, 피렌체 공화정의 근간은 조합이라 할 수 있었다. 하지만, 권력의 실세는 메르칸치아라는 조합 법원에 있었다. 메르칸치아는 1309년에 설립되었는데, 경쟁 관계인 동시에 혼맥으로 얽히고 설킨 카포니 가문, 메디치 가문, 스트로찌 가문, 바르디 가문, 스피니 가문 등 피렌체 명문가들이

좌지우지했다. 이들은 메르칸치아를 통해 조합 간부를 선정하는 과정에 개입하는 등 조합들에 대한 강력한 지배 구조를 유지했다.

중세 시대 북유럽의 석공장들은 목숨을 걸고 자기 기술의 '비법'을 지키려 했다. 1099년에는 위트레흐트 주교가 석공장의 아들을 이용해 성당 기초 공사의 비밀을 몰래 훔치려다 석공장에게 살해 당하는 사건까지 있었다. 이렇게까지 기술의 비법을 독점하고 절대 밖으로 새나가지 않게 기를 썼던 이유는 한 가지였다. 바로 경제적 이유였다.

하지만 피렌체의 석공 조합은 기밀 유지에 집착하는 편이 아니었다. 다른 지방에서 온 목수나 석공이 피렌체에서 일하는 것은 흔한 일이었고, 다른 조합 출신의 목수나 석공이 피렌체에서 일할 수 있었을 뿐 아니라 다른 조합에 속한 기술자도 건축 공사에 참여할 수 있었다. 석공 조합은 회원 여부에 크게 연연해하지 않았고 심지어 회비를 내라고 독촉하는 일도 없었다. 필리포보다 먼저 건축장을 맡았던 조토나 안드레아 피사노 역시 조합에 가입하지 않았었다. 필리포는 조합에 가입하지 않았다 하더라도 건축가로 활동할 수 있는 예외적 특권을 부여받았던 터였다. 그런 상황에서 느닷없이 회비를 내지 않았다는 이유로 그를 체포한 것은 아무리 봐도 수상쩍은 일이었다.

분명히 필리포의 체포 사건은 매우 예사롭지 않은 것으로 음모론적 요소가 있었다. 연회비라고 해봐야 겨우 12솔디, 즉 1리라도 안 되었는데, 이는 산타 마리아 대성당 공사 현장에서 일하는 인부의 하루 임금 정도밖에 되지 않는 금액이었다. 물론 이마저도 내지 못해 연체된 회원 역시 적지 않았다.[1] 그렇지만 회비 미납으로 체포되거나 투옥된 사람은 필리포가 처음이었다. 아무리 봐도 이건 건축장을 파멸시키려는 음모를 꾸미는 세력에 의한 작전임이 틀림없었다.

돔 공사를 진행하는 동안, 필리포는 시의회인 시뇨리아(Signoria)가 입안한 여러 법안에 찬성표와 반대표를 던지면서 꽤 활발한 정치 활동을 했다.[2] 그러나 필리포는 금세 피렌체 지배 계급의 관심권 밖으로 밀려났고, 설상가상으로 그를 후원해준 대부호 코시모 데 메디치가 피렌체에서 추방당하면서 궁지에 몰렸다. 코시모는 필리포가 맡았던 1425년 산 로렌초 성당의 개축 공사 외에도 다방면으로 많은 예술가에게 후원을 아끼지 않았던 인물이었다. 그

1. 골드스웨이트 (Goldthwaite), 르네상스 피렌체의 건축(The Building of Renaissance Florence), 257쪽.

2. 제버스(Zervas), '필리포 브루넬레스키의 정치 인생 (Filippo Brunelleschi's Political Career)', 630-639쪽.

렇기 때문에, 그가 추방당한 사건은 필리포뿐 아니라 피렌체의 많은 예술가들에게 청천벽력 같은 일이었다. 1429년 부친 조반니 데 메디치가 죽은 후, 코시모는 막강한 메디치 은행의 총수가 되었다. 학식이 뛰어났던 코시모는 그리스 철학을 공부하고 고대 필사본과 주화를 수집하는 취미를 가졌었다. 많은 인문학자와 교류하면서 토론하고 지식을 나누는 것을 좋아했고, 고대 로마인들처럼 아침 일찍 과수원과 포도원을 둘러보곤 했다. 하지만, 목가적이고 품위 있는 생활과는 달리, 코시모의 정치 이력은 결코 순탄하지 못했다. 코시모는 루카를 상대로 전쟁을 벌였다가 참패당하는 망신을 당했던 전쟁부 주역 가운데 한 명이었고, 그 결과로 그는 정부 전복을 꾀했다는 혐의로 체포되었다. 물론 날조된 혐의였다. 1433년 9월 시뇨리아 광장의 탑에 갇혔던 코시모는 곧 베네치아로 추방당했다.

루카에서의 패전은 코시모뿐 아니라 필리포의 위상도 위협했다. 명성은 곤두박질쳤고 가장 든든한 후원자는 언제 돌아올지 모르는 망명자의 신세가 되었다. 돔 공사는 그럭저럭 진행되고 있었지만, 자금과 인력 부족에 허덕이고 있었다. 바로 이때, 적들이 비수를 꽂으며 공격에 나선 것이다. 필리포를 감방에 처넣은 이는 석공 조합 간부였던 라이날도 실베스트리였다. 그런데 과연 이 일이 실베스트리와 석공 조합만의 결정이었을까? 로렌초 기베르티나 조반니 다 프라토도 이 음모에 한 발 쯤 담그지 않았을까? 사실 로렌초 역시 충분히 감옥에 갇힐 만했는데, 8년 전 석공 조합에 가입하기 이전에 무려 십 년 동안이나 비단 조합 회원이면서 건축가로 활동을 해왔기 때문이다. 이는 명백히 불법이었다. 비단 조합에 속했던 로렌초가 1426년 석공 조합에 가입한 것은 순전히 사업적인 이유였다. 예술가적 재능뿐 아니라 사업가로서의 머리도 있었던 로렌초는, 자신의 공방에서 만들던 기존의 청동 공예 작품을 넘어 대리석 비석을 만드는 일로까지 사업을 확장하려 했다. 대리석 비석을 만드는 일은 수입이 제법 짭짤했기 때문이었다. 로렌초는 1449년부터 1453년까지 석공조합의 간부로 주도적인 역할을 하면서 말년을 보냈다. 하지만 로렌초가 필리포의 체포에 연루되어 있다는 직접적인 증거는 없다. 아마도 석공 조합이 코시모를 피렌체에서 내쫓은 강력한 파벌인 알비치 가문의 명령을 받고 선동되었을 가능성이 더 높을 것이다.

그나마 처우가 괜찮은 축에 속하는 감옥에 갇혔다는 게 위안거리였다. 필리포는 일반 죄수가 갇히는 시립 교도소나 부렐레(burrelle)라는 별명을 가진 땅에 굴을 뚫어 만든 지하 감옥 스틴케(Stinche)를 피할 수 있었다. 이런 감옥들에는 부과된 벌금을 낼 능력이 없는 부랑자나 위조범, 간통범, 도둑, 도박꾼들이 투옥되었다. 필리포의 지나친 장난에 말린 뚱보 마네토가 잠시 갇혔던 곳도 산타 크로체 광장 부근에 있는 시립 교도소였다. 스틴케 감옥에는 중죄인들이 갇혀있었다. 이곳에 갇힌 이단자, 마법사, 마녀, 살인자들에게는 참수형, 손발이 잘리는 형벌, 화형과 같은 끔찍한 운명이 기다리고 있었다. 처형은 교도소 담장 밖의 '정의의 들판'이라는 뜻을 가진 프라토 델라 지우스티치아(Prato della Giustizia)에서 이루어졌다. 잔혹한 처형극은 당시 사람들에게 굉장한 인기였고, 때로는 대중의 욕구를 만족시켜주기 위해 다른 도시에서 사형수를 수입해 오기도 했다.

필리포는 비교적 편안하게 지냈다. 그가 갇혀 있던 곳은 메르칸치아 법원의 직속 형무소로 시뇨리아 광장에 위치해 있었다. 그가 투옥되었다는 소식을 들은 성당 사업단 임원들은 곧바로 그를 구출하기 위해 달려왔다. 필리포의 부당한 투옥에 분노한 사업단 임원들은 피렌체 경찰총장(Capitano del Popolo)에게 이 음모의 배후에 있는 라이날도 실베스트리를 당장 잡아들여야 한다고 주장했다. 꼬박 이 주일을 감옥에서 보낸 후 필리포는 8월 31일에 풀려났다. 그리고 바로 다음 날, 메디치 가문은 다시 권력을 잡게 된다. 코시모는 베네치아에서의 망명 생활을 끝내고 피렌체로 돌아왔고, 이번에는 알비치 가문의 리날도 알비치가 추방되었다. 필리포는 이제 모든 고난이 끝나고 오로지 돔 공사에만 전념할 수 있을 것이라 생각했다. 그러나 그것은 큰 오산이었다. 감옥에서 풀려난 지 두 달도 채 안된 10월, 그의 양아들 부지아노가 돈과 보석을 훔쳐 나폴리로 달아난 것이다.

'부지아노'라는 애명으로 불렸던 안드레아 카발칸티는 일곱 살에 필리포의 손에 이끌려 피렌체로 온 뒤 십오 년째 그와 함께 살고 있었다. 부지아노와 필리포가 어떻게 만났는지는 정확하게 알려져 있지 않다. 아마도 필리포의 아버지인 세르 브루넬레스키 소유인 와이너리와 올리브 농원이 있었던 피스토이아 부근의 부지아노라는 마을에서 만났을 것이라고만 추정된다. 1434년 부지아노는 이미 피렌체에서 알아주는 조각가로 명성을 쌓아가고 있었다. 필리포는 양아들의 재능을 아꼈고, 산타 마리아 대성당은 물론 꽤 중요한 건축 공사에 부지아노를 투입했다. 산타 마리아 대성당의 남쪽 성구실에 놓일 제례용 대리석 대야를 조각하기도 하고, 산 로렌초 성당에 놓이게 될 코시모 데 메디치의 부모인 조반니 데 메디치와 피카르다 데 메디치의 석관을 장식하기도 했다.

부지아노의 어린 시절에 대해서는 알려진 바가 거의 없지만, 아마도 필리포와 비슷한 길을 걷지 않았을까 싶다. 스물한 살의 나이로 부지아노는 비단 조합의 장인이 되었다. 아들이 아버지의 공방에 도제로 들어가 가업을 물려받는 일은 피렌체에서 자주 있는 일이었다. 로렌초 기베르티는 양아버지였던 바르톨루치오의 주물 공장에서 일을 배웠고, 자신의 두 아들에게 그리고 그 아들들 역시 손자인 부오나코르소에게 가업을 물려주었다. 건축장 바티스타 단토니오의 공사에는 아들 안토니오가 투입돼 도왔고 건축장으로 임명되기도 했다. 한 공사 현장에 두 명의 건축장이 있다는 것도 납득이 안 가는 상황이지만, 더 어처구니없는 것은 건축장의 칭호를 얻었던 1430년, 안토니오 디 바티스타의 나이는 겨우 열한 살이었다는 점이다. 세기의 공사 현장을 책임지는 건축장은 커녕, 일개 석공의 도제로 들어가기에도 어처구니없이 어린 나이였다. 지금 시각에서는 이상해 보이지만, 이 역시 하나의 관행이었다. 피렌체에서는 가끔 미성년자가 회사의 총수로 임명되는 일도 있었다. 그렇다고 회사 운영에까지 실제로 관여하는 것은 아니었다. 코시모 데 메디치 역시 1402년 불과 열 세 살의 나이에 메디치 모직회사의 총수가 되었지만, 회사 경영은 열세 살의 소년이 아닌 전문 경영인이 맡아서 했다. 마찬가지로 소년 건축장 안토니오 디 바티스타 역시 이름만 걸어 놓았을 뿐 실제로 돔 공사에 있어서 그의 기여한 바는 거의 없었다고 볼 수 있다.

하지만 부지아노는 달랐다. 대성당에서도 산 로렌초 성당에서도, 부지아노가 맡은 일은 단순 명예직이나 이름만 걸어놓은 것이 아니었다. 조반니 데 메디치 부부의 석관을 부지아노에게 맡긴 채 필리포는 자유롭게 돔 공사 설계와 모형 제작에 몰두했고, 필요할 때마다 다른 돈이 될 만한 작업을 찾아 나설 수도 있었다. 필리포가 안심하고 맡길 수 있을 만큼 부지아노의 조각 솜씨는 뛰어났다. 부지아노의 실력은 필리포에게 결코 뒤지지 않았고, 사실 필리포보다도 뛰어날 때도 있었다.[3] 다혈질에 까다롭고 고집불통인 필리포와 함께 일하는 것만으로도 여간 힘든 일이 아니었을 텐데, 부지아노는 마땅히 받아야 할 대접조차 받지 못했던 것으로 보인다. 대표적인 예로, 부지아노는 산 로렌초 성당의 석관 작업에 대한 이 년 치 임금인 무려 200플로린이라는 거액을 받지 못했다. 밀린 임금을 받지 못해 격분한 부지아노는 임금 대신 보석과 돈을 챙겨서 나폴리로 도망쳐 버린 것이다. 아마도 필리포의 그늘에서 벗어나 나폴리에 자신만의 공방을 차리고 독립하겠다고 생각했을 것이다.

필리포가 돈이 없어서 부지아노의 임금을 떼먹었던 것은 아니

3. 바티스티(Battisti), 필리포 브루넬레스키 (Filippo Brunelleschi), 42쪽.

다. 일 바달로네의 실패로 인해 재정적인 손실이 꽤 컸지만, 필리포는 1433년에만 해도 무려 5,000플로린이나 되는 재산을 가지고 있었다. 다만, 다방면에 재주가 많았던 그였지만, 돈 계산만큼은 어둡고 셈이 흐렸다. 필리포만 유독 그랬다기보다는 당시 피렌체의 많은 화가나 조각가들의 태도가 대체로 그러했다고 볼 수 있다. 예술가는 돈에 대해 초연한 법이었다. 필리포의 친구인 마사치오는 남에게 돈을 빌려주고는 까먹기 일쑤였고, 심지어 도나텔로는 제자들이 마음대로 꺼내 쓸 수 있게끔 작업대 위에 돈이 든 바구니를 놓아두기도 했다. 필리포도 가난한 사람들에게 큰돈을 쾌척하기도 했는데, 그건 그가 자선사업에 관심이 있거나 너그러워서였다기 보다는 그저 '돈'이라는 것에 무신경했기 때문이었다. 예를 들면, 1418년 9월에는 까먹고 세금을 제때 내지 않는 바람에 공직에 나갈 수 있는 자격을 잃는 등 정치적으로 곤란해 진 적도 있었다. 하필이면 돔 공모가 발표된 후, 한 달이 되었을 때 일어난 일이었다.

부지아노가 필리포의 돈을 들고 나폴리로 야반도주했을 때 그는 스물두 살이었다. 이미 뛰어난 조각 실력으로 장인의 명성을 얻었지만, 피렌체 법에 따르면 그는 여전히 미성년자였다. 피렌체의 모든 젊은이들은 스물네 살이 되어야 아버지로부터 독립할 수 있었다. 심지어 어떤 '청소년'은 무려 스물여덟 살이 되도록 아버지의 통제를 받으며 살기도 했다. 많은 젊은이들이 이런 제도를 갑갑해 하는 것도 무리가 아니었는데, 오죽했으면 14세기의 시인이며 만담꾼인 프랑코 사케티는 아마 아들 여섯 중 다섯은 아버지가 얼른 돌아가셔서 하루라도 빨리 자유의 몸이 되기를 원한다고 할 정도였다. 이런 생각에 빠진 배은망덕한 아들에게 배신당한 아버지가 바로 필리포인 셈이었다.

바사리도 마네티도, 일 바달로네의 대실패나 루카 작전 때처럼 이 사건에 대해서는 침묵으로 일관했다. 그렇기 때문에 자세한 내막은 아직까지도 잘 알려지지 않다. 어쨌든 필리포는 부지아노를 붙잡아서 돈을 되돌려 받겠다고 결심했다. 다만 친구였던 도나텔로가 페라라로 도망쳤던 제자를 죽여 버리겠다며 펄펄 뛰면서 추격전에 나섰던 것과 달리, 필리포는 법적으로 해결하기로 마음을 먹고 최고 권력자에게 청원서를 보냈다. 그가 호소한 최고 권력자는 바로 교황 에우게니우스 4세였다. 이렇게 한 젊은이의 절도와 도주 행각은 국제적인 사건으로 비화되었다.

필리포가 교황에게 청원 한 것은, 에우게니우스 교황이 그해 6월부터 피렌체에 와 있었기 때문이었다. 로마 교황령을 노렸던 밀라노와의 끊임없는 전쟁 때문에 로마는 초토화가 되었고, 결국 악에 받친 로마 시민들의 돌팔매질 세례를 받으며 에우게니우스는 라테라노 궁전을 빠져나와 도망쳐야 했다. 에우게니우스 교황은 오스티아에서 배를 타고 티베르 강을 따라 몰래 도주하다가 천신만고 끝에 리보르노에 이르러서야 다시 땅을 밟을 수 있었다. 그렇게 피렌체로 피신한 교황은 몇 년을 보내면서 산타 마리아 대성당에서 거행되었던 역사적인 행사에 여러 번 참석했다.

당시 교황의 문서를 작성하는 속기관은 피렌체까지 수행원으로 따라온 레온 바티스타 알베르티였다. 1434년 『그림에 대하여』라는 책을 쓰고 있었던 알베르티는 필리포의 열렬한 신봉자였다. 이 년 후, 이탈리아어로 번역한 자신의 책을 대성당의 돔을 세운 '위대한 건축가 필리포'에게 헌정하기도 했다. 알베르티의 임무는 교황의 모든 편지와 칙령을 라틴어로 우아하게 작성하는 일이었다. 칙령이라 하면 대체로 교의라던가 제의에 관한 것이지만, 그해 10월 23일 알베르티는 이전과는 꽤 다른 성격을 문서를 작성하게 된다. 나폴리의 조반나 여왕에게 보내는 이 편지에는 필리포의 집에서 돈과 보석을 훔쳐 간 부지아노를 당장 피렌체로 송환하라는 내용이 담겨 있었다. 감히 교황의 친서를 묵살할 수 없었던 여왕은 스승이자 양아버지인 필리포가 기다리는 피렌체로 부지아노를 돌려보냈다. 이 망신스러운 국제 이슈는 이렇게 허무하게 대단원의 막을 내렸다. 부지아노는 다시 필리포의 공방으로 돌아가 성실하게 스승의 일을 도왔다. 이후 얼마 지나지 않아 부지아노가 필리포의 후계자로 지명되었던 것을 보면 둘 사이에 더는 갈등이 없었던 것 같다.

대성당 헌당식

Consecration

16

피렌체는 종교 행사가 많기로 유명했다. 거의 일주일에 한 번꼴로 열리곤 했는데, 행사가 열릴 때마다 그야말로 장관이 펼쳐졌다. 사제와 수도사는 황금과 비단으로 만든 화려한 의복을 입고 거리를 행진했다. 각 교단의 깃발을 그들이 가진 가장 성스러운 유물과 함께 들고 성수를 흩뿌리며 걸어갈 때면, 종소리와 나팔소리, 성가가 울려 퍼졌다. 그중에서도 1436년 3월 26일에 거행된 성모 수태 고지일 행사는 지금까지의 그 어떤 피렌체의 종교 행사와는 비교가 안 될 정도로 화려했다.

이날 교황 에우게니우스 4세는 자신의 처소가 있던 산타 마리아 노벨라 수녀원을 나와 피렌체 시내를 향해 동쪽으로 천천히 발걸음을 옮겼다. 일곱 명의 추기경과 서른일곱 명의 주교, 그리고 코시모 데 메디치를 위시한 피렌체 정부의 주요 인사들이 함께했다. 교황의 행렬은 높이가 1.8미터나 되는 300미터 길이의 나무로 만든 연단을 따라 걸었는데, 연단의 바닥에는 향기로운 꽃들과 약초가 깔려 있었다. 이 연단은 교황 성하를 향해 몰려드는 인파로 인해 불의의 사고가 나는 것을 막기 위해 필리포가 생각해 낸 것이었다. 보통은 길거리에 동전을 뿌려서 사람들이 동전을 줍느라 흩어지게끔 주의를 분산시키곤 했다. 교황의 행렬은 삐걱삐걱 소리를 내는 나무 연단 길을 따라 케레타니 거리를 향해 돌았다. 북적거리는 인파로 가득한 산 조반니 광장으로 향하던 바로 그 순간, 새로 세워진 대성당이 기적처럼 눈앞에 나타났다. 140년의 긴 공사를 막 끝낸 산타 마리아 대성당의 헌당식이 펼쳐지려는 순간이었다.

대성당 헌당식을 치르기에 성모 수태 고지일 만큼 좋은 날이 또 있을까. 성모 수태 고지일은 대천사 가브리엘이 성모 마리아 앞에 나타나 아기 예수를 수태한 사실을 알린 것을 기리는 축일이다. 기록에 따르면 그때 가브리엘은 백합을 들고 있었다고 한다. 백합은 '순결'의 뜻을 가진 꽃이기도 했지만, 피렌체를 상징하는 꽃이기도 했다. 가브리엘은 수태 고지를 통해 성모 마리아에게 하느님의 기적이 땅에 이루어짐을 알렸다. 1436년의 피렌체 사람들도 새로 건축된 대성당을 하느님의 기적이 행해지심이라고 믿었을 것이다. 다만, 지금의 기적을 알린 것은 천사가 아니라 인간이었다.

산타 마리아 대성당은 헌당식을 위해 세심하게 꾸며졌다. 신도와 일꾼이 섞이지 않도록 신랑과 팔각형 공간 사이에 임시로 둘러 놓았던 칸막이벽도 철거되었다. 필리포가 설계한 성가대석은 일단 나무로 지어졌고, 십이 사도의 목상에도 색이 입혀졌다. 돔 기단의 거대한 창에는 바람을 막기 위한 커튼이 달렸고, 무엇보다도 팔각형 공간에서 십오 년 동안 묵묵히 작업 했던 소가 끄는 권양기와 디딤대가 사라졌다. 대신 그 자리에는 벽돌이 깔려 있었다.

추기경 한 명이 새로 만들어진 성가대석 앞으로 걸어 나가서 십이 사도 앞에 하나씩 놓인 촛대에 불을 붙였다. 에우게니우스가 제단으로 걸어 올라갔다. 성가대의 합창을 시작하라는 신호였다.

얼마 전 교황께서 내리신 탐스러운 장미꽃으로
한겨울 매서운 추위를 이기고
거대한 대성당 건물을 장식했나니,

거룩하고 성스러운 하늘의 성모님,
당신께 영원히 바치는 건물일지니.

성가대의 합창이 흘러나오는 동안 에우게니우스는 대성당의 모든 성물을 제단 위에 가지런히 진열했다. 세례 요한의 손가락뼈, 산타 마리아 대성당의 수호성인인 성 제노비우스의 유골도 있었다. 1331년에 발견된 성 제노비우스의 해골은 고인의 머리 모양을 본 따 만들어진 은제 성유물함 안에 보관되었다.[1] 교황이 성물을 정리하는 동안 추기경은 십이 사도의 손에 하나씩 들린 붉은 십자가에 세례를 내리기 시작했다. 경건한 헌당식이 진행되면서 피렌체 사람들은 마치 성인들이 환생해서 대성당 안에 돌아와 있는 것처럼 느꼈고, 또 다른 기적이 일어날 것만 같은 기대로 가슴 벅차했다.

1. 이보다 더 귀한 유물로 여겨지던 것은 세례 요한의 해골이었는데, 아쉽게도 피렌체 시민은 요한의 해골을 볼 수 없었다. 1411년 피렌체 자치위원회는 교황에 맞서는 세력이 옹립한 요하네스 23세에게서 해골을 가져오기 위해 협상을 했지만 실패했다. 그로부터 삼십 년 뒤, 자치위원회의 명령을 받은 건축가 필라레테가 이를 훔쳐서 피렌체로 밀반출하려 했으나 들키고 말았다. 필라레테는 그 죄로 감옥에 갇혔다.

필리포가 감옥에서 나온 후 이 년 동안, 돔 공사는 빠른 속도로 진행되었다. 하지만, 완전히 끝난 것은 아니었다. 1434년 돔의 높이는 무려 84미터를 넘어섰고, 일 년 뒤인 1435년에는 돔 상단에 네 번째 돌 사슬을 얹었다. 마지막 아치였다. 그래도 아직 할 일이 많이 남아 있었다. 돔 외벽에 테라코타를 입히는 작업은 꼬박 이 년은 더 걸릴 것이었다. 색깔이 있는 대리석이 제대로 색과 광을 내기 위해서는 한 세대가 지나야 했다. 그리고 돔 꼭대기에 올라갈 대리석 첨탑, 란테르나도 남아 있었다.

그럼에도 1436년쯤에는 축하 행사를 열 만 했다. 에우게니우스 교황이 집전한 대성당 헌당식이 있고 나서 5개월 후인 8월 30일, 돔의 완공을 축하하는 축제가 열렸다. 공사를 시작한 지 정확히 십육 년 이 주일이 되는 날이었다. 축제는 오전 아홉 시, 피에솔레 주교가 돔 꼭대기로 올라가 마지막 돌을 얹는 것으로 시작되었다. 트럼펫과 파이프가 연주를 시작하자 교회 종이 울려 퍼졌고, 주변 건물의 옥상에는 수많은 시민들이 올라와 이 진귀한 광경을 지켜보고 있었다. 식이 끝난 뒤 돔에서 내려 온 건축장들과 성당 사업단 임원들은 빵과 포도주, 고기와 과일, 치즈와 마카로니를 원 없이 먹었다. 엄청난 사업을 드디어 끝내고야 만 것이다. 무려 칠십 년 가까이 오매불망 바라던 돔이 드디어 피렌체 사람들의 눈앞에서 있었다. 그리고, 당시까지 그 누구도 시도한 적이 없었던 필리포의 대담한 건축학적 모험은 그 모든 비관적 전망에도 불구하고 대성공을 거두었다. 어린 시절, 그르렁거리는 쳇바퀴가 돌아가는 공사 현장에 돔도 없이 볼품없이 서 있던 대성당을 바라보며 그렸던 꿈을 필리포는 결국 이루어 냈다. 도시 위로 높게 치솟아 있는 돔을 보면서 느꼈던 감격은 그가 그토록 열심히 연구하고 감명 받았던 위대한 로마인들의 유적을 보았을 때 못지않았을 것이다. 아니 그보다 훨씬 더 벅찬 감격에 젖었을 것이다. 무엇보다도, 지난 이십 년 동안 받아야 했던 조롱과 질시, 적들의 음모로 인한 고통이 한꺼번에 사라지는 순간이었다.

라테르나

The Lantern

17

르네상스 이후에 만들어진 많은 돔의 꼭대기에는 탑이 있다. 이 탑은 미관상 좋으라고 얹어놓은 것만은 아니었다. 탑을 통해 들어온 빛으로 돔 안을 환하게 비추고 바람이 통하게 해서 환기를 시키려는 용도도 있었다. 네리 디 피오라반티의 모형과 1418년 필리포가 만든 모형 모두 이런 기능을 가진 탑을 제시했었지만, 두 모형 모두 일 년 뒤 폐기되었기 때문에 꼭대기 탑을 위한 설계도는 미완의 상태였다.

필리포는 자신이 꼭대기 첨탑 설계를 맡는 것이 당연하다고 생각했다. 하지만 성당 사업단은 고지식하게도 원칙에 따르겠다며 공모를 발표했다. 결국 필리포는 로렌초 기베르티, 그리고 또 다른 세 명의 공모자들과 함께 1436년부터 공모전에 내기 위한 탑 모형 제작에 들어갔다. 필리포는 분통이 터졌다. 1424년 세례당 문을 완성한 로렌초는 공모 같은 절차 없이 문에 들어가는 '천국의 문' 제작 제의를 받았었다. 심지어 첨탑 설계 공모한 이들 중에는 미친한 납땜장이에 여자도 있었다. 이런 사람들과 경쟁을 해야 한다니, 필리포는 굴욕감마저 느꼈다.

첨탑은 여러 해 전부터 논란의 중심에 있었다. 첨탑의 크기와 모양도 논란거리였지만, 이게 얹히게 될 하부 구조, 즉 돔 맨 꼭대기에 놓인 마지막 사암 사슬과 무관하지 않았기 때문이다. 신중에 신중을 기하다 보니, 1435년까지도 마지막 사슬은 완성되지 않은 채였다. 사업단은 1432년 6월에 사슬의 크기와 모양을 결정하기 위해 나무로 만든 모형을 주문했다. 첫 번째 사암 사슬처럼 팔각형으로 만들지 아니면 아치형 테두리처럼 원형으로 만들지 고민하던 사업단은 모형을 세심히 관찰한 뒤 팔각형을 선택했다. 처음에는 사슬의 지름을 7미터로 결정했지만, 필리포의 뜻에 따라 5.7미터로 줄였고, 일 년 뒤에는 5.7미터가 채 안 되게 더 줄였다. 지름이 줄면 그만큼 빛이 덜 들어올 수밖에 없으니, 조반니 다 프라토같은 사람에게는 무척 불만스러운 결정이었을 것이다.

필리포는 서른한 살의 안토니오 디 치아케리 마네티라는 목수에게 첨탑 모형 제작을 부탁했다. (필리포의 전기를 쓴 안토니오 디 투치오 마네티와 다른 인물이다.) 안토니오는 이미 필리포가 성가대석을 설계할 때나 나무 모형을 만들 때부터 함께 일해 온 인물이었다. 으레 그랬듯이 필리포는 첨탑 스케치를 안토니오에게 보내 나무 모형을 만들어 달라고 주문했다. 그리고 얼마 지나지 않아 자신이 큰 실수를 저질렀음을 알게 되었다. 필리포의 전기를 쓴 또 다른 안토니오 말마따나 필리포는 건축 분야에서나 천재였지 사람 보는 눈은 참으로 없었던 듯하다. 나무 모형을 주문받았던 목수 안토니오는 필리포의 디자인에서 상당 부분을 도용해 자신의 모형을 만들어냈다. 필리포가 처음 건축가 일을 시작하면서부터 편집증적으로 우려하던 '표절' 사태가 일어났던 것이다. 그렇다고 필리포가 할 수 있는 일도 없었다. 안토니오의 모형은 필리포, 로렌초 기베르티, 그리고 다른 두 명의 모형과 함께 사업단 공모에 제출됐다.

1436년의 마지막 날, 사업단 임원들은 다섯 점의 출품작 심사를 위해 모였다. 심사의 공정성이 논란거리가 될 것을 우려했던 사업단은 신학자, 과학자, 석공, 금세공사, 화가, 수학자들을 불러 모았고, 여기에 코시모 데 메디치 같은 영향력 있는 인사들도 여러 명 불렀다. 되도록 다양한 의견을 듣기 위함이었다. 그들은 결국 필리포의 모형을 선택했는데, 그의 첨탑이 더 견고하고 밝고 방수도 잘 된다는 것이 이유였다. 십수 년 간 함께 하면서 필리포의 성격을 잘 파악하고 있던 사업단은 '혹시라도 남은 원망이 있다면 모두 버리고' 심사 위원들의 조언이 담긴 수정 사항을 받아들여야 한다는 조건을 달았다. 이런 조건이 붙은 이유는, 안토니오가 새 모형을 제출할 테니 한 번만 더 기회를 달라고 애원했고, 이를 사업단이 수락했기 때문이었다. 사업단이 안토니오의 청을 들어준 것을 보면, 그가 제출했던 모형 역시 나름 나쁘지 않았던 것 같다. 어쨌든 필리포는 이렇게 또다시 경쟁을 한 번 더 해야 했고, 당연히 사업단이 원망스러울 수밖에 없었다.

다시 한번 기회를 가지게 된 안토니오는 이번에는 필리포의 모형을 거의 베끼다시피 했다. 안토니오의 속셈을 꿰뚫고 있던 필리포는 사업단에게 '그 친구한테 한 번 더 만들라고 하면 이번엔 아예 내 것과 똑같이 만들어 올 테니 두고 보시오'라고 말했었는데, 딱 그가 말한 것처럼 된 것이다. 이쯤 되니 사업단은 안토니오의 새 모형을 떨어뜨릴 수밖에 없었다. 한때 함께 일했던 두 사람은 이후 철천지원수가 되었고, 필리포는 자신의 주특기를 살려 안토니오를 공격하는 풍자시를 지었다. 물론 안토니오도 맞받아쳤다.

사업단에게 남은 원망은 모두 버리겠다고 했던 맹세는 이미 까맣게 잊었다. 아쉽게도 필리포가 쓴 빈정거림과 기지가 넘치는 신랄한 풍자시는 현재 남아있지 않다. 아이러니하게도 심사위원들의 절대적인 지지를 받은 것은 필리포의 안이었는데, 결국 마지막 승자는 안토니오였다. 1452년, 설계안에 수정에 수정을 거듭한 끝에, 결국 안토니오는 산타 마리아 대성당의 첨탑 완공의 책임을 지는 건축장으로 임명되었다.

돔처럼 팔각형 모양을 한 첨탑은 사암 사슬이 받치고 있는 대리석 단 위에 놓였다. 여덟 개로 이루어진 첨탑의 부벽은 돔의 여덟 늑재를 이어받아 위로 올라갔고, 부벽으로부터 솟아 나온 9미터 높이의 기둥 위에는 코린토스 양식의 탑이 얹혀 있었다. 기둥과 기둥 사이에는 모두 여덟 개의 창문이 나 있었고 그 길이 역시 9미터였다. 안쪽에 난 작은 돔 위로 뾰족한 탑이 나 있었고 맨 위에는 둥그런 청동구, 그리고 마지막으로 십자가가 올라갔다. 모든 첨탑 부벽은 전체 무게를 줄이기 위해 속이 비어 있었는데, 그 안에는 계단이 있었다. 계단을 타고 올라가면 사다리로 연결되었고, 사다리는 뾰족한 첨탑을 통과해 청동구로 이어졌다. 마지막으로 거대한 청동구에 뚫린 작은 창을 열고 고개를 내밀면, 지상으로부터 정확히 105미터 공중에서 보이는 웅장하고 아름다운 피렌체 시가지의 숨이 멎을 듯한 파노라마가 기다리고 있었다.

이 모든 것을 완성하려면 다시 한번 50만 킬로그램이나 되는 육중한 돌을 대성당 돔의 꼭대기로 끌어 올려야 했다. 그런데, 예전처럼 지상에 거대한 권양기를 놓고 작업할 수는 없었다. 대성당은 이미 신도들에게 개방됐기 때문이었다. 결국 돔 위의 첨탑 공사 현장에서 수동으로 권양기를 조작해야 했다. 인부 몇 명이 겨우 몸을 움직일 수 있을 만큼 좁은 돔 꼭대기에서 작업을 해야 했기에, 권양기 역시 작은 규모여야만 했다. 그러면서 또 최대 2톤까지 나가는 대리석을 운반할 수 있어야 했으니, 그야말로 작으면서도 튼튼한 권양기가 필요했던 것이다.

대성당 헌당식이 있은 지 며칠 지나지도 않았는데 성당 사업단은 또 한 번 공모전을 발표했다. '거대한 돔 위로 엄청나게 무거운 짐도 끌어올릴 수 있는 기계'가 이번 공모전의 주제였다. 늘 그랬듯이, 필리포는 공모작을 제출했다. 그리고 또 늘 그랬듯이, 필리포의 공모작이 당선되었고, 그는 몇 년 전 소가 끄는 권양기로 받았던 때와 똑같은 액수인 100플로린의 상금을 받았다. 새 기계는 1442년 여름에 만들기 시작해서 다음 해에 완성되었다.

훨씬 규모가 작은 이 신형 권양기는 훗날 로렌초 기베르티의 손자 부오나코르소가 그린 스케치에 남아 있다. 먼저 발명했던 소가 끄는 권양기보다는 덜 복잡했지만, 그래도 복합 도르래, 평형추, 제동 장치 등을 장착한 기발한 발명품이었다. 부오나코르소 스케치의 구석에는 '시저 알파벳'이라고 하는 암호로 뭐라 뭐라 적혀 있었다. 율리우스 시저가 고안해 냈다고 해서 '시저 알파벳'이라고 하는 이 글자는 알파벳의 각 문자를 바로 앞의 문자로 대체해서 적는 초보적인 암호 문자였다. 쉽게 말해 B는 A를 의미하고 D는 C가 되는 것이었다. 해독하고 보니 기계를 어떻게 작동시키는지에 대한 매뉴얼이었다. 워낙에 기밀이 새어나가지 않는 것에 집착했던 필리포가 안토니오 디 차케리 사건 이후 더 만전을 기했던 것으로 보인다.

이 권양기에서 가장 특징적인 부분은 제동 장치였다. 이전의 권양기와 달리 소가 아닌 인부가 석재를 들어올려야 했기 때문에, 만일의 사태에 대비해야 했다. 인부는 파워나 지구력이 소보다 떨어지기 때문에, 필요할 경우 짐과 균형추를 공중에 걸어둘 수 있는 장치도 고안했고, 수직 기어에 톱니바퀴와 역회전 방지 장치를 연결해서 짐이 미끄러지지 않도록 했다. 기어 역시 이전 것보다 작게 만들었는데, 속도는 느려도 작은 힘으로도 짐을 끌어올릴 수 있게 하기 위해서였다.

첨탑 공사는 자꾸 지연되었다. 하얀 대리석 비앙끼 마르미를 구하기가 쉽지 않았기 때문이었다. 까라라 뿐 아니라 캄필리아 근처의 채석장까지 이 잡듯이 뒤지고 다녔다. 하지만, 현장 작업이 힘들었던 캄필리아시를 포기하고, 결국 까라라에서 대리석을 들여오기로 결정했다. 1443년 여름부터 대리석 수송이 시작되었다. 언제나처럼 대리석은 바다와 강, 육로를 지나 어렵사리 피렌체로 운반되었다. 일 바달로네가 망신스럽게 침몰한 지 벌써 십 오 년이 지난 지금, 대리석 운송의 책임을 맡은 것은 예순여섯의 필리포가 아니라 안토니오 디 차케리였다. 이 골치 아픈 문제로부터 필리포는 손을 떼기로 결심한 듯 보였다. 안토니오는 대리석을 수송하기 위해 특별히 수레를 제작했다. 다만, 피렌체 공사 현장에 도착한 대리석을 나무 덮개로 씌워서 새 권양기로 인해 흠집이 나지 않도록 철저하게 관리하는 것은 필리포의 몫이었다.

그 후 몇 년 동안 대성당 광장은 그곳을 차지하고 앉은 거대한 대리석들 덕분에 언제나 혼잡했다. 그중에는 무려 2.5톤이나 나가는 거대한 대리석도 있었는데, 피렌체 시민들은 그 육중한 대리석이 돔 위에 또 얹힌다는 사실을 듣고 겁에 질렸다. 저 위에 이 무거운 돌을 올리다니, 너무 무모한 일이 아닌가? 하지만 필리포의 대답은 단호했다. 첨탑은 궁륭을 구성하고 있는 네 아치의 쐐기돌 역할을 할 것이고, 그 덕분에 돔은 훨씬 더 안정적이 될 것이라며 이런 우려를 일축했다.

돔 꼭대기에 대리석을 올리는 것으로 끝나는 것이 아니었다. 정확한 자리에 올려놓기 위해서는 또 다른 기중기가 필요했다. 1445년부터 기중기 제작에 들어갔는데, 6미터 높이에 6미터 폭의 크기였다. 채광창의 지름이 5.7미터였으니, 이 기중기를 채광창을 통해 현장으로 옮길 수는 없었다. 할 수 없이 돔 위에서 기중기를 조립해서 만들어야만 했다. 통 호두나무, 소나무 들보, 거멀못 등을 돔 위로 올려서 조립했다. 그즈음 사업단이 점점 신임하기 시작한 안토니오 디 차케리가 기중기 제작을 맡았지만, 언제나 그랬듯이 새 기중기 설계 역시 필리포의 작품이었다.

산타 마리아 대성당의 첨탑은 서서히 위용을 드러냈다. 로마에 있는 성 베드로 성당을 포함한 훗날의 첨탑들은 대부분 산타 마리아 대성당의 첨탑의 스타일을 따랐다. 그리고, 예상하지 못했던 중요한 역사의 흔적을 남겼다.

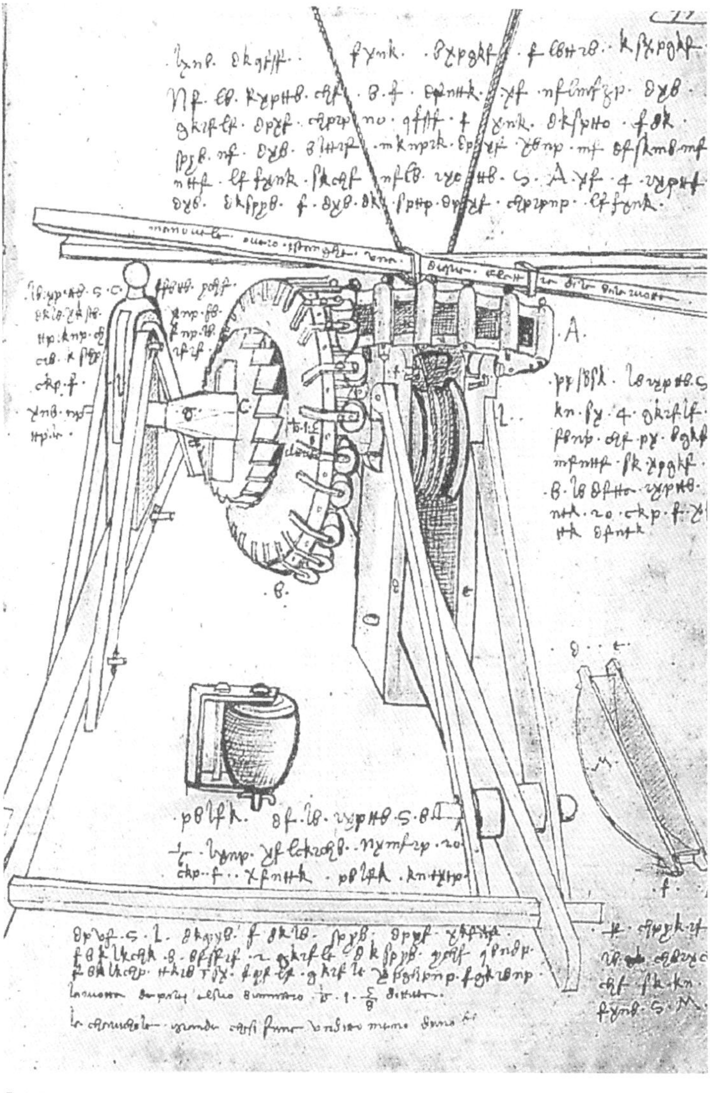

「필리포의 첨탑 권양기」 부오나코르소 기베르티 작.

필리포의 돔 같은 세기의 건축물은 과학적 연구를 위한 이상적인 실험실이었다. 건물 구조가 특이하거나 거대할수록 새로운 과학 이론과 기술을 테스트하기에 안성맞춤이었다. 갈릴레오는 모든 것은 무게와 상관없이 똑같은 속도로 낙하한다는 것을 보여주는 장소로 피사의 사탑을 택했다. 몇백 년 후, 귀스타브 에펠은 자기가 지은 건물인 에펠탑의 (시속 170킬로미터 이상의 강풍이 휘몰아치는) 꼭대기에 올라가 비행기와 관련한 역학 연구를 하기도 했다. 그곳에서 에펠은 비행기 날개 밑의 압력보다 날개 위로 부는 흡인력이 비행기를 뜨게 하는 중요한 원동력이라는 사실을 증명했다. 산타 마리아 대성당은 아직 등장하지 않은 항공 운항 대신 해양 수송 수단의 발전을 위한 과학 실험장이 되었다.

파올로 토스카넬리는 당대 최고의 수학자이며 천문학자였다. 그가 처음 필리포를 만난 것은 1425년 즈음으로 추측되는데, 첫 만남 이후 그는 필리포와의 우정을 평생 소중히 여겼다. 필리포와 파울로는 비슷한 점이 많았는데, 먼저 둘 다 평생 결혼을 하지 않은 독신이었다. 두꺼운 입술에 매부리코, 짧은 턱을 가졌으니, 파울로 역시 결코 미남은 아니었다. 재산은 넉넉했지만 일절 사치하지 않았고 작업대 위 널빤지를 침대 삼아 자면서 철저하게 채식만 하는 등, 마치 수도승처럼 살았다. 파도바에서 의학을 공부했던 파울로는 천체 관측과 풀리지 않는 수학 문제를 계산하는 것을 소일거리로 삼았다. 필리포에게 유클리드 기하학을 가르쳐 준 것이 바로 파울로였다. 그 대가로 파올로는 후일 천체 관측을 할 때에 필리포의 덕을 톡톡히 보게 된다. 1475년 사업단의 허락을 받은 파올로는 대성당의 맨 꼭대기인 첨탑까지 올라갔다. 그곳에서 한가운데 구멍이 뚫린 청동판을 놓았는데, 이 구멍을 통과한 햇빛은 90미터 아래 대성당 바닥으로 쏟아져 내렸다. 햇빛이 도달하는 바닥에는 특별히 설치된 계측 장치가 있었는데, 바로 십자가 예배실 안에 박혀있는 돌이었다. 이렇게 산타 마리아 대성당은 거대한 해시계가 되었다.

이 계측 장치는 천문학사에서 획기적인 발명품이 되었다. 육중하게 버티고 있는 높은 돔 덕분에 파울로는 당시 태양이 움직이는 궤도를 그 누구보다 정확히 파악할 수 있었다. (물론, 17세기 들어와서는 돌고 있는 것은 태양이 아니라 태양 주위의 지구였다는 것을 알게 되었지만 말이다). 이 장치를 이용해 관측 기록을 작성했고, 하지나 춘분과 같은 절기를 정확히 계산해냈을 뿐 아니라, 부활절 같은 종교 절기를 계산하는 데에도 도움을 받았다. 하지만, 관측은 훨씬 더 중요하고 담대한 목적으로 쓰이기도 했다.

'항해의 왕자(Prince Henry the Navigator)'라고 불리는 포르투갈의 엔리케 왕자가 1419년 사그레슈에 항해학교를 설립한 이래, 포르투갈은 바람을 타고 항해할 수 있는 가볍고 기민한 범선을 새로 설계했다. 카라벨이라는 이름의 이 배는 대서양의 동부해역으로 잇따른 원정에 나섰고, 이 원정들을 통해 포르투갈은 꽤 많은 것을 얻었다. 엔리케 왕자의 지원에 힘입은 포르투갈 원정대는 1427년 아조레스 섬을 발견한 데 이어 두 개의 섬을 더 탐사하고 서아프리카 해안까지 진출했다. 1456년에는 아름다운 해변을 가진 아프리카의 케이프 베르데 제도를 발견했고, 15년 후엔 최초로 적도를 지나가게 된다. 브라질, 안틸랴, 자크트 같은 전설 속에서나 존재했던 섬은 그 누구도 실체를 확인하지 못했었다. 특히 자크트 섬은 온통 향신료로 뒤덮여 있다는 소문만이 무성했었다.

이런 역사적인 대서양 대항해의 중심에는 천문학의 발달이 있었고, 그 덕분에 미지의 바다를 탐험하고 새로운 사실을 지도에 남기는 업적을 쌓을 수 있었다. 지중해는 규모가 큰 바다는 아니었기에, 거리를 표시한 해도, 그리고 방사 모양으로 뻗어 나가는 여덟 개의 항정선(추후 열두 개로 늘어났다)으로 바람의 풍향과 빈도를 표시한 풍배도만 있으면 항해에 별 어려움이 없었다. 항해사들은 두 지점 사이에 줄을 긋고 이에 해당하는 항정선을 찾아내(예를 들어 북북동 방향으로 뻗어 나가는) 자석 나침반을 이용해서 항로를 찾아 나갔다. 설령 위도와 경도를 무시한다 해도 큰 탈이 없었다. 하지만 이런 불안한 방법에 의지해 포르투갈의 항해사들이 아프리카 서해를 따라 아무도 가보지 않은 남쪽 바다로 항해를 떠날 수는 없었다. 하지만 이제 위대한 천체 항법의 시대가 도래한 것이다.

새로운 항법을 이용하기 위해서는 반드시 필요한 기구가 있었는데, 바로 아스트로라베였다. 아스트로라베는 천문학자가 수평선을 기준으로 태양과 다른 별들의 위치를 계산하던 기구인데, 이미 1400년대 중반부터 대양을 항해하는 배의 선원들이 자신들의 위치를 계산하기 위해 사용해 오고 있었다. 천문 측정을 통해 경도를 파악하는 것만으로는 정확성을 담보할 수 없었기 때문에, 위도도 함께 정확하게 읽어내는 것이 매우 중요했다. 선원들은 아스트로라베로 수평선과 북극성 사이의 각도를 재서 그들이 위치한 위도를 계산해냈다. 북극성의 위치가 점점 낮아지는 적도 근처에서는 북극성 대신 한낮의 수평선과 태양 사이의 각도를 이용해 위도를 계산해 냈다.

방법 자체는 별로 복잡하지 않았지만, 문제는 북극성이나 태양이나 그 위치가 천구의 극점과 일치하지 않는다는 데 있었다. 즉, 천문 항해를 할 때에 관측한 태양이나 북극성의 위치는 북극에서 지구의 지축을 죽 그은 상상 속의 연장선 위에 정확하게 위치하지 않았다. 정확한 해역의 위도를 파악하기 위해서는 관측한 북극성과 태양의 고도에 적절하게 보정을 해야 했다. 천문학자들은 이런 상황에 적용할 수 있게끔 보정용 표를 만들어 냈는데, 그중에서 가장 잘 알려진 것은 알폰소 테이블로 1252년 스페인의 유대인 천문학자들이 만들어낸 것이었다. 이 표를 가지고 천문학자와 항해사들은 계절별로 북극성과 태양의 위치를 계산하고 일식, 월식, 그리고 자신들이 지구상의 어느 좌표에 와 있는지를 계산할 수 있었다. 그런데, 이미 만들어진 지 두 세기나 지났기 때문인지, 알폰소 테이블은 정확하지 않은 부분이 꽤 많았다. 낡은 알폰소 테이블을 업데이트한 것이 바로 산타 마리아 대성당 위에 설치된 청동판을 통해 태양의 움직임을 제법 정확하게 관측할 수 있었던 파올로 토스카넬리였다.

토스카넬리는 원래 지도와 탐험에 관심이 많았던 인물이었다. 1459년 그는 인도와 서아프리카 해안에 대해 잘 알고 있는 포르투갈 항해사들과의 인터뷰를 통해 정확한 세계지도를 제작했다. 탐험가들은 그의 지도 덕분에 독창적이고 기발한 상상력을 펼칠 수 있었다. 십오 년 뒤, 일흔일곱 살이 된 고령의 토스카넬리는 리스본에 살고 있는 친구 페르낭 마르티네스에게 서신을 보냈다. 마르티네스는 포르투갈 아폰소 왕의 측근이자 고위 성직자였다. 그는 마르티네스에게 아폰소 왕이 인도 항로를 개척하는데 관심을 갖게 설득해달라고 부탁하면서, 후추를 얻기 위해 동양으로 가는 가장 빠른 길은 일반 상인들이 다니는 육로가 아니라 대서양을 통과하는 해로라고 주장했다. 사실 1453년 투르크 제국이 콘스탄티노플을 점령하면서 인도로 가는 육로의 일부가 유럽인들에게 막힌 상황이었기 때문에, 유럽은 새로운 무역로를 개척할 필요가 있었다. 그런 상황에서, 토스카넬리는 서쪽으로 배를 돌려 인도로 간다는 기발한 발상을 처음으로 내놓은 것이다.

아쉽게도, 아폰소 왕은 파올로의 제안을 받아들이지 않았다. 아폰소는 항해왕 엔리케의 조카답지 않게, 넓은 대양에서 새로운 섬을 찾아내는 것보다는 이교도 무어인을 살육하는 데에 더 몰두해 있었다. 그로부터 칠 년 뒤, 페르낭 마르티네스의 친척이라는 한 남자가 토스카넬리에게 편지를 보내왔다. 제노바 출신의 야심만만하고 혈기왕성한 이 남자의 이름은 '크리스토퍼 콜럼버스'였다. 콜럼버스는 그리스에서 아이슬란드, 그리고 아프리카 황금 해안까지, 당시 알려진 지역은 모두 다녀본 노련한 항해사였다. 아프리카로 항해하던 중, 그는 조류에 쓸려 내려온 소나무 줄기, 굵은 사탕수수, 나무 조각 등을 보면서 서쪽 어딘가에 알려지지 않은 신대륙이 존재한다는 확신을 갖게 되었다. 포르투갈에 돌아온 콜럼버스는 우연히 토스카넬리가 페르낭에게 보냈던 편지를 읽게 되었는데, 자신이 가지고 있던 지리서 여백 부분에 인상 깊었던 편지의 내용을 베껴 적어놓기도 했다. 훗날, 네 차례에 걸쳐 신대륙을 향해 항해를 시도할 때마다 콜럼버스는 항상 이 지리서를 가지고 다녔다.

파올로는 콜럼버스에게 답장을 보내면서 인도로 가는 뱃길이 분명히 존재한다는 신념을 다시 한 번 피력했다. 심지어 그는 자신의 지도도 함께 보냈다. 이 지도는 사실 유럽에서 중국까지의 거리를 불과 일만여 킬로미터라고 엄청나게 과소평가하고 있었다(당연히 실제 거리는 물론 이보다 훨씬 길었다). 아무튼 콜럼버스는 그 숫자를 보고 큰 자신감을 얻었고 탐험을 후원할 수 있는 이들을 찾았다. 토스카넬리와 마찬가지로 콜럼버스도 포르투갈 왕실을 설득하는 데에는 실패했다. 하지만 그는 1486년 에스파니아의 페르난도 국왕과 이사벨 여왕의 대리인에게 왕가 부부의 알현을 요청하는 편지를 끈질기게 보냈고, 다들 알다시피 그다음 이야기는 역사 책 속에 남아 있다. 그 후 6년 뒤인 1492년 8월 3일, 항해에 필요한 모든 자금과 성공하고 돌아올 시엔 명예로운 훈장과 관직을 준다는 약속까지 확보한 후, 콜럼버스는 세 척의 배로 이루어진 아담한 선단을 이끌고 카르타헤나 부근의 팔로스 곶을 출발했다. 오만함이 하늘을 찔렀던 콜럼버스는 훗날 지도나 수학적 계산 같은 것들이 실상 별 도움은 안 되었다고 허세를 부리곤 했다. 하지만, 토스카넬리가 산타 마리아 대성당 위에서 관측한 자료를 통해 수정해서 완성한 알폰소 테이블과 지도가 없었다면, 유럽인이 그렇게 빠르고 수월하게 신대륙에 도착할 수는 없었을 것이다.

위대한 천재 필리포 브루넬레스키

Ingenii Viri Philippi Brunelleschi

18

1446년 3월, 피렌체 대주교로 새로 부임한 안토니누스 추기경(훗날의 성 안토니누스)이 돔 위의 첨탑에 처음 돌을 올리는 헌당식을 치렀다. 필리포는 이 행사에 참석하고 병을 앓다가 채 한 달도 지나지 않은 4월 15일 향년 69세의 나이로 눈을 감았다. 평생을 살았던 집에서 조용히 생을 마감한 그의 곁은 양자이자 후계자인 부지아노가 지켰다. 산타 마리아 대성당 공사에 뛰어든 지 꼭 사반세기 만이었다.

세 명의 건축장 중 가장 먼저 세상을 뜬 것은 필리포였다. 바티스타 단토니오는 필리포보다 5년을 더 살았는데, 1451년 예순일

곱으로 눈을 감았다. 경제적인 여유가 생겼던 바티스타는 아내에게 고급 보석도 선물하고 딸은 넉넉한 지참금을 딸려서 좋은 집안에 시집을 보내기도 했다. 시골에 별장도 구입했다. 바티스타 역시 젊음을 산타 마리아 대성당 공사 현장에 바쳤던 인물이었다.

가장 장수했던 이는 로렌초 기베르티로, 무려 일흔일곱 살까지 살았다. 필리포가 죽은 지 일 년 뒤인 1447년, 로렌초는 필생의 역작이라고 할 수 있는 〈천국의 문〉의 열 장면을 완성시켰다. 물론, 이 청동 문에 다시 금을 입히고 틀을 만들고 하는 데에 5년이라는 시간이 더 걸렸다. 로렌초는 막대한 부를 쌓았다. 광활한 토지와 시골에 큰 빌라를 포함해 여러 채의 집을 소유하고 있었고, 그의 작업장에는 스물다섯 명이나 되는 도제들이 일하고 있었다. 1455년 12월 세상을 뜰 당시의 로렌초는 당대 최고의 영향력을 휘두르는 조각가였다. 그가 자서전에서 피렌체의 위대한 작품치고 자기의 손을 거치지 않은 것은 거의 없다고 잘난 척한 것도 전혀 근거 없는 허세는 아니었다.

바사리는 필리포의 갑작스러운 죽음을 피렌체 전체가 슬퍼했다고 전한다. 살아있을 때보다 정작 세상을 뜨고 나니 필리포에게 큰 애정을 보인 것이다. 그에게 적대적인 사람도, 또 그의 경쟁자까지도 필리포의 죽음을 애도했다. 그래도 산 피에트로 성당의 돔이 완공되는 것을 채 보지 못하고 눈을 감았던 미켈란젤로에 비하면, 첨탑만 못 봤을 뿐 위대한 돔이 완공되는 것을 보고 눈을 감은 필리포는 운이 좋은 편이었다.

필리포의 장례식은 산타마리아 대성당에서 치러졌다. 하얀 모슬린을 입은 채 촛불에 둘러싸인 필리포는 자신이 십 년 전에 완성한 바로 그 거대한 궁륭 아래에 안치되었다. 대성당 사업단 임원들, 모직 조합 간부들, 대성당 현장에서 필리포와 함께 일했던 석공들, 그리고 수천 명의 조문객이 그에게 마지막 작별 인사를 건넸다. 촛불이 꺼진 후 필리포의 유해는 종루로 옮겨졌다. 하지만, 건축장을 어디에 묻어야 할 것인지를 놓고 논쟁을 벌이는 바람에 필리포는 그곳에 무려 한 달 동안이나 머물러야 했다. 필리포의 매장지를 두고 이렇게 오랜 시간 갑론을박이 계속되었다는 것을 보면, 바사리가 말했던 것처럼 생전에 필리포의 적이었던 이들까지 그의 죽음을 슬퍼한 것은 아니었던 듯하다. 고인이 되었음에도 필리포가 영예로운 곳에 매장되는 꼴을 못 보겠다는 반브루넬레스키 파의 반발이 매우 강경했다는 반증이기 때문이다. 아마도 십여 년 전 필리포를 감옥에 처넣은 이들이 반대한 것이 아닐

까 싶다. 필리포는 죽어서도 여전히 논란의 대상이었다.[1]

매장지 논쟁은 결국 필리포를 지지하는 이들의 승리로 끝났다. 필리포의 부모님이 안장되어 있던 새로 건축된 산 마르코 성당도 후보지로 올랐지만, 시의회는 결국 산타 마리아 대성당으로 결정했다. 이집트의 파라오가 일생동안 쌓아 올린 피라미드에 안장되었던 것처럼, 자신의 젊음과 땀과 피와 눈물이 배어있는 대성당에 필리포가 묻히는 것이 마땅하다는 의견이었다. 그리하여 1446년 5월 15일, 필리포는 대성당에 안장되었다. 그가 이루지 못했던 계획 중 하나가 대성당 측랑을 피렌체 명문가의 유골을 안치하는 예배실로 만드는 것이었는데 결국 자기가 대성당에 묻히게 되었으니, 사람의 운명이란 참으로 흥미롭기 짝이 없다. 물론 그것은 대단한 영광이었다. 필리포 외에 그곳에 안치되었던 인물은 성 제노비우스 뿐이었다. 다른 곳에 묻혀 있던 성 제노비우스의 유해를 수습해 와서 필리포가 만든 돔 아래로 이장한 것이 불과 몇 년 전이었다.

1. 한 세기 뒤 미켈란젤로가 로마에서 사망했을 때, 그의 유골을 어디에 묻을 것인가에 대한 피렌체 시민의 뜨거운 관심이 다시 한 번 쏟아졌다. 피렌체는 이 위대한 조각가의 시신을 양털 꾸러미 속에 숨겨 피렌체로 이송해왔다. 바사리는 죽은 후 이십오 일이 지나고 나서야 산타크로체 교회에 묻혔는데도 미켈란젤로의 시신은 전혀 부패의 기미를 보이지 않았다며, 이는 역시 그가 평범하지 않은 성인이었음을 뜻한다고 말했다.

그러나 필리포를 미워했던 이들의 방해 공작이 만만치 않았던지, 필리포는 특별 예배실 대신 남쪽 측랑 아래쪽에 매장되었다. 수십 년 동안 피렌체의 많은 사람들을 그리도 속 타게 했던 네리 디 피오라반티의 모형이 있던 자리 근처였다. 필리포의 무덤은 1972년 고고학자들이 대성당을 조사하다 발견했을 정도로 초라했다. 대성당을 세운 건축장임을 알리는 화려한 기념비 같은 것은 없었다. 다만 평범한 대리석 무덤 석판뿐이었다. 돔 공사 시 대리석이 부족할 때 대신 끌어와서 쓰던 석판이었다. 묘비를 대신한 석판에는 다음과 같은 문구가 새겨져 있었다.

"피렌체의 위대한 천재 필리포 브루넬레스키 여기에 잠들다."

비문에서는 필리포를 건축가가 아닌 위대한 천재로 묘사했는데, 아마도 돔을 올리는 데 사용된 각종 장비를 만들어낸 천재적 발명가라는 의미 또한 담고 있는 것 같다.[2] 저명한 시인이자 피렌체의 고위 관리였던 카를로 마르수피니 역시 필리포가 기계를 만들어 내면서 보여준 천재성을 높게 칭송했다. 필리포 사후에는 그

2. 'Genius' 와 'ingenius'의 어원은 모두 기계를 제작하는 활동이다. 중세 라틴어에서는 기계를 'ingenium'이라고 했다. 'ingeniator'는 주로 군사적 용도의 기계를 만드는 사람이었다.

가 만들었던 몇몇 기계들을 대리석 판에 부조로 새겨서 무덤 주변을 장식하자는 의견도 있었다. 만일 그 의견이 받아들여졌다면 필리포가 만들었던 기계들을 좀 더 정확하게 이해할 수 있었을 텐데, 아쉽게도 그 제안은 무산되었다.

평범한 묘비 아래 500년 동안 잠들어 있었던 필리포의 유골은 1972년 발굴되었다. 이미 가루가 된 그의 유골은 여전히 위용을 뽐내며 서 있던 돔과 묘하게 대조되었다. 유골 포렌식을 통해 만난 필리포는 당시 기록대로 매우 왜소했던 것으로 드러났다. 약 1미터 60센티미터 정도밖에 안 되었는데, 이는 15세기 당시 기준으로도 작은 키였다. 반면, 그의 두개골 크기는 평균치를 훌쩍 웃돌았다. 필리포가 죽고 난 직후 성당사업단은 부지아노에게 양아버지의 석고상을 제작해달라고 의뢰를 했고, 덕분에 후세 사람들이 필리포가 어떻게 생겼는지 알 수 있게 되었다. 눈을 지그시 감고 입을 꽉 다문 그의 석고상은 대성당 박물관에 전시되어 있다. 이곳을 방문하면 우리는 아이처럼 몸집이 작은 브루넬레스키 건축장을 만나볼 수 있다. 성당 사업단은 부지아노에게 필리포의 흉상 제작까지 맡겼는데, 부지아노는 흉상 속의 필리포에게 고대 로마식 의상을 입혔다. 대리석으로 만들어진 필리포의 흉상은, 정확히 백 오십 년 전 대성당을 처음 설계하면서 이 위대한 여정의 첫 발걸음을 뗀 아르놀포 디 캄비오의 대리석상이 있는 대성당 입구 오른쪽에 놓였다.

어쩌면 빛나는 업적에 비해 필리포가 사후에 홀대를 받았다는 느낌이 들 수도 있다. 하지만, 유럽에서 사후에 필리포만큼의 명성을 누린 건축가나 공학자는 그전까지 없었다. 우리가 미켈란젤로나 안드레아 팔라디오, 크리스토퍼 렌 경처럼 칭송받는 건축가에 익숙해서 그렇지, 원래 당시만 해도 건축가와 건축이라는 분야는 사회적으로 존경받는 위치가 아니었다. 중세의 위대한 건축물을 지은 건축가들의 이름은 대개 알려지지 않고 잊혀졌다. 최초의 고딕 양식인 생 드니 수도원을 지은 석공장의 이름도, 주저앉았던 보베 대성당을 지은 세 명의 석공장들의 이름도, 우리는 알지 못한다. 그저 제1석공장, 제2석공장, 제3석공장으로만 기록에 적혀 있을 뿐이다. 아르놀포 디 캄비오와 네리 디 피오라반티는 개중 알려진 편이지만, 그들의 출생지나 사망지, 그들의 성품이나 야망, 꿈에 대해서는 아무것도 모른다.

건축가들을 알아주지 않았던 사조에는 고대와 중세의 철학자들이 건축물을 인간의 업적 중 지식인에게는 어울리지 않는 별 볼일 없는 것으로 보았던 편견도 일조했다. 키케로는 건축은 농사나

재봉일, 금속 세공처럼 몸을 쓰는 육체노동으로 보았는데, 〈도덕 서한〉에 그는 네 가지로 분류한 예술 중 건축을 가장 하위의 것으로 놓았다. 그가 본 건축은 '흔하고 천한' 일이었다. 단지 손재주를 놀리는 것에 불과할 뿐, 아름다움을 추구하거나 명예로운 것이 아니었다. 그렇기 때문에 건축은 '유흥 기술'이라 불린 무대장치를 만드는 일보다도 못한 취급을 받았다.[3]

하지만, 산타 마리아 대성당을 완공시킴으로써 필리포는 건축가의 지성에 대한 세간의 인식과 사회적 지위를 바꾸는 업적을 남겼다. 그의 명성에 힘입어 르네상스 시대 동안 건축이라는 학문은 단순히 기술이 아니라 지성인을 위한 교양으로 변모했고, '흔하고 천한' 기술이 아니라 문화 창조의 주역으로 여겨지게 되었다. 무명으로 남았던 중세의 건축가들과 달리, 필리포의 이름은 널리 알려졌다. 중심틀 없이 돔을 올린 그의 기발한 설계는 많은 사람들의 입에 오르내렸다. 그를 기리기 위해 라틴어로 시가 지어졌고, 그에게 헌정하는 책이 나왔으며, 수많은 문필가들이 필리포의 전기를 집필했다. 그의 흉상이 조각되고 초상화도 그려졌다. 필리포는 신화 속의 인물이 되었다.

---

3. 도덕 서한 Ad Lucilium Epostulae Morales), 3 vols, 리처드 거머리 (Richard M. Gummere) 옮김, (London: Heinemann, 1920), 363쪽.

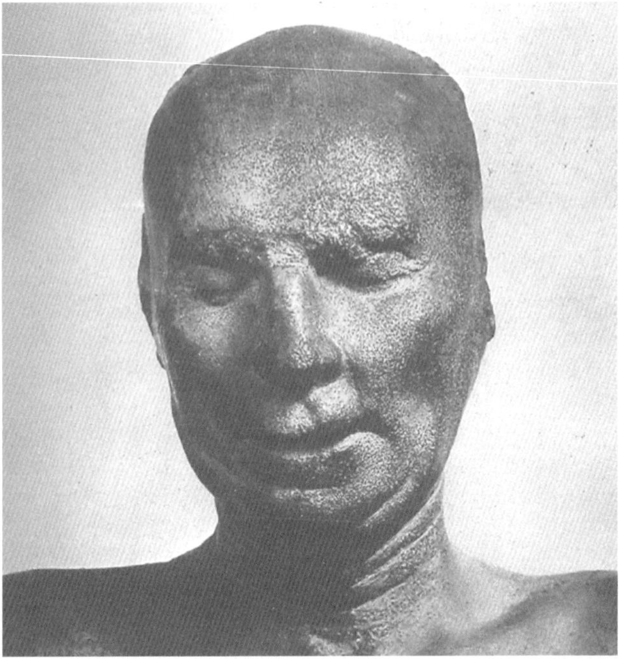

브루넬레스키의 데스마스크

무엇보다도 필리포는 경이로운 '천재'였다. 원래 '천재'는 독창적인 생각을 하는 이탈리아의 인문 철학자들을 일컫는 말이었다.[4] 필리포 이전에는 건축가는 물론, 조각가와 화가에게도 '천재'라고

4. 크리스틴 스미스(Christine Smith), 초기 인문학 문화 속의 건축(Architecture in the Culture of Early Humanism), 30쪽; 마틴 캠프(Martin Kemp), '미메시스에서 판타지아로 (From Mimesis to Fantasia)', 347-398쪽.

불러준 일이 일절 없었다.[5] 그러나 마르수피니가 작성한 비문에는 필리포를 '신이 내려준 천재'라고 부르고 있다. 바사리는 필리포가 빈사 상태에 있는 건축을 구원하기 위해 하늘의 부름을 받고 온 사람이라고까지 했다. 물론 필리포는 신도 천사도 아닌 인간에 불과했다. 하지만, 필리포는 르네상스 시대의 문인들에게 영감의 원천이 된 고대 로마나 그리스인만큼 근대인도 위대하다는, 아니 어쩌면 이들보다 더 위대할 수도 있다는 자신감을 주었다.

5. 마틴 캠프(Martin Kemp), '미메시스에서 판타지아로 (From Mimesis to Fantasia)', 347-398쪽.

기쁨의 밀실

The Nest of Delights

19

아직도 어둑어둑한 이른 아침, 산타마리아 대성당에서 일하는 석공은 공사 현장으로 향했다. 현장에 도착해 이름을 기록한 뒤, 석공은 작업을 시작하기 위해 수백 개의 돌계단을 올랐다. 도시락을 넣은 가죽 자루와 연장, 포도주병까지 들고 올라가는 사암 계단은 익숙하지만 언제나 힘겨운 길이었다. 건물 중앙에 놓인 계단을 통해 무거운 발걸음을 옮기는 석공을 위해 조명이 환하게 켜져 있었다. 혹여 어둠에 발을 헛디뎌 추락하지 않도록 건축장이 켜놓은 등불이었다.[1]

---

1. 아쉽게도 이 조명 장치에 대한 자세한 기록이 없어서 이는 어디까지나 추측일 뿐이다. 그러나 당시 연금술사들은 로마의 베스타 신전에서는 불이 영원히 타

지상에서 돔 꼭대기까지는 모두 네 종류의 계단이 있었다. 먼저 돔의 기단까지 접근할 수 있는 계단이 있었고, 그다음부터는 돔을 지탱하는 네 개의 육중한 지주 안에 하나씩, 총 네 개의 계단이 뚫려 있었다. 이 중 두 계단은 인부들이 올라가는 데 쓰였고, 나머지 두 계단은 내려가는 인부들이 사용했다.

연장을 짊어지고 오르내리는 비좁은 계단에서 인부들이 부딪치는 것을 방지하기 위함이었다. 성당 공사 현장에서 일하려면 일단 몸이 가벼워야 했다. 1430년대 이곳에서 일하던 인부는 매일 매일 일을 시작하기 전에 사십 층짜리 건물부터 오르내려야 했기 때문이다.

처음에는 이 네 개의 계단 통로가 지주를 약하게 할 수도 있다는 걱정이 많았다. 돔 무게가 무려 37,000톤이나 되었으니 만일 계단을 위해 뚫린 공간으로 인해 지주가 약해져서 돔을 버티지

올랐다는 로마사 이야기에 많은 관심을 가졌다. 그래서 등잔불이 오래 가도록 소금을 뿌린다든지, 심지를 '비가연성' 돌맹이로 만드는 실험 등을 하기도 했다. 결국 실패로 끝난 이 실험에 대한 자세한 논의는 조반니 바티스타 델라 포르타(Giovanni Battista della Porta)의 20권에 담긴 자연의 마력(Natural Magick in XX Books) (London, 1658), 303쪽 참조.

못하고 무너진다면 상상하기도 힘든 참극이 벌어질 수 있었다.[2] 1380년대에는 여러 석공장들이 이 계단을 벽돌로 메워버리고 인부들이 돔까지 오르내릴 수 있는 다른 방도를 찾아 보자고도 했다. 하지만 이런 걱정은 기우로 판명되었다. 다행히 이 요청은 받아들여지지 않았고, 지금도 많은 방문객들이 당시의 인부들이 지나다녔던 통로를 통해 돔을 오르내릴 수 있게 되었다.

지상에서 돔 꼭대기까지의 계단 수는 모두 463개이다. 지금의 관광객들은 남서쪽 지주에 나 있는 통로에서 이어진 계단을 올라 〈포르타 데이 카노니치〉라 불리는 카노니치 문을 통과한 후 모직 조합의 상징인 〈아뉴스 데이(신의 어린양)〉이 새겨진 작은 문을 지난다. 첫 번째로 오르는 150개의 계단은 반시계방향으로 올라가게 되어 있고 내려오는 쪽은 시계방향으로 나 있는데, 하루의 고단한 일을 마친 후 내려가는 지친 인부에게 덜 부담스럽게 하기 위함이었다. 1418년 한때 건축장이었던 조반니 담브로지오는 계단을 잘 올라가지 못해서 인부들의 작업을 제대로 감독 관리하기 어렵다는 이유로 해고당했다. 150개의 계단을 헐떡거리며 올라

---

2. 파올로 갈루치(Paolo Galluzzi), 경이의 기계: 레오나르도 시대의 발명(Mechanical Marvels: Invention in the Age of Leonardo) (Florence: Giunti, 1996), 20쪽.

가다 보면 누구든 담브로지오에게 공감할 것이다.

남서쪽 지주에서 시작한 계단을 끝까지 오르면 돔의 기단을 둘러싸고 있는 안쪽 발코니가 나온다. 1420년 여름 바로 이 높은 발코니 위에서 인부들은 빵과 멜론으로 오붓한 파티를 벌였다. 뻥 뚫리고 메아리까지 울려 퍼지는 최고의 전망대인 이 자리에서 인부들은 눈 앞에 펼쳐진 역사적인 건축 공사의 위대함을 다시 한번 확인했을 것이다. 머리 위로 높이 솟아있는 돔의 내벽은 당시 최고의 프레스코 화가였던 바사리의 〈최후의 심판〉이 장식했는데, 고통에 몸부림치는 해골과 갈퀴를 휘두르는 거대한 악마의 형상이 인상적인 작품이다.[3] 프레스코화가 완성되기를 오매불망 기다렸던 필리포는 돔의 내벽에 쇠고리를 박아서 디딤판을 걸 수 있도록 했다. 돔 내벽에는 작은 창문들이 여기저기 뚫려 있었는데, 화가는 이 창을 통해 기어들어 간 후 디딤판 위에 올라 창작활동을 했다.

인부들이 작은 잔치를 즐기던 내부 발코니에서 다시 작은 문을 열고 나가면 돔 외벽과 내벽 사이의 공간이 나왔고, 그곳에는 위

3. 바사리는 이 프레스코화를 1572년부터 그리기 시작했지만 결국 완성하지 못하고 죽었다. 남은 프레스코화를 완성한 사람은 페데리코 주카로(1540-1609년)였다. 1981년부터 1994년까지 복원작업이 이루어진 바 있다.

로 올라가는 또 다른 계단이 있다. 이 계단은 돔이 건설될 때 만들어진 것이다. 오백 년 넘게 사용되었다는 사실이 믿기지 않을 만큼 지금도 튼튼하고 멀쩡한 이 계단은 트라시나이아 채석장에서 캔 사암으로 만든 것이다. 살짝 안쪽으로 경사가 진 계단의 오른쪽으로는 석고로 발라진 내벽이 있고, 외벽과 내벽은 머리 위로 포물선을 그리며 평행하게 이어진다. 두 개의 기울어진 벽 사이에 나지막한 문, 좁은 통로, 불규칙하게 올라가는 계단들이 마치 미로처럼 펼쳐져 있는데, 이곳을 오르다 보면 초현실 세계를 그만의 방식으로 표현해낸 네덜란드의 판화가 에셔의 작품 속에 있는 느낌이 든다. 단정하고 우아해 보이는 최초의 '르네상스 양식' 건물 안에 음습한 복도로 얽히고설킨 미궁을 연상시키는 통로가 있다는 것은 사뭇 당황스럽다.

하지만, 필리포가 석공들과 함께 시도한 혁신적인 기술의 현장을 두 눈으로 확인할 수 있는 곳은 단연코 이 비좁고 어지러운 두 돔 사이의 공간이다. 안쪽 돔의 석고벽이 헤진 곳에는 헤링본 패턴으로 쌓인 벽돌이 드러나 있는데, 이곳을 오가는 사람들이 한 번씩 어루만졌을 이 기다란 벽돌은 덕분에 유리처럼 반질반질하다. 어떤 곳은 돌 사슬로 둘러싼 빔이 드러나 마치 머리 위의 대들보처럼 보이기도 한다. 나무 사슬의 일부분도 눈에 띈다. 방문객들이 손만 뻗으면 만져볼 수 있을 정도로 낮은 위치에 있는데, 사실 필리포가 사용했던 원래의 밤나무 사슬은 썩어들어가서 18세기에 새 나무로 교체한 바 있다.

이 계단을 올라가면서 가장 인상적인 것 중 하나는 외벽을 통해 뚫려있는 작고 동그란 현창이다. 이 자그마한 현창을 통해 들어오는 바깥의 신선한 공기와 밝은 빛이 눅눅한 돌계단을 비추고, 지나가는 이는 잠시나마 멈춰 서서 계단을 오를수록 점점 작아져 가는 피렌체의 현란한 지붕들도 감상할 수 있다. 창문은 모두 일흔두 개나 나 있는데, 강풍이 몰아칠 때는 바람으로 인한 피해를 막는 역할도 한다. 센 바람이 불 때 오히려 창문과 대문을 열어 바람이 통하게 함으로써 피해를 줄이는 것과 같은 맥락이다. 바람이 심하게 불 때는 창문으로 난 구멍 사이로 휭휭하는 휘파람 소리가 들리기도 한다.

마지막 계단은 첨탑 밑에 있는 팔각형 모양의 전망대로 향한다. 이 부분부터는 사람이 오르내릴 수 있는 공간 확보를 위해 외벽 부분을 파냈다. 어둑한 미로 속의 공간을 한참 걷다가 밖으로 나오면 기분 좋은 바람과 햇빛이 맞아 준다. 고개를 돌려 피렌체와 주변의 구릉 지대를 한눈에 담으면 순간 아찔해지는 느낌마저 든다. 첨탑을 받쳐주고 있는 대리석 부벽은 마치 굵은 나무줄기처럼 서 있는데, 2,000킬로그램이 훌쩍 넘는 큰 돌덩어리들을 정교하게 깎아서 포개놓은 솜씨를 보면 탄사가 절로 나온다. 전망대의 가장자리에서 몸을 기울여 아래를 내려다보면, 돔 윗부분의 경사가 상당히 가파르다는 것을 알 수 있다. 여기서 오등분 첨두만이 가지는 매력이 한껏 드러난다. 경사가 가파르기 때문에 이곳에서 아래에 있는 피렌체 광장을 한 눈에 바라볼 수 있고, 마찬가지로 아래에서 볼 때도 첨탑은 물론 돔의 대부분이 한눈에 들어온다는 점이다.

전망대를 찾은 요즘의 방문객들은 대략 십 분에서 십오 분 정도 머문다. 어떤 이의 손에는 피렌체 노점에서 파는 돔 모양의 양산이 들려있다. 사진도 찍고, 익숙한 랜드마크 건물을 가리키며 이야기도 나누고, 첨탑의 부벽에 이름을 몰래 새겨놓기도 해서 부벽은 이미 수많은 낙서로 뒤덮여 있다. 지금의 관광객이야 돔 위에서만 즐길 수 있는 피렌체의 장관을 만끽하기 위해 기를 쓰고 정상까지 올라오지만, 몇백 년 전에는 다른 이유로 돔을 오른 이들이 있었다. 1540년대 말, 미켈란젤로는 산 피에트로 성당의 건축 책임자로 임명되었다. 성당 공사에 들어가기 전, 당시 이미 꽤 나이를 먹은 미켈란젤로는 노구를 이끌고 필리포가 세운 위대한 작품과 건축기술을 자세히 살펴볼 요량으로 두 명의 조수와 함께 대성당 돔에 올랐다. 그 누구보다도 자존심이 강했던 미켈란젤로였다. 그런 그조차도 필리포의 돔에 필적할만한 돔을 만들 수는 있겠지만 그것을 능가할 수는 없을 것이라 고백한 바 있다. 1590년에 완성된 산 피에트로 성당의 돔은 필적한다고 보기도 어려웠다. 돔의 지름이 3미터나 작을 뿐 아니라, 우아함이나 중압감에서 산타 마리아 대성당의 돔에 비해 떨어진다는 평가를 받고 있다.

산타 마리아 대성당의 돔의 크기를 능가하는 돔은 아직 없다. 크리스토퍼 렌 경이 세운 영국 런던의 세인트 폴 대성당 돔은 지름이 33.6미터로 필리포의 돔보다 9미터나 짧았다. 이보다 훨씬 후에 세워진 미국 워싱턴 디씨의 연방의회 의사당 돔은 그 지름이 28.5미터로, 피렌체에 있는 대성당 지름의 3분의 2도 안 되었다. 물론 20세기 들어서서 더 큰 규모의 돔이 세워졌지만, 이는 플라스틱, 고탄소강, 알루미늄 같은 현대 소재 덕에 가능했다. 거대한 텐트를 쳐 놓은 것처럼 보이는 텍사스 휴스턴의 아스트로돔이나 아크릴과 철강을 조립 제작한 것으로 유명한 버크민스터 풀러의 지오데식 돔이 대표적인 예이다. 거대한 콘크리트 돔을 세운 피에르 루이지 네르비와 같은 거장도 1930년대에 바티칸 대강당과 로마의 팔라초 델로 스포르트 같은 건물에 도입한 새로운 돔 기술을 개발하기 위해 산타 마리아 대성당을 방문해 꼼꼼히 조사했다. 몇백 년 전 미켈란젤로가 그랬듯이. 한때 고대 로마의 유적을 조사하느라 '보물 사냥꾼'이라는 별명을 가졌던 필리포가 이제는 자신이 세운 건물을 연구하기 위해 후대 건축가들이 찾는다는 것을 알게 되면 얼마나 영예로워할지 궁금하다.

알베르티가 저술한 대화록 『영혼의 안식에 대하여』를 보면 산타 마리아 대성당의 돔이 사람들에게 어떤 존재였는지를 잘 알 수 있다. 정치에 실망하고 좌절한 아뇰로 판돌피니는 거대한 기중기와 권양기를 상상하며 산타 마리아 대성당의 평화롭고 경건함 속에서 마음의 안식을 찾았다. 그리고 그의 곁에는 파산한 부호 니콜라 데 메디치도 함께 있었다. 아뇰로에게 대성당은 그 어떤 압박에도 굴하지 않는 고귀한 의지이며, 운명의 파도에 꿋꿋이 맞서는 힘을 의미했다. 바깥에서 거센 비바람이 아무리 성당의 벽을 때리더라도, 아름다운 성당 안은 의연하게 이를 견디며 평정심을 유지한다.

성당 안에서는 항상 싱그럽고 향긋한 봄 냄새를 맡을 수 있습니다. 밖에서 아무리 차가운 서리와 짙은 안개, 거센 바람이 사정없이 몰아친다 해도, 안에 있으면 모든 풍파로부터 단절된 채 조용하고 따뜻하게 휴식을 취할 수 있지요. 여름과 가을, 뜨거운 바람을 피하는데 이보다 더 안락한 휴식처가 있을까요! 우리가 오감이 원하는 모든 것을 자연이 가져다줄 때 기쁨을 느낀다면, 이 사원을 '기쁨의 밀실'이라고 부르는 것이 당연하지 않겠습니까?

물론, 아무리 위풍당당한 대성당과 돔이라지만, 아뇰로가 말한 것처럼 거친 비바람을 모두 이겨내기만 한 것은 아니었다. 바사리는 질투심 많은 하늘이 하루도 거르지 않고 벼락으로 돔을 때리는 바람에 몇 년 후에는 돔이 심한 손상을 입었다고 전한다. 당시에는 벼락에 대처할 마땅한 방법이 없었다. 19세기 후반에 이르러서야 피뢰침이 대성당에 처음 설치되었는데, 그때 첨탑은 이미 여러 차례 보수를 거친 후였다. 가장 극적인 사건은 1492년 4월 5일 일어났다. 이날의 벼락은 돔의 북쪽 벽면을 강타했는데, 이로 인해 몇 톤이나 되는 대리석이 피렌체 위쪽 언덕에 위치한 빌라 카레기 방향으로 난 길거리로 쏟아져 내렸다. 빌라 카레기는 코시모 데 메디치의 손자인 로렌초 데 메디치의 별장이었다. 피렌체의 실질적 통치자였던 로렌초 역시 할아버지처럼 많은 예술가들의 든든한 후원자였다. 당시 별장에는 고열로 앓던 로렌초가 휴양하고 있었다. 로렌초는 벼락에 맞은 돔의 일부가 무너져서 자신이 있는 빌라 카레기 쪽으로 쏟아졌다는 이야기를 듣고 매우 불길해

했다. 무너진 돔 소식을 듣자마자 그는 '나는 이제 죽을 것이다'라며 단말마를 질렀다고 한다. 그의 주치의는 이 불길한 운명을 피하고자 다이아몬드와 진주를 가루로 빻아 만든 묘약을 먹이면서, 그의 상태에 치명적일 수 있으니 포도 씨는 먹지도 말고 해가 질 때 바깥 공기도 피하라고 신신당부했다. 하지만 그런 백방의 노력도 허사로 돌아갔고, 로렌초는 본인이 예언한 대로 사흘 후 수난 주일에 죽고 말았다.

1639년에는 돔 안쪽 벽에 연달아 균열이 생겼다. 거의 비슷한 시기에 생겼던 산피에트로 성당 돔의 균열과도 비슷했다. 원형 창에서부터 돔의 기단까지 수직으로 난 균열은 바사리의 프레스코 벽화를 가로질러 헤링본 패턴으로 쌓은 벽돌을 따라 이어지기까지 했다. 이후 이 균열의 원인과 복구 방법을 두고 많은 논쟁이 오갔다. 1970년 롤랜드 메인스톤의 팀이 정교한 열 측정기를 안쪽 돔의 균열이 생긴 부분에 넣어 측정한 결과, 균열의 원인은 쇠사슬과 사암 사슬 안에 집어넣은 철봉이 팽창했기 때문으로 추정된다고 밝혔다. 철봉의 부피가 팽창하면서 생긴 온도 변화와 석재로 스며든 습기로 인해 철봉에 녹이 슬었다는 것이다. 그는 산타 마리아 돔의 균열은 건물의 구조적 결함으로 인해 균열이 생겼던 산피에트로 돔의 경우와는 다른 경우라고 주장했다. 산타 마리아 돔을 짓는 데 들어간 자재는 엄청난 돔의 무게를 너끈히 견뎌낼 정도로 튼튼했다.[4] 또 다른 원인으로 들 수 있는 것은 지반 문제였다. 1970년대 한 수문학자는 관광객들이 돔을 오르기 위해 사용하는 대성당 남서쪽 계단의 지반 밑으로 지하수가 흐른다는 사실을 발견했다. 아찔하게도 그 육중한 돔이 지하의 강 위에 서 있는 것이었다.

메인스톤의 보고서가 나온 직후 이탈리아 정부는 조사단을 발족시켰는데, 이 조사단은 돔에 생긴 균열이 길이와 넓이가 점점 더 커지고 있다는 충격적인 사실을 발표했다. 바사리의 프레스코화 일부분이 천장에서 떨어져 내리기도 했기 때문에, 사람들의 우

4. 메인스톤(Mainstone), '산타 마리아 대성당의 브루넬레스키의 돔과 관련된 구조물(Brunelleschi's Dome of S. Maria del Fiore and Some Related Structures', 120-121쪽. 1743년, 균열이 간 산피에트로 교회의 돔이 무너지는 것을 막기 위해 쇠고리 세 개를 박아 넣어야 했다. 이 고리 박아 넣는 방식은 구조 공학의 역사에서 하나의 분수령이 된 일이었다. 보스코비치, 르 쇠르, 자키에르 등 세 명의 프랑스 수학자가 돔의 횡압력과 쇠의 장력, 돔 기단의 저항력을 꼼꼼히 계산한 후 고안한 방법이었다. 정역학과 구조 역학을 통해 성공적으로 이런 문제를 해결한 첫 사례였다. 자세한 내용은 한스 슈트라우브(Hans Straub), 토목 공학의 역사(A History of Civil Engineering), 록웰(E. Rockwell) 옮김, (London: L. Hill, 1952), 112-116쪽; 에도아르도 벤베누토(Edoardo Benvenuto), 구조 역학의 역사(An Introduction to the History of Structural Mechanics) (전 2권) (New York Springer-Verlag, 1991), vo1. 2, 352쪽.

1601년 번개를 맞은 첨탑과 수리 공사를 위해 세워진 비계의 모습.

려는 커져만 갔다. 필리포 같은 천재도 전혀 예상하지 못한, 엄청나게 늘어난 교통량으로 인해 지반이 더 약해졌다는 주장이 나왔고, 결국 자동차와 버스의 대성당 주변 진입이 금지되었다. 대성당 광장에 들어갈 수 있는 차는 이른 아침의 쓰레기차뿐이다. 오랜 시간 악천후를 견뎌낸 필리포의 돔은 자동차들의 공세로부터도 안전해졌다.

산타 마리아 대성당의 돔은 오백 년 전과 변함없이 피렌체 한복판에 우뚝 버티고 있다. 좁은 피렌체의 골목길을 걷다가도, 길모퉁이를 돌아 광장으로 들어설 때도, 돔은 우리 앞에 불쑥 나타난다. 산 미니아토 알 몬테 성당의 계단에서도, E. M. 포스터의 소설 『전망 좋은 방』의 루시 허니처치의 호텔 발코니에서도, 카페 테라스에서도 항상 곁에 있는 것처럼 그렇게 서 있다. 날이 좋으면 피렌체 서쪽으로 25킬로미터나 떨어진 피스토이아에서도 돔을 볼 수 있다. 15세기 피스토이아 시민들은 돔이 보이는 쪽의 거리 이름을 '비아 델라 파란자'라고 지었는데, 이는 '출현의 거리'라는 뜻이다. 멀리 보이는 대성당은 혁신적인 구조 공학 기술이 벽돌과 돌, 대리석으로 빚은 건축학적 쾌거 그 이상이었다. 피렌체 사람들이 산티시마 아눈치아타 수도원의 프레스코화를 두고 신이 아니면 천사가 그린 것이라고 믿었던 것처럼, 신이나 천사가 아르노 계곡에 만들어 놓은 기적으로 여겼다. 어디에서 보든, 돔은 위대한 수수께끼를 품고 있다. 자연의 법칙을 완벽하게 이해하지 못한 채 수많은 전란과 암투를 이겨내며 인간의 힘으로 쌓아 올렸기에, 이 거대한 돔은 더욱더 경이롭다.

옮긴이 김지윤

연세대학교에서 정치외교학사, University of California at Berkeley에서 공공정책학 석사, MIT에서 미국정치와 계량방법론으로 정치학 박사학위를 취득하였다. 현재 민주주의 학술연구원과 서강대학교 사회과학연구원으로 재직중이며, 국가안보실 정책자문위원으로 활동하고 있다.

브루넬레스키의 돔

초판 1쇄 인쇄 2021년 11월 01일
초판 1쇄 발행 2021년 11월 06일

지은이 | ROSS KING
옮긴이 | 김지윤

펴낸이 | 정 욱
펴낸곳 | 도토리하우스
디자인 | 강승수

주소 | 10384 경기도 고양시 일산서구 킨텍스로 284 (1906-101)
전화 031-921-3773 팩스 0504-234-3773 이메일 dotorihouse21@naver.com
출판등록 2018년 01월 08일 제 2018-000005호

ISBN 979-11-963241-3-1 (03920)